《啄木鸟》“尘封档案”·红色侦探系列

江城劫金案

东方明 魏迟婴等 著

群众出版社
·北京·

图书在版编目（CIP）数据

《啄木鸟》“尘封档案”·红色侦探系列．江城劫金案／东方明，魏迟婴等著．
—北京：群众出版社，2020.1

ISBN 978－7－5014－5971－1

Ⅰ.①尘…　Ⅱ.①东…②魏…　Ⅲ.①纪实文学—中国—当代　Ⅳ.①I25

中国版本图书馆 CIP 数据核字（2020）第 003306 号

江城劫金案

东方明　魏迟婴等　著

出版发行：群众出版社
地　　址：北京市丰台区方庄芳星园三区 15 号楼
邮政编码：100078
经　　销：新华书店
印　　刷：北京市科星印刷有限责任公司

版　　次：2020 年 1 月第 1 版
印　　次：2020 年 1 月第 1 次
印　　张：15.75
开　　本：787 毫米×1092 毫米　1/16
字　　数：196 千字

书　　号：ISBN 978－7－5014－5971－1
定　　价：58.00 元

网　　址：www.qzcbs.com
电子邮箱：qzcbs@sohu.com

营销中心电话：010－83903254
读者服务部电话（门市）：010－83903257
警官读者俱乐部电话（网购、邮购）：010－83903253
啄木鸟杂志社电话：010－83903494

目　录

1950年春，成都市发生一起离奇的案件，一周之内，两个歹徒针对同一家居民连续三次作案，最后一次甚至不惜绑架居民家五岁的孩子，为的竟是一个普普通通的皮箱。办案民警把皮箱大卸八块，也没发现端倪。绿皮箱里究竟隐藏着什么秘密？

粉碎“保密局”特遣行动

一、小巷飞贼

1948年12月10日，徐州市解放第十天。

晚十时许，寒风呼啸，行人寥寥，大街上残缺不全的路灯时亮时暗。市军管会警卫连班长刘镜明和两个战士金见我、司志远匆匆行走于第三区的五仙路上。这天晚上，徐州特别市军管会主任傅秋涛约见一位隐居徐州的辛亥革命时期的同盟会老人，交谈甚酣，客人直至九点过后方才告辞。军管会警卫连根据傅秋涛的命令，指派小刘三人负责把客人安全护送至寓所。

小刘三人完成任务行至离马路岔口不到三十米的时候，忽见前面那条名唤“麻绳巷”的小巷口探出一个脑袋左右张望。那是一个二十六七岁的青年男子，戴着一顶无檐黑色绒线帽，不知是由于黑帽子的映衬呢，还是原本就生得如此，一张脸看上去煞是苍白。冷不防看见三个战士，男子蓦地一惊，迅速隐入小巷。刘镜明警惕性极高，随即端枪在手，大喝一声：“什么人？不许动！”与此同时，金见我、司志远也做出了反应，三人迅即散开，以树木、电线杆为掩护朝巷子进逼。还没到巷口，那男子就从黑咕隆咚的小巷里出来了，举着双手，嘴里一迭声叫着：“别开枪，我是老百姓！”

刘镜明三人上前对该男子搜身，只有若干零钱。对方自称是附近的居民，家中养着的一条狗不见了，是出来寻找的。那么，看见解放军为何要缩回巷子呢？对方答称从漆黑一片的巷子深处出来，冷不防被路灯光晃花了眼，看见您三位过来，就下意识地往回一缩。男子强调他没有拔腿逃跑，只是待在巷口的暗处，待到听见喝令声，料想必是解放军巡逻人员，于是赶紧露面。这种情况在当时时有发生，还曾发生过误伤事件，因此刘镜明三人也没有怀疑。本来，这事儿就过去了，战士们正急着回去，下半夜还有一班岗要站呢。刘镜明告诫对方晚上不要到处乱跑，就离开了。三人走了十来米，刘镜明不经意回头一看，那男子已经没了踪影，不禁感到奇怪——他说是找狗的，刚才遇到时正从巷子里出来，那么现在他应该往马路上走啊，怎么又回去了？

刘镜明暗道一声“不对”，返身到巷口一看，那男子还待在暗处。刘镜明问你为什么还不走，不找你的狗啦？男子顿显慌乱之色，忽然拔腿就往巷子深处逃窜。三个战士紧追不舍，一边追，一边喝令“站住”。麻绳巷是一条很长的胡同，中间有三道弯，那人似乎熟门熟路，而且奔跑速度惊人，很快就与追赶者拉开了一段距离。刘镜明鸣枪警告，对方却越跑越快。拐过第三道弯时，司志远、金见我想开枪射击，被刘镜明阻止，因为他的眼睛已经适应了巷子里的黑暗，看清前面是一道两米左右的砖墙——这是一条断头巷，这小子逃不了！

谁知，不可思议的一幕就在三个战士眼前发生了。这个男子竟然像是患了夜盲症一样，对十来米开外的那堵墙视而不见，不但没有放慢脚步，反倒突然加速朝前方冲刺。刘镜明暗忖，这家伙难道要撞墙自杀？再次大喝："站住！举起手来！"刘镜明是保定人氏，少年时被父母送到草台班子学过两年河北梆子，虽然不成器，但那嗓门儿之高亢响亮却是寻常人没法儿比的，此刻在静夜中更是惊人。可是，那男子充耳不闻，只管往前疾奔，到得墙壁前，竟然"噌噌噌"踩着墙面几步蹿了上去！

刘镜明三人没有别的选择，只有开枪射击。"砰砰砰"三发子弹打出去，墙头上已经没了人影。三个战士虽然年轻，但都是久经战阵，这么近距离射击一个大活人，料想弹无虚发。攀上墙头一看，外面是另一条与麻绳巷成直角的巷子——珠宝巷，也没有路灯。三人翻墙下到巷子里，留下金见我就地守候，刘镜明、司志远分头朝左右搜索过去，一直搜到巷子出口的马路上，问了几个过路的行人，都说没看见有人从这条巷子里出来过。

三人觉得奇怪，他们开枪之后随即翻墙而过，就是眨眼的工夫，也没听见有奔逃的脚步声，这主儿怎么就不见了影儿？想了想，他们认为只有一种可能——躲到这条巷子的哪户居民家去了。于是就敲开了十来户居民的家门，查看下来，并无那厮的影踪。

司志远说看这小子的身手，显然练过轻功，而且颇为了得，竟然能够蹿上墙壁，估计这主儿应该是个飞贼。飞贼夜晚在外转悠，那就只有一个目的——行窃。这厮显然已经得手，不然他为何要鬼鬼祟祟地在巷子口张望？又为何一见我们就往巷内缩？他缩进巷子一定是为了把已经窃得的赃物暂时隐藏起来。刘镜明、金见我觉得这个分析有道理，就攀过墙壁返回麻绳巷查看。

徐州解放伊始，治安混乱，这么晚了老百姓一般都不出门，不但不出门，就是待在家里听见外面有动静也不敢出来看热闹。所以，尽管刚才又是吆喝又是开枪的，麻绳巷的居民却没有一个开门。刘镜明三人很快就在距巷口不过七八米处的一个凹进去的墙角里发现了一只长约尺半、宽约尺余的皮箱，拎了拎，沉甸甸的颇有些分量。皮箱是锁着的，没法儿打开查看里面装着什么东西，干脆就拎回市军管会了。

回去后，三人向警卫连连部报告了情况。连长用刺刀撬开箱锁，打开一看，不由得倒抽一口冷气。箱内装有美制左轮手枪两支、子弹一百二十发，乒乓球大小的炸弹（后查明系美制高爆毒弹）一盒共十二颗，两套解放军军官制服，华野、中野标志各一，黄金二十两、银洋一百枚，箱盖的内袋里还有一个信封，内有黑白照片若干张，照片上的人竟然是徐州市军管会的几位主要领导：傅秋涛、方毅、冯平、周林、袁也烈、华诚一，军管会有关负责人兼徐州市公安局局长唐劲实也在其中。

当天深夜，根据军管会主任傅秋涛的指令，这个皮箱被原封不动地送到了唐劲实的办公室。

唐劲实是江苏无锡人氏，初中尚未读完就被家里送往上海“学生意”——成了当时上海滩公共租界有名的“摩登照相馆”的学徒。因此，他于照相非常内行，一看那些照片，就断定是由高级照相师级别的行家用旧照片翻拍，精修底片后冲印出来的，其清晰度与原底片几无差别。南京解放后查明的事实证明唐局长的判断完全正确，这些照片是由“军统”（这时已改组为“国防部保密局”）摄影专家、后出任“军统”

的“三产”三有公司属下的“亭亭照相馆”经理李如澍翻拍的。

唐劲实查看过皮箱里的东西，听刘镜明、司志远、金见我讲述了遭遇飞贼的经过，意识到这是一起重大而又棘手的敌特案件。

1938 年 2 月，唐劲实从上海前往皖南参加新四军，十余年间历任新四军江北指挥部军法处副处长、淮北行署保卫处副处长、淮北公安局副局长、华中边区公安总局局长，是一位经验丰富的公安保卫工作专家。

1948 年 12 月 4 日，唐劲实率领四十八名干部抵达徐州，当天就接管了国民党徐州市警察局及下属的二十个警察所；12 月 10 日，也就是案发当日，徐州特别市公安局刚刚挂牌。一天前，市军管会在中山堂召开全市干部大会，动员也和公安局一样刚刚完成接管、挂牌的十八个部局的各级领导干部立即行动起来，整顿社会秩序，安定民心。唐劲实带来的四十八名干部中，有一部分从未接触过公安工作，而下面的二十个警察所需要各派一名干部担任所长，人手就去掉了近一半，此刻面临着这样一起大案，如何解决人员问题？原国民党徐州市警察系统内有中共地下党员、共青团员，可是根据当时中央组织部“新解放的城市原地下党员不宜公开身份”的规定，这些同志不能直接出面参与这种案件的侦查。这该怎么办呢？

唐劲实稍一考虑，心里就有了主意。他决定把刘镜明、司志远、金见我三个小伙子留下，再抽调两名旧警察局中具有进步表现属于地下党外围力量的可靠刑警组建一个专案组，从他带来的干部中抽调一名熟悉公安工作的同志担任副组长，组长则由自己担任。唐局长亲任专案组长，除了对该案侦查工作的重视，还有一层原因。按照规定，原徐州警察系统的那些地下党员、团员的名单只有他知道，这些同志中有的是具有丰富刑侦经验的老手，他想从中物色三位另行组织一个专为专案组收集信息的情报小组。鉴于这三位同志的地下身份只有他知晓，所以，他们所获得的情报也只能向他汇报。这样，他担任专案组长显然是最合适不过的了。

案情紧急，特事特办。刘镜明、司志远、金见我三人当场就让唐劲实给“扣”下了，唐劲实的老部下、原华中边区公安总局侦讯科副科长任求诚被从睡梦中唤醒，急急来到局长办公室，唐劲实当即任命他为专案组副组长。刚向四人道明了情况，那两位留用警察汤铭、林勇天也被小吉普从家里接来了。任求诚说啥都甭说了，咱这就奔麻绳巷去看看现场吧。

内行和外行就是不一样，专案组六人冒着严寒赶到现场，麻绳巷、珠宝巷一一看下来，任求诚、汤铭、林勇天三位几乎是同时有了发现。手电光下，珠宝巷正对着麻绳巷巷尾那户居民家的墙壁上，有三处明显被蹬踏过的痕迹。如此，飞贼凭空消失的疑团就有了合理的解释：这厮从麻绳巷巷尾墙头上一跃而下后，借着那股冲力，随即上了对面那户人家的房顶。刘镜明三人搜索时，他就在房顶上伏着。任求诚敲开那户人家借了梯子爬上房顶查看，果然有一长溜瓦片偏离了原来的位置，应该是被人踩踏过。

刘镜明暗自庆幸，尽管他们让飞贼钻了空子，可是，当时如果没有在原地留下一人把守着，只怕这小子在他们分头搜索珠宝巷的时候会乘机返回麻绳巷，把那个至关重要的皮箱带走。

专案组回到市局开了个短会，决定天亮后立刻着手调查飞贼其人。

二、三个嫌疑人

只有唐劲实局长一个人知道，查摸飞贼是通过两条途径进行的：一条是公开调查的专案组，另一条是他亲自向不公开的情报小组成员秦世清、张敬祖、柴国柱布置的。这三个同志属于同一个地下党小组，都有着多年的刑事侦查经验，其中组长秦世清早在 1919 年北洋政府时期就已经是刑警了。

国民党警察局还沿袭着前清衙门捕快的那一套，刑警搞侦查“虾有虾路，蟹有蟹路”，各自掌握着耳目、眼线，这是他们赖以生存的法宝，互相之间从不透露。唐劲实知道这个规矩，所以尽管是把他们叫到一起交代任务的，但没有指定谁负责，让他们直接把情报传递给自己即可。

这三位确实都有两下子，专案组还在靠汤铭、林勇天两人通过他们各自的渠道收集信息时，唐劲实把任求诚叫去，口头告诉他三条线索——

秦世清的耳目之一刘大疤说，徐州西郊七里庄有一位前清时做过镖师的老拳师汪耀先，年轻时习练过轻功，据说带过几个徒弟，通过他可以获得徐州地面上身怀轻功者的情况。

张敬祖的耳目之一小杜称，金甲街上的“胡胜记旅社”前些日子住进了一个卖膏药的江湖郎中，来时囊空如洗，连住店钱都是向旅社胡老板再三求告后才获准延期支付的，最近几天手头忽然阔绰起来，不但付清了房钱，还每天让旅社伙房给他单独开小灶，有时还请老板、账房、伙计喝酒，而这些开销凭他卖膏药的收入是根本负担不起的。

柴国柱的耳目李小扣密报，南门外的莲花寺前几天来了一个挂单和尚，是何方僧人不明，但武功不错，与出身河南嵩山少林寺的大觉和尚切磋过散手，技高一筹。

12 月 11 日午后，专案组侦查员分三路分别调查这三条线索。

任求诚、金见我去城西七里庄拜访老拳师汪耀先。汪耀先这年七十六岁，犹自身板挺拔，精神矍铄，说话声音洪亮，离得近些震得人耳鼓“嗡嗡”作响。侦查员未向老拳师透露案情，只是说前来请教关于武术方面的问题。三人聊了片刻，话题被侦查员引到轻功上。老拳师告诉他们，轻功确实是有的，其中的高手飞檐走壁是小菜一碟。他曾经在南京“圣雄镖局”当过镖师，镖局的总镖头姜圣雄自己是不走镖的，不过每趟镖差出发时，他要给众人送行，在镖局大门口向镖师、趟子手一一敬酒后，必定飞身跃上丈把高的镖车顶亲手插上镖旗，插好后并不下到地面，而是直接蹿至相隔一两丈开外的另一辆镖车顶部，直到给最后一辆镖车插上镖旗。任求诚问他三两步蹿上类似断头巷尽头那种两米来高的墙壁算不算轻功高强。老拳师嗤之以鼻，说那点儿高度我年轻时能够一跃而上，根本不必在墙面上踩一下，那点儿功夫，连我最差的徒弟都及不上，还敢在江湖上混？

接着就聊到了老拳师的徒弟。汪耀先一共收了七个徒弟，都是徐州人，其中四个已经死于抗日战争，两个去了香港，最小的一个在徐州，叫黄奋强。黄奋强原先在“大力煤球厂”做账房先生，最近局势紧张，煤球厂老板在海外有资产，就把煤球厂关了去了上海，随时准备出国。这样，小黄就失去了工作，听说正在做小生意呢。侦查员问这小黄多大年龄了。老拳师说小黄是属鼠的，壬子年五月初五生，今年应该四十挂零。金见我听着，心里一凉。他们昨晚遇到的那个飞贼最多不过三十，跟老拳师这徒弟还差十岁哩。任求诚也有同感，不过转念一想，那主儿绒线帽子压得低，现场光线又差，估不准也是有可能的。正想进一步打听黄奋强家住哪里，老拳师却叹息着说：“小黄跟我学了七年武术，其中三年习练的是轻功。这小伙子品质好，肯吃苦，本来是应该传承我的本领的，没想到遭遇了车祸，一条腿瘸了，连走路都是一高一低的。尽管还能打打拳活动活动筋骨，不过轻功却是废了……”

任求诚告辞时还是向老拳师要了黄奋强的住址，回城后直接去其住址所在地的第二区第七派出所。第七派出所即是原国民党徐州市警察局第七警察所，市局昨天刚挂牌，下面派出所的牌子还没准备好，只在旧警局的木牌上贴了张白纸，写上“徐州特别市公安局第七派出所”，算是挂牌。全所当时只有一个刚上任的所长小宋是接管干部，其余全是原警察所的班底。大家见宋所长向任求诚敬礼，马上都上前鞠躬。任求诚问了黄奋强的情况，有两个旧警察熟悉其人，介绍下来跟老拳师所述相符。接着，任求诚、金见我直接登门，果然是瘸子，而且那脸容、嗓音跟金见我昨晚见到的飞贼完全不同。

这样，这条线索就排除了。不过，侦查员还是跟黄聊了会儿武术、轻功方面的话题。黄奋强告诉侦查员，整个儿徐州，眼下也就汪耀先师徒会轻功。那么，徒弟们是否把轻功传授给别人了呢？黄奋强的回答是否定的。因为师父汪耀先没有开口说起过再传的话头，按照江湖规矩，七个弟子谁也不能收徒。

另一路侦查员汤铭、司志远负责调查入住“胡胜记旅社”后“暴富”的江湖郎中。老板胡胜介绍，此人姓张名道铭，山东济南人，七天前来到徐州，凭济南市公安局第四分局出具的证明办理了住宿登记。胡老板这家旅社已经开了二十八年，接待过形形色色的江湖客，本来他对张道铭并不曾留意，你住店，我收钱，你住下后在外面干什么都与我无关。不过，也真是凑巧，张道铭是傍晚入住的，胡老板上楼去作例行查看，下楼梯时不知怎的脚下打飘，一不留神滑了下来伤了腰，疼得站不起来。张道铭和一些旅客听见动静都出来查看究竟，见状他马上伸手相助，整骨、推拿、按摩，不一会儿的工夫，胡老板不但能站立了，而且还可走两步。张道铭又拿出三颗药丸，嘱咐他每日服一颗，睡觉必须仰躺，三天即可完全恢复。胡老板只服了一颗，当晚仰躺了一夜，次日起来竟然就已痊愈，另外两颗药丸也就舍不得吃了，珍藏着备用。

胡老板知道这个张先生医术精湛，马上关照账房先生抹去他的住宿费，一日三餐免费供应。另外，还向亲朋好友大力推荐，又派了个学徒在张道铭设摊表演武术推销膏药、药丸时敲边鼓，鼓吹张先生医术精湛，手到病除。如此打广告，张道铭想不火都难。只隔了一天，大清早就有人直接奔旅社来请张先生疗伤。张道铭接待过那人后出门摆摊，到昨天那个老地方一看，不禁傻了眼，竟然已有十来个人在那里排队等候他“上班”了。之后几天，张道铭也就不必当街设摊了，每天都有二三十人直接来旅社请其治病，更有家境富裕者干脆登门请张先生出诊。昨天，张道铭决定停诊三日，因为他带出来的膏药、药丸已经用光，必须购买中药、辅料配制了。不难想象，张道铭的收入肯定颇丰。江湖人讲究的是“行得春风有夏雨”，切忌一锤子买卖，他就掏钱请伙房厨师另买酒菜，每天晚餐必请胡老板、账房先生、当值茶役一起喝酒。

侦查员听胡老板如此这般介绍下来，寻思这个江湖郎中并无可疑之处。当然，还是得当面打打交道的，就让胡老板把他们领到了张道铭的房间。这是一个四十岁开外的彪形大汉，跟飞贼的年龄、体形大相径庭。侦查员查看了他的证明，又检查了行李，均无问题。这条线索也到此为止了。

林勇天、金见我两人前往南门外莲花寺调查那个据说武功不错的挂单僧人。他们是以香客的名义进庙的，不过，才到钟楼前，林勇天就遇见了一个熟人——澄衷和尚。澄衷是莲花寺的监院，执掌接待外来宾客的事务，系寺庙与外界联系的纽带，故古人喻之曰“丛林纲纽”。林勇天原是国民党徐州市警察局第三刑警组副组长，几年前为调查一起杀人案件曾到莲花寺了解情况，寺院方面出来接待他的就是监院澄衷和尚。僧人心静，就打了这么一次交道，澄衷和尚竟然就把林勇天的模样牢记在脑子里了，此刻跟林勇天擦肩而过，似乎连看都没看，却马上回身跟他打招呼。林勇天也就实话实说，听说贵寺来了个挂单和尚，武功好生了得，我们想了解一下这位师傅的情况。

澄衷和尚把林勇天、金见我请至寺院专门接待贵客的静室，照客奉上茶水。澄衷告诉侦查员，这个云游和尚法名大佐，度牒是山西五台山宝塔寺发的，说话既有山西口音，又有河南口音，估计是河南、山西交界处人氏。度牒上是不写年龄的，知客平白无故也不会打听，看上去，此人应在三十岁上下。大佐是 12 月 2 日来莲花寺的，之前在哪里澄衷也未询问。出家人无家，天下寺庙都是家，所以，凡有僧人前来挂单，哪怕半夜三更敲山门，知客也必须接待并安排食宿。

澄衷和尚问明大佐是来挂单的，就将其引见给维那澄晖和尚。维那与知客同列寺庙八大执事，其职权大致相当于寺院的监察官、保卫科长兼工会主席。澄晖查验了大佐的度牒，问对方有什么特长，以便量材安置。大佐说他的特长是武术，可能对莲花寺来说没什么用处。澄晖和尚说这也好，你可以承担夜巡职事。

莲花寺地处城郊，在这兵荒马乱、战火纷飞的年头儿，寺院安全自是十分重要。寺里有一支夜巡队伍，由本寺的健壮僧人轮流值夜，领头的是大觉和尚。大觉和尚曾在少林寺待过几年，拳术、兵刃都来得，实战经验也丰富，听说新来的僧人大佐擅长武术，就有了切磋的念头。两人当着全寺百十僧人的面比试，大觉竟然败北，而且败得有点儿惨——大佐的轻身术颇为了得，闪转腾挪令人眼花缭乱，大觉向其进攻时，一拳打出去，大佐竟然已经闪至对方背后将其撂倒。

两个侦查员觉得大佐和尚似有作案条件，当下就要求知客安排悄然辨认。澄衷说你们还是佯装香客，我去叫大佐等人晾晒经卷，你们看看就是了。

金见我见到大佐，心中微微一惊。这大佐和尚无论是年龄、身材还是脸部轮廓，都跟昨晚的飞贼酷似。侦查员就向澄衷了解大佐昨晚是否离开过寺院。澄衷问负责夜巡的大觉，大觉却说不上来。原来莲花寺的夜巡是分片负责的，七个僧人每人包一块地盘。大佐昨晚轮值时分工负责后殿，后殿倒是一夜平安，没有发生什么情况，但他是否离开过，那就难说了。莲花寺到城内不过三里地，徐州解放后城门不关不守，像他这种身怀轻功的，来回走一趟也用不了多长时间。

林勇天、金见我商量了一下，决定把大佐带走。

专案组对大佐进行了讯问，大佐说他昨晚被分派在后殿夜巡，没有离开过莲花寺。问他是否有证人，他摇头，然后声明“出家人不打诳语”。而昨晚的另两位目击者刘镜明、司志远对大佐的辨认结论是：年龄、身形确实与飞贼相似，但口音、嗓音不像。

任求诚说先把大佐晾在一旁，去三个人到莲花寺检查一下这个和尚的行李，同时向其他僧人了解昨晚大佐的情况。林勇天、金见我和刘镜明奉命前往，检查了大佐的简单行李和所住的僧房，并无可疑物品，又向其他僧人了解相关情况，也无任何对大佐不利的说法。

三个侦查员返回市局时，已是下午五点。任求诚决定把大佐送看守所暂押，待调查清楚再说。刚刚处理停当，正准备吃晚饭时，唐劲实通知任求诚，他这里刚获得一条新情报——前几天有一个从青岛过来的大盗，身怀飞檐走壁绝技，可能涉案。这人今晚会去市内的“远东戏院”看戏，专案组可前往抓捕。

三、飞贼落网

这条情报是由唐劲实亲自掌握的有着中共党员身份的老刑警张敬祖提供的。张敬祖接受唐局长秘密下达的命令后，立刻蹬着辆破自行车去了天桥。当时徐州的天桥是说书、唱戏艺人集中的地带，三教九流什么人都有，一天到晚热闹异常。张敬祖在那里转了半圈，一个四十来岁看上去游手好闲的男人就进入了他的视线。

此人名叫秦老二，是徐州地面上小有名气的扒手。他的出名不是因为扒窃技艺，而是“屡败屡战”的勇气。秦老二技艺平平，运气更差，时不时被抓。不过，由于他所作的案子不大，又多是未遂，所以不管是北洋政府、国民党政府还是日伪政权，都没法儿判他刑，只好关几天释放了事。抗战胜利后，全国各地都有一个经济恢复时期，扒手也纷纷出动。张敬祖当时是旧警察局的反扒刑警，为了掌握徐州地面上扒手的情况，就把秦老二发展为耳目。

看到秦老二那副鬼鬼祟祟的样子，张敬祖就知道他必是准备趁人多混乱之际顺手牵羊。张敬祖不露声色地远远瞅着，反正不管秦老二是否得手，最后都得跟他走。秦老二的手艺太潮，被发现后眼看要挨一顿老拳，张敬祖上前亮出证件，替秦老二解了围，并在附近找了个背风角落三言两语交代了任务。

秦老二扒窃不行，打听消息还是可以的，因为他人头熟，朋友多，人家又不提防他。这家伙不知去哪里转了几圈，三点钟时竟然已经打听到一个消息：前几天青岛那边来了一个姓马的飞贼，二十七岁，据说是济南赫赫有名的飞盗“李燕子”李圣五的徒弟，道上绰号“树上飘”。这个“树上飘”到徐州后据说还没下过手，徐州这边的几个道上朋友对他很是崇拜，争相请他吃饭、听书、看戏、逛窑子。今晚七点，“树上飘”将应邀前往“远东戏院”看京剧《定军山》，一共去四个人，座位在第九排中间。

专案组一干侦查员饭也来不及吃了，去伙房抓些馒头简单对付一下，由任求诚率领前往戏院。这时戏院尚未检票放客，他们是从后门进去的。任求诚出示的是市军管会的证件，声称今天有大首长来看戏，他们是来执行保卫任务的。然后，仔细查看了现场。

“树上飘”等四人是在六点五十分过后进场的，刘镜明、司志远、金见我一看见他，马上朝现场总指挥任求诚频使眼色，一致确认这家伙就是麻绳巷逃脱的那主儿。原以为抓捕行动会有点儿小麻烦，不过具体实施时却是波澜不惊，当场顺利拿下。

专案组对“树上飘”的落网寄予着很大的希望，因为当时青岛尚未解放，这家伙从国民党统治区潜入已经解放的徐州，是否具有敌特嫌疑就值得怀疑。将四人押解市局后，唐劲实局长亲自讯问“树上飘”。

“树上飘”真名马盼群，回族，山东烟台人氏，出身小贩家庭。十六岁赴济南谋生，两年后拜“李燕子”李圣五为师习练轻功。马盼群的父亲是烟台的拳术好手，精通查拳、谭腿，因此，马盼群是有武术底子的。他跟李圣五学了三年，把师父的轻功学得了七八分。抗战胜利后，马盼群回到烟台。他想开一家土特产贸易公司，可是缺乏资金，就把脑筋动到了自己学得的轻功上。对于做飞贼，马盼群并不陌生，他师父李圣五就是此中高手。李圣五不但偷百姓，还敢偷官家，连日本驻济南宪兵队他都敢进去行窃。马盼群有时也参与，分得赃款后就去吃喝嫖赌，寻欢作乐。

马盼群在学得李圣五的轻功的同时，也学得了师父的果断。想好就干，三个晚上盗窃了烟台的十三家富户，窃得的钱财足够开一家公司了，不料却让一个当刑警的邻居给怀疑上了。幸亏那刑警的母亲胆小，生怕因此跟老马家结下冤仇，悄悄给马盼群透了底。马盼群自是大惊，立马脚底抹油。临走时给家里留下一封信，说他有事去济南了。他前脚刚走，烟台这边的刑警后脚就到，看了那封信，还以为这小子真的去了济南，就组织追缉组奔济南访查，白白折腾了一个多月。这时，马盼群又潜回烟台，把埋在地下的赃款赃物转移到青岛，变卖后却不在青岛落脚，而是去河北秦皇岛开了一家海产干货公司。

马盼群虽然出身小贩家庭，但根本不会经商，也就一年时间，就把本钱赔光了。他决定回济南投奔师父李圣五。离开秦皇岛前，他一夜连作三案，窃得若干钱财，一部分作为路费，一部分留作到济南后的花销，还有一个碧玉酒壶则作为送给李圣五的礼物。

李圣五这时正和国民党“保密局”的特务合伙经商，开了一家粮行，人手不够，就请马盼群当了襄理。马盼群做生意独当一面不行，当副手倒是绰绰有余，好像也没动啥脑筋，就把事情干得妥帖到位，李圣五和“保密局”特务都颇满意。他打定主意在粮行襄理的位置上干下去，然后娶妻生子，为老马家添丁增口。可局势的变化使他的美梦成了泡影。1948 年 8 月下旬，许世友指挥的十四万大军兵临城下，著名的济南战役即将拉开帷幕。那个“保密局”特务突然不知去向，连日本宪兵队都敢偷的李圣五对共产党却似老鼠见了猫，没打声招呼就销声匿迹了。马盼群见势不妙，寻思还是滑脚吧，把店里的事务交代给账房先生，佯称去南京，实际上悄悄去了青岛。

马盼群原准备到青岛投奔他的一位盟兄，可是到了青岛一打听，那人早在一年前就举家南迁了。这时，传来了济南解放的消息，济南肯定是回不去了。想来想去，还是往南走吧。徐州有他一个叫许鼎的武林朋友，以前拜过把子，跟李圣五也是熟人，何不去投奔他？主意打定，却没有马上离开。为什么呢？他想在青岛捞一票再走。于是，他早出晚归四处踩点，物色了三处富商宅第。11 月 20 日，风高月黑之夜，马盼群果断下手，连作三案，然后直接去了轮船码头，上了开往上海的“隆丰”轮。

马盼群的计划是从上海坐火车去徐州，计划是实现了，可他辛苦一晚上的“劳动成果”却没保住——船抵上海，他准备上岸时才发现，装着赃款赃物的那个旅行包不知何时被人玩了招“狸猫换太子”的把戏！幸亏随身还有些银洋和几两黄金，所以他尚能够按照原计划坐火车去徐州。

不过，马盼群的运气正在大幅度滑坡。他是11月29日到达徐州的，许鼎来接站。可是，次日晚上驻守徐州的国民党军队就弃城而逃，12月1日解放军就进城了。马盼群寻思还得跑。去哪里？只有再作计议，因为先得筹措些钱财。

接着，马盼群就说到了专案组特别关注的话题——那个皮箱的来路。

马盼群的所谓“筹措”，就是盗窃。因为他除了利用飞檐走壁的特殊技能行窃之外，其他方面没有任何特长。话说回来，即使有其他特长，也绝无短短几天内暴富的可能性。之前他是住在许鼎家里的，现在要“筹措钱财”了，就找个借口住进了许家附近的一家小旅馆。然后就是踩点，他选中了大康街上一户独门独院的两层小楼。

其实他也不是刻意物色的。12月10日那天上午他路过这座小楼时，看见一辆黄包车载着一个打扮时尚的少妇在门口停下，少妇手里拎着一个精致的彩色藤编提兜。马盼群在马路对面，看不清兜里装着什么。少妇付了车费把黄包车打发走后，掏钥匙开门，这时，一个女邻居正好从隔壁门里出来，与少妇打招呼寒暄，马盼群听见少妇说了句“我一个人过日子，买这点儿足够了”。于是，这个少妇就成了马盼群在徐州的第一个也是最后一个作案对象。他退掉了小旅馆的房间，住进作案地点附近的“逸群旅馆”。午后，他佯装散步，把附近的大街小巷都走了个遍，将地形熟记于心。

当晚，马盼群先去戏院看了场京剧《四郎探母》，散场后进了戏院附近的一家小面馆，要了二两酒、一碟牛肉，慢慢吃喝着消磨时间。十点前后，他来到少妇寓所前。这段马路上的路灯正好坏了，听听四下没有动静，他便攀墙而入。小楼前是个二十来平方米的小院，用作案工具试了试屋门上的司必灵锁，里面是扣上了保险销的。马盼群取出医用胶带，在底楼客厅的玻璃窗上贴了数条，手掌稍稍按压，玻璃无声地碎裂了。打开窗子进去后，他径直上楼。卧室房门也是司必灵锁，试了试，都没扣保险销，这倒省事。他捅开锁舌进入室内，听床上的鼻息声就知道少妇处于熟睡状态。于是迅速行动，先把衣帽架上那件狐皮大衣及坤包里的现钞、钥匙掏了，又把床头柜上的手表、首饰放进自己的口袋，然后打开一人多高的柜子门，就发现了里面那个精致的小皮箱，拎了拎，沉甸甸的，他当即决定拿走。本来马盼群还打算把那件狐皮大衣以及柜子里挂着的另外两件裘皮衣服一并窃走，考虑到可能会遇到夜间巡逻队，就只有“忍痛割爱”。

返回下榻旅馆的路线是预先看好了的。离开现场朝右拐，二十米外就是珠宝巷，从珠宝巷攀墙而过就是麻绳巷，出了麻绳巷就是五仙路，穿过五仙路钻进斜对面的那条小巷子，巷子尽头就是马盼群下榻的“逸群旅馆”。马盼群始料不及的是，他如此小心翼翼，还是被刘镜明等三个战士发觉了，只好扔下皮箱狼狈逃窜。诚如专案组勘查现场时的判断，马盼群从麻绳巷翻墙来到珠宝巷后，料定那三个军人会紧追不舍，随即借着从墙上跳下来的惯性几步助跑又上了对面人家的房顶，侥幸逃脱。

这次行窃，马盼群虽然不得已丢弃了那个他以为装满了金银财宝的小皮箱，还是有些收获的，除了现金，窃得的一块劳力士女表、一条白金项链和一枚钻戒都价值不菲。不过，这离他的“创收”目标尚有差距，因此他还不打算离开徐州，想过几天另行物色目标。没想到，还没等他再次作案，就落入了专案组之手。

讯问结束，任求诚当即叫上三名侦查员，四人按照马盼群交代的行窃路线走了一圈，又去“逸群旅馆”了解，得知12月10日晚上马盼群返回旅馆时已是午夜时分了。回到市局，任求诚往大康街的管段派出所打电话询问这两天是否有人报过失窃案，得到的回答是否定的。那个少妇失主当即被列为重点嫌疑对象。

唐劲实听取了专案组的汇报后，指示立刻对那个少妇进行调查。专案组连夜行动，侦查员汤铭、金见我、司志远前往管段派出所查摸少妇的情况。原国民党徐州市警察局以及下辖的警察所一般对外来人口不闻不问，所以，新政权接管的这个警察所即现在的派出所，根本没有关于该少妇的任何记载，甚至连少妇所住的那幢小楼的主人是谁也不清楚。侦查员只好向少妇的邻居了解情况，他们不便直接出面，只好请派出所协助。而派出所只有刚上任的所长金耿是南下干部，其余都是留用人员。这种涉及敌特分子的案件容不得半点儿疏忽，侦查员就跟金所长商量，请金所长亲自带人跑一趟。金所长自无二话，当下叫上留用警察老汪一同前往，不一会儿就带来了两个中年妇女，是大康街上的住户。

可是，问题并未解决。两人对于少妇的情况了解甚少，只知道她是一年多前入住这幢小楼的，连姓什么都不知道，平时见面倒是客客气气，点头招呼，但也不过是“吃啦”、“买菜啊”之类的客套话。那么这房子是谁的呢？这个，两位倒是知道的。这幢小楼的原主人名叫钟正道，是个南洋华侨，全面抗战爆发前一年买下了一处破旧平房，并将其改建成了现在这幢小楼。钟先生在新房子里住了不过半年多，全面抗战爆发，他就回南洋了，房子托其一个亲戚照看。抗战胜利后，钟先生回到徐州，把该房产转让给了“裕盛米厂”的周老板。前年，周老板把房子卖给了南京一位姓曹的粮食商人。去年9月，曹老板把这个少妇带了过来，少妇一直住在这里，曹老板则隔三岔五来徐州这边住上几天。

情况汇报给唐劲实后，唐局长说这个案子不能拖延，现在是九点，你们马上去找“裕盛米厂”周老板，向他了解那个南京粮商曹老板是怎么个角色。他们是房产买卖的上下家，即使之前不认识，之后也互不来往，但肯定是留有地址的，只要有地址就好办。

“裕盛米厂”老板周大茂向侦查员介绍了曹老板的情况。曹老板名叫曹彭顺，五十六岁，徐州人氏，少年时去南京米行学生意，后来发迹，在南京粮食行业中小有名气。曹彭顺跟周大茂抗战前就有生意方面的合作。曹彭顺在徐州已经没有亲族了，他做粮食生意，南来北往东跑西颠，每次途经徐州都是周大茂接待。前年冬天，曹彭顺路过徐州，在周大茂家住了两天，喝酒时聊到周大茂从钟先生手里买房之事。周大茂言语间颇有悔意，因为他当初买房是想炒一把。他原来估计，抗战胜利后肯定要搞建设，经济势必繁荣，房价肯定会上涨。谁知国共和谈破裂，和平建设无望，房价不跌已经是烧高香了。曹彭顺听后说，老弟如若不想把那房子搁在手里，倒不如原价转让给我。周大茂窃喜，次日就请来中人签署了转让文书。

至于曹彭顺是何许人，周大茂认为曹老板跟他一样，是个老实本分的守法商人。侦查员问那个少妇又是怎么个情况呢？周大茂一脸茫然，哪个少妇啊？

原来，他把房子转让给曹彭顺后，就再也没去看过。曹老板来徐州，还是经常跟他喝酒谈生意，可是从未请他去过那幢小楼。周大茂根本不知道那幢楼里竟然还金屋藏娇。

午夜，徐州市军管会主任傅秋涛签发了一份密电，报送中共中央社会部李克农部长，请求南京地下党配合调查粮商曹彭顺。

四、女主人遇害

12月12日中午，专案组就收到了由市军管会转来的南京地下党调查到的情况。

曹彭顺是南京“盛利粮行”、“大得粮行”的老板，同时也是“丰顺粮行”、“运顺粮行”的股东，家住文昌街，娶有两房太太，生育子女七人。此人历史上从未参加过任何党派团体、帮会组织，也未闻其与国民党党政军警特方面有什么瓜葛，如果要说历史污点，那就是抗战时曾在不知情的情况下与有着汉奸背景的大粮商龚峰合伙做过两次军粮买卖，抗战胜利后被国民党政府关押过一个月，后无罪释放。曹彭顺在生活方面不太检点，贪酒好色，虽有两房太太，仍经常在外寻花问柳，是秦淮河的常客，据说去年三月曾掏二十两黄金为一风尘女子赎身。最近曹彭顺不在南京，据可靠消息，他已于半月前前往北方，至今未归。

专案组怀疑居住在大康街53号的那个少妇很有可能就是曹彭顺从南京赎出来的女子。他在半月前离开南京前往北方，这个时间点似乎也值得怀疑。当时国民党军队即将撤离徐州，他会不会是受命前来徐州执行特殊任务？飞贼马盼群从大康街53号窃得的那个皮箱，估计就是曹彭顺从南京带来藏匿于此的。专案组决定立刻与那个少妇正面接触。

任求诚带着全组五名侦查员来到大康街。53号门户紧闭，侦查员叫了半天门，里面没任何动静。任求诚心里产生了一丝不祥的预感——难道发生了意外？他让汤铭去附近找个锁匠来开锁。在等候的当口儿，侦查员分别询问了几户邻居。邻居们都说今天没看见过该少妇，不过昨天下午两三点钟之间，曾有人看见该少妇从外面回来。

这时，锁匠来了。开门入内，小楼里空无一人。因为那一丝不祥之感，任求诚要求侦查员仔细查看这座宅子里是否有什么异样迹象或可疑物品。侦查员把锁匠请到楼上女主人的卧室，将橱柜、抽斗的锁具全部打开一一检查，并未发现异常。

一行人正准备离开，院门忽然被人从外面打开了。侦查员司志远手疾眼快，一个箭步上前把开门的那位扯了进来。那是一个前额微秃、身材臃肿的男子，五十多岁，穿着藏青色的中式对襟棉袄，外面不伦不类地罩着一件黑色驼绒连帽风衣，手里提着一个小号旅行包。冷不防被扯进来，男子一张脸惊得煞白，张大嘴刚要叫喊什么，眼前出现了印着市军管会字样的漆布封面证件。

来人在楼下客堂接受调查，询问之下，得知他就是刚被南京地下党紧急调查过的粮商曹彭顺。任求诚心里一喜，那就不是就地问得清楚的事儿了，去公安局吧，咱们坐下来好好聊。任求诚留下两人在小楼守株待兔，其余人带着曹彭顺返回市局。

侦查员先对曹彭顺进行了搜查。曹的衣服口袋里有一个钱包，内装若干由中共方面发行、可在解放区流通的“东北币”，一张从开封到徐州的长途汽车票，腰间一条布带的夹层里有一些大洋，另外就是香烟、打火机和钥匙了。那个小号旅行包里放的是一套换洗的内衣、洗漱用具和一瓶治疗高血压的药片；内侧贴袋里有一个本子，里面夹着11月27日以来从南京到徐州、徐州往商丘、商丘到开封、开封到许昌的火车票、汽车票和几张食宿开支票据，本子上记着自11月27日离开南京以后每天的活动内容，如跟某地某某字号老板洽谈了什么生意、结果如何，等等，写得很简单，相当于备忘录。

搜查后随即对曹彭顺进行讯问。曹彭顺说他是11月27日离开南京的，此行目的是跟河南一些粮商洽谈订购明年的小麦。这是粮食行业的老规矩，每年的最后两个月订购麦子，立秋后一个月订购稻谷。他每年都是这样做的，那些粮商也都是经常合作的老朋友。离开南京后，他先到徐州，在徐州过了一个晚上，次日即去了商丘。之后一直在河南转悠，直到今天返回。

然后就要说到那个少妇了。诚如专案组的估计，这个少妇果然是曹彭顺从南京秦淮河“俏春院”花二十两黄金赎出来的一个小有名气的妓女，名叫陆白丽，二十八岁，江宁人氏。陆白丽自幼父母双亡，由伯父养大。1937 年 12 月，伯父一家死于“南京大屠杀”。陆白丽当了两年尼姑，后因无法忍受出家人的清苦生活而还俗，给日伪南京市政府的一个处长当了姨太太。抗战胜利后，其夫被国民党政府以汉奸罪判刑十二年，家产全部抄没。其夫的原配夫人对陆白丽夺宠原本恨声不绝，只是慑于丈夫的淫威不敢发作，现在丈夫进了老虎桥监狱，陆白丽就成了砧板上的肉，随她怎么处置了。她跟娘家人一商量，竟把陆白丽卖给了妓院。

曹彭顺好色，是秦淮河烟花巷的常客。陆白丽成为妓女不久，就被他看上了。相处时间长了，曹彭顺竟然发觉自己有点儿离不开这个论年龄可以做他女儿的风尘女子了，就有了为陆白丽赎身的念头。跟陆白丽一说，陆白丽自是愿意。可这毕竟不是做粮食生意，曹彭顺可以一口说了算，他得考虑家里两房老婆对此的反应。正好这时周大茂要把大康街的那幢小楼出让，曹彭顺就买了下来。为陆白丽赎身后，曹把她送往徐州金屋藏娇，自己每月去徐州一两次跟陆白丽幽会。

这次，曹彭顺于 11 月 27 日傍晚抵达徐州，跟陆白丽过了一夜，次日离开时说好，待他从河南返回后，还要在徐州待三五天。没想到今天他兴冲冲而来，却被带进了公安局！

专案组结合之前南京地下党提供的调查材料分析了曹彭顺的口供，认为基本可信。问他知不知道陆白丽去了哪里，曹也说不清楚。

把曹彭顺暂行拘押后，专案组开会分析案情，认为陆白丽涉及敌特案件的可能性比较大，理由有二：一是那个装着敌特活动器材、经费的皮箱是藏匿于其住所的；二是她在次日发现失窃后不敢向公安局报案，那说明即使皮箱是他人寄存的，她也应该知道里面放的是什么物品，故而不敢张扬。因此，当务之急是尽快找到陆白丽其人。

可是，一直到天黑，守候在大康街 53 号的侦查员也没有等到女主人归来。专案组长唐劲实闻报，说时间紧迫，不等她了，立刻寻找陆白丽的下落。专案组就地征用陆白丽的住所作为临时办公点，全组六人加上派出所的三名民警连夜对周边邻居进行调查。

调查进行到午夜，侦查员一共走访了一百三十九名群众。邻居们对陆白丽最后的印象是昨天即 12 月 11 日午后二时许，当时她肩上挎着一个橘黄色坤包从外面回来。之后，没有人看见她离开住所，倒是有人在暮色初降时分看见一个瘦高男子叩其住所大门，男子不慌不忙，叩几下稍一停顿，然后再叩几下。陆白丽是否开门就不知道了，那个反映该情况的邻居正好路过，没理由停下来等着看往下是怎么个结果。

这一步没有走通，众侦查员议了一阵儿，认为应该扩大调查范围。这次调查虽然接触了一百多人，但是范围局限于邻居，而陆白丽平时恰恰是不怎么跟邻居闲聊的，所以邻居并不能提供有价值的线索，应该把调查范围扩大到陆白丽的整个儿社交圈。可问题是，据陆白丽的相好曹彭顺说，由于他经常叮嘱陆白丽少跟外界来往，她应该是没有自己的社交圈的。专案组认为曹所说的情况与邻居对陆白丽日常活动状况的反映基本相符，但也不能排除例外，比如邻居反映的那个于 11 日傍晚敲门的瘦高男子。因此，还是有必要调查陆白丽跟外界究竟有无交往以及跟什么人交往。

那么，下一步调查应该从何处切入呢？一番讨论后，大家认为以陆白丽的生活习惯和经济条件，她对时装、化妆品、发式以及电影、戏剧肯定不会无动于衷，所以，从这几个方面切入进行查摸可能会有收获。最后，专案组决定选择比较容易调查的理发店去撞运气。

12月13日，侦查员分头前往徐州七家上档次且擅长女子发式的理发店查访。林勇天在天桥“顶上福美发厅”查到了陆白丽的社交情况。

这家理发店是一个理发师出身的上海人开的，其推出的女子发式仅比上海、南京流行的最新款式晚一两个节拍，所以虽然收费较高，还是受到了像陆白丽那样的时尚女性的追捧。店里的每个理发师都有自己固定的服务对象，为陆白丽做头发的师傅姓项。林勇天跟项师傅聊下来，得知陆白丽一般是半月去一次，每次都是和三四个跟她年龄差不多的时尚女子结伴光顾。她们一起来，一起走，一个在吹烫时，其余几位就在旁边喝着店里免费提供的咖啡聊天。有时她们兴之所至要搞个家庭聚会什么的，就会打电话给“顶上福”，要求项师傅上门服务。所以，项师傅不但知晓她们的姓名，还知道其中两位太太的住址。

林勇天返回市局向任求诚汇报后，任求诚指派林勇天和金见我一起去向其中一位名叫韦玉玲的女子调查。韦太太三十二岁，其情况跟陆白丽差不多，不过她是资本家郭世文明媒正娶的如夫人。老郭的正室跟其水火不容，两个女人针尖对麦芒吵得不可开交，老郭为求太平，就在外面租了房子让韦玉玲单独居住。韦玉玲告诉侦查员，她跟陆白丽是在“顶上福”认识的，之前，她已有另外两个也是在这种场合结识的女友谭太太、张太太。她们三人跟陆白丽聊下来觉得很投缘，就邀请陆白丽加入了她们的圈子。谭太太、张太太也是贵妇人，不过不像她和陆白丽那样属于偏房，谭太太的先生在北平做生意，张太太则是寡妇。四人每月至少聚会两次，韦玉玲和张太太做东时喜欢在自己住所烹饪，谭太太、陆白丽则喜欢在饭馆请客。

然后就问到陆白丽跟她们交往时聊些什么内容。韦太太笑言，女人嘛，聚在一起还不是谈吃说穿，谈完吃穿就聊化妆品，最后当然还要说说各自的男人。张太太不甘守寡寂寞，结交了一个相好，是个比她大几岁的西医，所以也有发言权。至于陆白丽，她说到曹老板时，总是一副心满意足的样子。不过，大家从未说过各自婚前的情况，互相之间也不打听。所以，韦、谭、张都不清楚陆白丽以前是怎么回事。

侦查员问韦太太，陆白丽是否跟其他人——不管男性女性——有来往。韦玉玲说没有听说过。问她最近有没有见过陆白丽，韦太太还是摇头。林勇天、金见我随即又去向谭太太、张太太了解情况，所述与韦玉玲相同。

午后，唐劲实招呼专案组聚在一起讨论案情。老刑警汤铭说了他的看法："陆白丽不知去向已经超过四十八小时。她去哪里了？究竟是活着还是死了？不知怎么的，我有一种不祥的预感，总觉得她可能已经不在人世了。前天傍晚有一个不明身份的男子进入陆白丽的住所，他是不是受敌特分子指派前来杀害陆白丽的凶手？这样做的目的是为了灭口。陆白丽应该清楚被飞贼盗走的那个皮箱的主人究竟是谁，把她杀了，就阻断了我们追查的渠道——尽管敌特方面不一定吃得准皮箱是否落到了我们手里。"

汤铭的观点引起了大家的重视。唐劲实当即下令："全体出发，再到现场去看看！"

五、查找凶手

陆白丽的尸体是在院子里被发现的。

之前，专案组曾来此查看过，不过由于当时的注意力都集中在该处是否有敌特活动上，压根儿没朝陆白丽已经被害上去想，所以根本没有注意院子。院子不大，不过二十多平方米。在院子一角靠近厨房处有一口水井，井口上有一个铁盖，是和井栏锁在一起的。上次来查看时，侦查员请锁匠把那个铜挂锁打开了，用竹竿捅过井底，无甚发现。这回又探查了一遍，井底并没有陆白丽的尸体。

侦查员认为，假设陆白丽是在自己家里被害的，那么尸体多半埋在院子的地下——因为屋里所有位置都已检查过。院子里没有放什么东西，一片泥地一目了然。这样，大家的目光自然集中到井台上了。井台是用青砖铺就的，六尺见方，外围砌了一圈立砖，以防在井台上洗涤时井水流到院子里的泥地上，边框内侧留有一条巴掌宽的明沟，污水顺着明沟流进阴沟。侦查员仔细查看井台，发现有一侧的青砖似乎被人动过。掀开砖头就地开挖，挖下去不到一尺，就发现了陆白丽的尸体。

挂牌不过四天的徐州市公安局没有法医，在场指挥的唐劲实局长当场写了一纸条子，派一名侦查员前往解放军野战医院请求指派有经验的军医前来检验尸体。

野战医院随即派来两位军医，检验后认定陆白丽是被人用绳子勒死的，死亡时间应是前天即12月11日上半夜。任求诚估计绳子应该是就地处理了，十有八九扔在井里。侦查员们找来几枚铁钉，钉在长竿的顶部伸到井底打捞，果然捞起一段棕绳。经与尸体脖颈上的勒痕比对，认定凶手就是用这段绳子勒死陆白丽的。这样看来，11日傍晚那个叩门的瘦高男子有重大嫌疑。

曾目睹这个男子叩门的陈大嫂被请到专案组的临时办公点即死者所住的小楼。那是一个三十多岁的家庭妇女，她丈夫杜师傅是徐州火车站的木工，上的是长夜班，每天下午六点到次日清晨六点。前天上班时，杜师傅要把一个替同事旧翻新的书橱运到车站去。同事事先已跟一个赶大车的朋友联系好，朋友那天下午五时许正好要运东西去火车站，经过陈大嫂家附近的五仙路，同事请杜师傅把书橱搬到路口捎上。那书橱不算重，体积却不小，杜师傅一个人不好搬，陈大嫂就帮丈夫把书橱抬到了五仙路口。因为担心人家临时有变，比如有事晚到或者干脆不过来了，陈大嫂就在路口一直等到大车来了方才返回。途经陆白丽家门口时，看见走在她前面的一个瘦高男子驻步叩门，但陈大嫂并未留意。

侦查员问："那人穿什么衣服？"

陈大嫂说："那人一直走在我前面，只看见他穿一件米色风衣，戴一顶同样颜色的鸭舌帽，围一条深颜色的围巾。风衣比较长，遮住了大半条腿，记得他穿的裤子也是深颜色的，因为天已经有点儿暗了，究竟是黑色还是藏青色说不准。"

"那身高呢？"

六十多年前，老百姓对于身高的具体尺寸很少有人能说得上，不过陈大嫂例外。她说："跟我丈夫差不多，我丈夫的身高是五尺八寸半——我家孩子用他爹干活儿用的尺子给他量过。"

五尺八寸半转换成公制就是一米七五左右，在旧时那就算是高个子了。侦查员再问："之前我们向你调查时你说那人年龄不超过三十岁，你没跟他打照面，怎么知道的？"

陈大嫂说她是根据对方的走路姿势估计的。从身后看，这人显得很精悍，虽然有点儿瘦，但走路时脚步一下一下挺有力，踩在石板路面上"噔噔"有声；另外，他驻步门前举手叩门时，和她正好形成一个夹角，陈大嫂看到了他的半边脸孔，也就是不到三十的样子。

侦查员又问了几个问题，比如他叩门时是否说了什么，是几时发现他出现在前面的，走过53号后是否听见身后有开门的声音，等等，陈大嫂一概摇头。

众侦查员分析，陈大嫂看见瘦高男子的时候正是暮色初降时分，大康街上肯定还有其他人经过，有些商铺也未关门打烊，那么，是否还有其他人看见这个男子呢？按照常理来说，应该是有的。所以，接着要干的活儿就是寻找目击者。

专案组全体出动，分头走访。两小时后，一干侦查员返回53号集中，汇总访查结果。副组长任求诚接触了十二名群众，毫无收获。侦查员林勇天的运气还不错，竟然遇到了一个跟陈大嫂一样的目击者——陆白丽家斜对面“来福香烛店”的老板娘王翠瑛。王翠瑛说当时香烛店刚打烊，因为家里一会儿有客人来吃晚饭，其夫左老板让她去五仙路“德兴馆”买卤菜。王翠瑛出门时，正好看见陈大嫂从香烛店门前走过，然后就听见对面的叩门声，继而就看到了那个瘦高男子。跟陈大嫂一样，她也想不到这一幕会引起公安局的如此重视，当然没有留意，只管朝五仙路方向去了。不过，王翠瑛走出十来步时，听见后面传来开门声以及女主人陆白丽的南京口音：“呀！你来啦！”王翠瑛平时不大看得惯整天打扮得妖里妖气的陆白丽，听见她的声音，只是下意识地回头瞟了一眼，看见那瘦高男子进了门，然后门就关上了。

作为一名老刑警，林勇天当然要问长问短希望能理出一个线头来，不过王翠瑛对瘦高男子的描述跟陈大嫂一样，并无再多的内容。

林勇天的访查结果引起了大伙儿的兴趣，正议论纷纷时，任求诚突然朝待在一旁没有开腔但嘴角却忍不住露出笑意的刘镜明一指，说大家都静一下，听小刘说说好消息。刘镜明收起笑容，说老任你怎么知道我有好消息啊？任求诚说我一看你那神情就知道了，时间紧迫，别卖关子了，说吧！

刘镜明分工调查的是路人那一块儿。小伙子是警卫班班长，性格有点儿内向，心思却比较缜密，遇事喜欢琢磨。接受任务后，他寻思不能在路上拦住人家一个个无的放矢地傻问，得有目标。大康街是一条比胡同宽不了多少的马路，并非主干道，傍晚时分从这里经过的路人多半是住在这一带的居民或者放学的学生。于是他就去了派出所，跟金所长一说，所长找来了对居民情况比较熟悉的留用警察老高，一番交谈下来，就摸到了十几个可以作为调查对象的居民。让老高把姓名、住址一一写下后，刘镜明就返回大康街守在路口。出于保密需要，刘镜明没向老高言明他要找那个时段路过陆白丽家门口的人了解什么，老高也知趣地没有打听。不过，老高是完全按照刘镜明的要求提供的那份名单，名单里三分之二是中学生，所以，刘镜明决定先向放学回家经过路口的那些中学生调查，果然让他打听到了线索。

这条线索不是学生提供的，而是学生的家长。有一女学生刚上初一，由于扭伤了脚，上学放学就由其父亲骑自行车接送。被刘镜明拦下后，女孩儿感到很突然，面对着小刘的询问一时反应不过来，只是呆呆地看着小刘。倒是她父亲听明白了这个便衣想了解什么情况，朝刘镜明使了个眼色，后者会意，随其到路边树下说话。女孩儿的父亲四十来岁，是个自由职业者。他所干的这个行当现在已经没有了，但在六十多年前全国各地都有，那就是专门为死者画大幅的遗像。那时虽有照相馆，但并不是每家照相馆都有把照片放大至十二寸的设备，即使有，价格也高得令人咋舌。于是，专门画遗像的行当应运而生，收费要比照相馆放大照片低一半以上。这位女生的父亲已经干了二十年，有时是主顾拿了小照片请他临摹，有时则是当场写生，长时间下来，他练就了看一眼就能记住对方相貌的本领。

11 日傍晚，这位画匠接女儿回家途经 53 号时，正好看见陆白丽把那个瘦高男子送出门，客气地道别。他很肯定地告诉刘镜明，从陆白丽家出来的那个瘦高男子他认识，姓段，是鼓楼“段同兴菜馆”的小开。

刘镜明简直不敢相信自己竟有这等好运，忙问对方是如何认识这个小开的。画匠解释说，10月中旬，“段同兴菜馆”老板的母亲去世。段老板早在十年前就已为母亲备好了寿材，还特地叫人去南京著名的“亚尔蓓照相馆”制作了一幅十二寸遗像。老太太去世前回光返照，留下遗言要求把遗像着色——就是把黑白照片描画成彩照。这事儿当然要赶在老太太断气前完成，把彩照给她过目，让老人了却心愿。段老板就指派儿子火速行动。可这当口儿是下半夜两三点钟，段小开跑了两家画室，一家没开门，另一家听说是段同兴的活儿，马上推说自己患了眼疾无法工作——因为段同兴是帮会人物，估计是担心把照片搞坏了误了发丧大事，回头吃不了兜着走。段小开跑的第三家就是刘镜明面前的这位画匠，这回小段接受了教训，没有提段同兴的名字。画匠马上着手上色，赶在老太太断气前让她看到了彩照，老太太是面含微笑离开的。段老板很感激，丧事办毕，差儿子送来了一份礼物，画匠这才知道对方是何许人。11日傍晚，他看得很清楚，从陆白丽家出来的那个男子就是段小开。

刘镜明汇报完毕，任求诚说事不宜迟，立刻传讯“段同兴菜馆”那位少爷！

“段同兴菜馆”的小开名叫段子善，二十七岁，初中毕业没考上高中。初中文化在当时已经可以算作知识分子了，要找一份工作是比较容易的，可这家伙根本没想过要自食其力，只是一味地啃老。不过他爹也啃得起，段老板开着上下两层三个门面的饭馆，生意兴隆，还是徐州地面上有名的帮会人物，在一些帮会垄断行业占有股份，收入颇丰。因此，段子善不必工作，日子过得也很滋润。段老板没强迫儿子自食其力，不过，他告诫段子善得学会在江湖上混的本领。段子善于是拜徐州地面上的著名拳师、人称“铁臂膊”的蒋友圣习练武术，几年下来，一手形意拳还看得入眼。武术界有言：太极十年不出门，形意一年打死人。段子善还有过一些实战经历，倒也显出一份勇武，虽然没有打死人，但对手吃了大亏。当然，段子善不可能每天除了吃饭睡觉就是打拳练功，还要跟其父的一些帮会门徒厮混。段老板的门徒很杂，三教九流，甚至包括“军统”、“中统”、宪兵、警察、土匪，段子善喜欢跟这些人打交道，所以他的枪法也不错，据说能双手左右开弓。总之，段子善在徐州地面上也算有点儿小名气。

如果国民党的统治继续下去，段子善肯定会子承父业，除了继续把“段同兴菜馆”经营下去，帮会里肯定也有一把交椅给他坐坐。徐州的解放彻底改变了他的命运。12 月 1 日解放军一进城，段老板就把馆子关闭了。两天后，由儿子陪着前往军管会登记。当时军管会还未贴出收缴民间武器弹药的公告，段老板还是让儿子把两支手枪主动上缴，领了一纸收条。段子善似乎比较老实，老爸登记后，他主动问军管会人员：“我要不要登记？”人家问明他并未加入过任何反动组织，一挥手叫他离开了。

派出所有个留用警察小朱跟段子善是哥们儿。小朱告诉侦查员，段老板爷儿俩这些日子乖乖地在家待着，不敢外出，段子善保持了七八年每天清晨去公园打拳的习惯也取消了。侦查员寻思，如果真是这样的话，这家伙怎么会去了陆白丽家呢？难道那女学生的家长看走了眼？

六名个个怀间鼓鼓囊囊的便衣突然上门，段老板大吃一惊，寻思准是来逮捕他的，当下便朝为首的任求诚抱拳作揖，说诸位请稍等，容在下向内眷作个交代。任求诚说段老板别紧张，我们不是来找你的，有点儿事情想问问你儿子段子善。段老板闻言松了一口气，但马上又绷紧了神经，说诸位找犬子啊？不巧，他不在家。

侦查员当然不相信，查看了一番，果然不见段子善的影子。这家伙去哪儿了呢？段老板说家里人也不清楚。前天晚上段子善还去附近的“神仙汤”泡澡，回家后说澡堂的水烧得不烫，受了点儿寒，让女佣王妈做了两个菜、一碗胡辣汤，开了一瓶老酒，边听着收音机里播放的京剧边吃喝。可是，第二天就不见人了，留下一纸条儿说去外面散散心，过几天就回来，让家里人不必牵挂。

段老板说着，让老婆周氏把纸条儿拿来给任求诚过目。任求诚把纸条儿塞进口袋，说你儿子回家后让他立刻到市公安局来，我们有事要问他。

专案组对段子善留下的这纸条儿作了分析，从笔迹看，段子善留言时似乎很从容，况且他先是去洗澡，回来后又让女佣炒菜烧汤喝酒听戏，似乎并无值得担忧的事儿。另外，从陈大嫂、王翠瑛看见瘦高男子叩门到那个女学生的家长看到陆白丽送客出门，前后不过相差五七分钟，这点儿时间，会武术的段子善勒死陆白丽那是足够了。可是，陆白丽的尸体被埋在井台的砖头地面下，要先揭开砖头，再挖坑，埋了尸体填上土还得踩实，重新铺上砖头照样复原，最后还得把刨出来的泥土扔进井里，这些活儿做下来，就不是五七分钟能解决得了的。所以，如果段子善是凶手，那他只是杀害了陆白丽，埋尸体的活儿应该是别人干的——当然，也有可能他在离开后又去了一次陆白丽家；如果他不是凶手，那么他好好地待在家里，为什么突然出走呢？

专案组决定向段子善的朋友了解其平时的社交情况，以便寻找其下落。

当天午夜，侦查员根据段子善的一位好友提供的信息，在徐州城东门外刘庄的一个农民家里找到了段子善，把他带回公安局连夜进行讯问。

段子善跟陆白丽相识于半年前。六月上旬的一个下雨天，下午两点多，段子善参加一个朋友的生日宴会，回家途中经过“私立康健医院”门口时，看见一个年轻女子一脸焦急地站在医院门口的大树下，一看便知是出门时没带雨伞，只好躲在树下等候黄包车。段子善原本没想过要关心一下这个女子，他虽是纨绔子弟，却并非寻花问柳之徒。就在这时，一阵大风挟着豆粒大的雨点袭来，那女子惊叫一声急往树后躲，不料脚下一滑，跌倒在地，沾了一身泥水。段子善急忙上前搀扶，正好这时有辆三轮车经过，他便叫住车夫，让女子上车。可是，那女子这一下摔得有点儿重，扶着树才勉强站了起来，根本挪不动步。段子善就把对方扶上三轮车。那女子再三道谢，又问段子善是否可以送她回家，因为三轮车抵达后她也没法儿进门。段子善寻思帮人帮到底，就一口答应了。

这个女子就是陆白丽。途中，陆白丽告诉段子善，她的脚昨晚就扭伤了，原以为贴贴膏药就行，哪知今天疼痛加剧，熬到午后实在受不了，只好叫了辆黄包车来医院治疗。医生说骨头没事，不过软组织伤得比较严重，得休养一段时间。

段子善把陆白丽送到家后，方知她是一个人单过，又热心地去附近的荐头店替她叫了一个干家务活儿的老妈子，自掏腰包预付了半个月工钱。

两个人就这样认识了。陆白丽是风尘女子出身，人来客往热闹惯了，现在被曹老板金屋藏娇，自然常常觉得寂寞，就有了勾引段子善之心。而段子善呢，虽然没有寻花问柳的前科，可是也经不住美貌妖娆的陆白丽的诱惑，没多久两人就越过了那条界线。

然后就说到12月11日傍晚的事了。自从跟陆白丽有了那层关系，段子善每周都会跟陆白丽幽会一两次——当然要避开从南京来徐州的曹彭顺。陆白丽跟段子善约定，如果曹彭顺来徐州这边的话，她会在其抵达前的第一时间用粉笔在大门的门框上画一个三角记号，曹离开后则会把记号擦去。12月11日这天，段子善外出访友。因为朋友家就在陆白丽住处附近，从朋友家出来，他就顺便邀请陆白丽去外面下馆子。段子善自认为并不是一个非常敏感的人，可是，这天他一进门就感到陆百丽似乎不对头，跟以往他每次来的时候截然不同，不但没热情地给他沏茶倒水、嘘寒问暖，甚至连让座的意思都没有，还是他自己落座的。段子善虽然意识到了，却没在意，说要请她下馆子。陆白丽一脸难色，说曹老板今天要回来，出去吃饭恐怕不妥。

听罢，段子善心里顿时有点儿忐忑不安。别说现在已经解放了，就是没有解放，他那两支手枪还在怀里揣着时，也不敢公然对人家姓曹的怎么样。尽管陆白丽并非曹彭顺明媒正娶，可是按照民间观念，曹出钱替陆白丽赎身，那陆白丽就是他的人。况且现在解放了，老爸吓得连菜馆都关了，他这个做儿子的怎么敢公然霸占人家曹老板的女人？既然如此，那就赶快开溜吧。

在段子善想来，这件事到此为止尚属正常。可是过了一天，一个意外遭遇使他意识到跟陆白丽的交往简直是“危机重重”了！昨晚，段子善和两个朋友约好去“神仙汤”泡澡，不知是天冷呢还是澡堂的水没烧热，还没离开澡堂，就已觉得身上有点儿寒。他便提议哥儿仨找个地方去喝酒，那两个朋友对此却无兴趣。段子善就独自去了附近一家专门经营夜宵的小酒馆。不知昨天是个什么日子，小酒馆竟然顾客盈门，不但座无虚席，还有人站着喝靠柜酒。段子善不愿意等候，只好回家。

段子善回家后，依旧觉得体内寒气乱窜，马上叫女佣给他烧了两菜一汤，又开了瓶老酒，还打开收音机听京剧。吃喝完毕，段子善回到自己的房间准备睡觉，脱衣服时忽然发现口袋里有一个信封，不禁一惊，寻思这是谁放进来的？信没封口，打开一看，里面竟是用信纸包着的一颗手枪子弹！皱巴巴的信纸上写着一行字：“敢碰陆白丽，要你命！”

段子善吓了一跳，寻思陆白丽这姐们儿居然颇有背景，对方跟老子以前一样也是玩枪的。回想起头天去陆白丽那里的遭遇，段子善有些恼怒，寻思这女人到底是窑子出来的，不讲情义，有奶就是娘。继而又想，这个信封是几时放到自己口袋里的？泡完澡是段子善付的钱，出门时还掏出香烟每人抽了一支，当时口袋里根本没这个信封呀！再往下想，也许是在小酒馆找座位时被人趁乱放进去的。

段子善把那信和子弹翻来覆去看了又看，越想越忐忑，担心人家要其性命。徐州地面的治安一直不咋样，别说正值“徐蚌会战”这当口儿了，就是平时搞掉个人也是神不知鬼不觉的事儿。眼下这个时候，谁都知道老爸段同兴已经关门歇业了，段老爷子的牌子也随之倒了，他这个小开更是没啥好嚣张的。跟陆白丽有瓜葛的人如果打他黑枪，打了也就打了，共产党的公安上哪里去找人？

这样想着，段子善就决定找个地方躲起来，等过了这一阵儿再说。于是就给家人留下一纸条子，带了些钱钞悄然离家，去了东门外的刘庄。那里有个叫周宝贵的农民，是段子善的师叔，跟段子善关系不错，段子善就在他家住了下来。

专案组对段子善提到的几个人逐个核查，证明段子善所言不谬；又向段家人、黄包车夫和邻居作了调查，最后认定段子善既无作案时间，也没有杀害陆白丽的动机。

排除了段子善的涉案嫌疑，大家就把注意力集中到那封夹带子弹的匿名信上。可是，段子善在去东门刘庄的途中，已经把那封信连同子弹一起扔了。

六、商行老板的偶然发现

段子善这条线索断了，专案组只好回到老路上，继续到大康街访查线索。

12月14日上午，任求诚去了管段派出所。金所长比前两天轻松些了，因为市军管会公安部已经把徐州地下党推荐过去的一批进步青年分配给了市局和全市各派出所，金所长这边也来了两个，都是地下团员。他有了助手，结束了光杆司令的日子，跟任求诚说话的腔调也不一样了："老任，专案组要俺这边干啥，只管吭声，要人有人，要枪有枪，要钱——哦，那可没有！"

任求诚苦笑："你能提供的东西我都有，你不能提供的东西比如钱吧，我一个报告上去也就有了，问题是我现在要线索你有吗？"

两人正说着，外面院子里忽然传来一阵儿喧闹声，那嗓门儿一个高过一个。金所长一跃而起："这帮人怎么弄的，明明已经谈妥了不再吵的，怎么还没出门就又吵起来了？老任你喝茶，我看看去。"

任求诚向留用警察小苗打听是怎么回事，得知那是大康街55号的一户鲁姓居民。该户成员结构比较简单，一家三代四口，老太太、男女主人和一个九岁的儿子。男主人鲁义鸣和朋友合伙开了一家南北土特产商行，生意做得还不错。前几天，鲁义鸣突然离家外出。以往他每次外出都会跟家人说一声去哪里、大约待几天，家人已经习惯了，可是，这次他却连个招呼都没打，就没影儿了。妻子薛氏担心鲁义鸣有外遇，对丈夫管得很紧，当天晚上等到午夜还没见鲁义鸣回家，不禁又气又急，冒着严寒直奔丈夫经营的商行找人。商行的伙计告诉她，鲁先生出差去了，去了哪里不清楚。

薛氏不信，但是也无法验证，就把一股火气撒向婆婆。次日，她在家里拍桌子踢凳子摔盆砸碗地闹开了。老太太对儿子的不辞而别也是窝着一股火，被儿媳妇这么一闹，也忍不住发作起来。薛氏正要寻衅滋事，便和婆婆吵了起来。小吵闹逐步升级，从对骂变成了对打。老太太跟薛氏相差二十多岁，年老力弱，哪是对手？挨了一顿拳脚之后，老太太出门直奔小儿子家逃去。小儿子是铁路司机，正好在外跑车，小儿媳跟婆婆关系很好，当下便要替老太太出头。老太太说还是等小儿子回来后再说吧，就在小儿子家住了下来。

今天清晨，小儿子鲁义云跑车回来，听说母亲挨了嫂子的打，立马和母亲、老婆以及正好来他家的两个工友直奔大康街。再说薛氏，那天她把婆婆打跑后，担心脾气火暴的小叔子登门问罪，有心回娘家暂避风头，可又放心不下正在上学的儿子，想来想去终于有了法子——把住在郊区的娘家兄弟一家叫来住几天再说，反正这当口儿正是农闲时节，待在家里也没事儿做。托人捎信过去，兄弟一家几口一并赶来为薛氏护驾。现在双方遭遇，自然要有一番肢体碰撞，相互切磋，结果是薛氏一方吃了些亏。由于动静闹得太大，邻居报告了派出所。

这是金所长上任以来处理的第一起民事纠纷。任求诚登门前，他已经给双方做了些工作，谈得差不多了，还让双方订立了一份调解协议。原以为这件事就这样解决了，哪知又吵了起来。

任求诚听着心里一动，问小苗：“55 号？那不是陆白丽的邻居吗？”

小苗半年前刚当上国民党的警察，因为是初中毕业生，算是有点儿文化，干的是内勤活儿，从未下过胡同，对门牌不熟，回答不上来。另一个留用警察老赵正好提着水壶进屋冲开水，闻言点头，说确是那个被害女子的邻居。任求诚猛然闪过一个念头：陆白丽被害，鲁义鸣突然离家出走，这二者之间是不是有联系呢？

接着就打听鲁义鸣的情况。老赵说这个鲁义鸣好像曾在“军统”干过。任求诚不由得一惊，请老赵说详细些，可是老赵也知之甚少。因为鲁家是前年秋天买下的 55 号，鲁义鸣搬过来时已经是“大泰祥南北土特产商行”的老板了，关于“军统”的传说，老赵是从别人嘴里听来的。

金所长把争执双方各打五十大板训了一顿，回到屋里，任求诚就问他鲁义鸣是否有历史问题，小苗、老赵立刻知趣地回避了。解放战争后期，中共中央有个规定：凡是根据战略方案即将解放的城市，尤其是大城市，在解放军尚未暴露战略意图前，就已由相应的中共中央下属大区局向该城市的地下党组织发出指令，要求对该城市的敌情、社情、各行各业、帮会组织等情况进行尽可能详尽的调查，并将调查所获情况编制成册，以便在该城市解放后接管时参考。拿上海来说，早在 1949 年元月淮海战役刚刚胜利、解放军尚未开始渡江战役的准备工作时，上海的地下党组织就接到中共中央华东局的秘密通知，要求着手进行这方面的工作；待到南京、镇江等城市相继解放，华东局、华野的领导们集中在离镇江二十七公里的丹阳小城研究解放苏南诸市以及大上海时，上海地下党已经奉命指派地下交通员把编制好的上述各类材料送来了。这些材料对于接管城市以及接管伊始肃清敌特与反动会道门分子起到了重要作用。

徐州解放前，中共地下党成功地做好了这方面的工作。市军管会公安部给每个参加接管的同志发了一本介绍徐州敌情和社情的小册子，又由兼任公安部部长的唐劲实局长跟每个派出所长（徐州解放的第一个月，市局下面没有设分局，就二十个派出所，由市局直接领导；一个月后方才以四个区为单位组建了四个治安指挥部——相当于公安分局）谈话，口头介绍材料中关于管段区域内的具体敌情，规定不准记录，只能记在脑子里。任求诚是知晓这个情况的，所以此刻他要向金所长了解。

金所长介绍，鲁义鸣于抗战爆发前一年从师范毕业，在徐州市公立第三小学当了一名老师。抗战爆发后，鲁义鸣前往南京投军，被“军统”招收为特务学员，送往设在当时属于江苏省管辖的青浦县“军统”特训班受训。不久，青浦特训班迁往湖南，鲁义鸣未随同前往，被留在江南，成为由“军统”指挥的“别动队”的一名骨干分子。后来，“别动队”转移到江西，鲁义鸣作为情报特工被指定留下潜伏于上海。抗战胜利后，“军统”的经费来源发生问题，而且也不需要那么些特务了。鲁义鸣原本已经干厌了这一行，于是就主动要求离开，获得批准后领了一笔转业费回到徐州。当时徐州教育界的观念跟社会上许多人一样，是看不起特务的，像鲁义鸣这样的八年老特务自然不可能再回到讲台上给莘莘学子授课，再则他自己对教书也不感兴趣了，于是自谋职业，和人合伙开了一家土特产商行，做起了生意。

徐州地下党提供的材料中还说，鲁义鸣离开“军统”后，没有再跟国民党方面有什么联系，也很少有人知晓他的特工经历，他赚的钱也是通过正当手段获得的。

那么，鲁义鸣为什么在徐州解放后突然不辞而别呢？他究竟去了哪里？或者其实哪里也没去，而是像小开段子善那样待在徐州当地某个朋友那里？

任求诚跟金所长商量这事该如何调查为妥。金所长寻思片刻说，刚才我给双方调解时，批评鲁义鸣的媳妇薛艳兰不要凭空怀疑丈夫的生活作风有问题，她朝我翻了个白眼，一副不买账的样子。当时我为了让双方和解，就没有追问。现在你要了解鲁义鸣离家出走去了哪里，我想可以去问问薛艳兰，说不定她知道。

回到专案组作为临时办公点的陆白丽的住处，任求诚让侦查员汤铭把隔壁的薛艳兰叫来。任求诚对薛艳兰说：“你们刚才在派出所吵架的一幕我都看在眼里了，这件事派出所已经调解过，我就不说了。我现在找你，是要了解你丈夫究竟去了哪里。”

薛艳兰摇头不语。

任求诚又说：“你知道原来住在这小楼里的陆白丽被害身亡了吗？”

薛艳兰点头：“那天你们把她的尸体抬出去的时候我看见了。”

“你丈夫跟陆白丽的被害会不会有什么关系？”

薛艳兰大吃一惊，急赤白脸连说“不可能”。

“那鲁义鸣为什么跟家里人都不打一声招呼就无影无踪了呢？他到底去哪里了？是在徐州还是跑到外地去了？”

薛艳兰犹豫了一会儿，终于说：“我估摸，如果他还在徐州，一定在那个狐狸精那里！”

薛艳兰所谓的“狐狸精”，是东关一个叫戚慧的女子。戚慧是鲁义鸣当年师范学校的同学，据说两人原本处得不错，属于没点穿的恋人关系。师范毕业后，鲁义鸣做了老师，戚慧则去其伯父开的公司当了出纳。两人继续来往，已经到了谈婚论嫁的程度。就在这时，抗战爆发了。鲁义鸣执意要入伍，而戚慧坚决反对，结果两人翻脸分手。鲁义鸣的父母原本反对儿子跟戚慧相恋，两人一分手，便在徐州这边给儿子张罗对象，一来二去鲁义鸣看中了薛艳兰。当时鲁义鸣正以“军统别动队”队员的身份在上海周边活动，不久在与日军作战时负伤。“军统”派人送他回徐州养伤，家里正好就让他把婚礼办了。抗战胜利后，鲁义鸣离开“军统”回到徐州做生意，而戚慧之前嫁了个汉奸，抗战胜利后被国民政府毙了，她就成了寡妇。不知是偶然还是故意，反正戚、鲁两人就搭上了。

薛艳兰听到风声后火冒三丈，找个机会叫了娘家兄弟七八人上门教训戚慧。哪知戚家的祖上竟是明朝登州总兵戚景通，戚景通的儿子就是抗倭名将戚继光。戚家的家传武术甚为了得，戚家长拳至今还在全国武术比赛中登台。虽说戚慧本人是一介女流，不谙拳术，但其兄弟都是深藏不露的练家子。当天，她的弟弟只是出来亮了亮相、热了下身，就把薛家的七八个男丁放倒了一半。从此，薛艳兰再也不敢动去戚家登门问罪的念头。这次鲁义鸣不辞而别，原因她固然不知道，但待在戚家那是肯定的。

任求诚问明戚家住址，立即指派汤铭、刘镜明两人前往调查。

还真让薛艳兰给估摸着了，鲁义鸣果然在戚家。侦查员把他带往市局，任求诚就跟这个前“军统”特工聊开了。鲁义鸣毕竟是干过特务的，一听任求诚提及陆白丽被害，马上表示他明白公安局为什么传唤他了，为了摆脱杀人甚至敌特分子的嫌疑，他主动交代了自己不辞而别的原因——

12 月 6 日下午，鲁义鸣家里厨房烟道漏烟，就从商行对面巷子里叫了一个泥瓦匠来修理。活儿干完后，鲁义鸣不放心，亲自爬上屋顶验收。鲁家与陆白丽家也就一墙之隔，他在屋顶居高临下不经意间朝隔壁院子一瞥，立马打一个激灵：诸鸣道正在井台上打水！

诸鸣道是抗战初期与鲁义鸣同在“军统”青浦特训班受训的学员。他是江苏盐城人，原本家境不错，其父是当地又有店铺又有田地的富翁——就是土改时被定为“工商地主”的那类对象。但在诸鸣道上初中的时候，家乡遭遇大水，继而暴发瘟疫，全家除他之外悉数死亡，灾后，族中长辈欺负他年少，趁机将他家的土地、店铺据为己有。诸鸣道只好离开老家，前往上海投奔父亲的一个朋友，在其商行中当了一名学徒。还没满师，全面抗战爆发了，他看到马路上张贴的“军统”招收学员的广告，就去报了名，顺利被“军统”录取。青浦特训班转移湖南时，诸鸣道随同前往，后被培训为一名行动特工。鲁义鸣在上海郊区从事“别动队”活动时，曾见过诸鸣道，当时听说他是奉命前来执行暗杀行动的。抗战胜利后，鲁义鸣在“军统”的内部刊物上看到受表彰的“抗战有功同志”中有诸鸣道的名字，其“工作业绩”中至少有二十次以上的暗杀、爆炸、绑架等特工行动。但诸鸣道后来情况如何，因为鲁义鸣已经离开“军统”，就不得而知了。

不过有一点鲁义鸣是清楚的，那就是诸鸣道不会像自己那样离开“军统”，眼下他出现在徐州，一定是在执行某项任务。为什么这么说呢？因为像诸鸣道这样受过表彰且抗战胜利时已是少校军衔的行动特工，肯定不属于转业对象，“特种技术人员”想离开“军统”还是不太容易的。“军统”改组为“国防部保密局”之后，肯定需要大批老特务从事对中共方面的破坏活动。去年夏天，鲁义鸣曾接到老上司托人捎来的口信儿，希望他归队重新为党国效劳，但鲁义鸣没有答应。因此，鲁义鸣一见诸鸣道就意识到这家伙来者不善。几乎在看见背对自己在井台打水的诸鸣道的同时，鲁义鸣立刻不假思索地蹲下身子悄悄地从屋顶爬下来，烟道也不检查了。付了工钱把泥瓦匠打发走，他就开始考虑该如何应对这个局面。

作为一名前情报特工，鲁义鸣考虑事情颇有条理。他认定诸鸣道此番前来徐州必是肩负特别任务，而其要执行的任务内容也只有搞“行动”，不是暗杀就是爆炸，其对象肯定是刚刚占领徐州的中共方面。而诸鸣道之所以出现在陆白丽家，显然是以此作为藏身之地。鲁义鸣搬到大康街这边不过几个月，并不知道这位女邻居的情况，只是听母亲、妻子说她是南京人。对于他来说，这点儿情况已经足够了，这个女人要么是“保密局”事先安排的“关系”，要么跟诸鸣道有不一般的私交。鲁义鸣不知道诸鸣道具体如何执行其行动任务，但按特务活动常规来说，这类行动必须得到当地地下人员的配合，比如收集情报、提供掩护等，如果地下人员数量不够，就会把主意打到类似鲁义鸣这样已经脱离“军统”的“老同志”身上。

鲁义鸣不愿意再为国民党干什么事情，但也没必要帮共产党的忙“出卖”诸鸣道。眼下徐州虽已解放，但“徐蚌会战”鏖战正酣，国共双方谁胜谁负一时还难说，这中间还有一个美国是否会插手的悬念。如果诸鸣道来找他帮忙遭到拒绝，万一日后徐州又落到国民党手里，“保密局”肯定要找他算账的。另外，从徐州解放几天来中共对社会治安的控制力度来看，鲁义鸣断定诸鸣道在徐州搞行动的难度极大，成功的可能微乎其微，很有可能还没动手就让共产党的警察一网打尽。由于鲁义鸣鬼使神差地跟窝藏诸鸣道的陆白丽做了邻居，回头“保密局”很有可能会把这笔账算到他头上。

想来想去，鲁义鸣决定离开家暂避风头。当天傍晚他就去了戚慧的娘家，一步不出，以便日后不管共产党还是国民党疑到他头上时，戚家人可以为他作证。

专案组随即对鲁义鸣所说的情况予以核查，确认其所言属实。

七、一网打尽

当晚，唐劲实亲自主持案情分析会。众人一致认为，被鲁义鸣无意间发现的那个诸鸣道，应该就是受命从事谋杀、爆炸等破坏活动的主谋。他抵达徐州后去了陆白丽处，从其打水之举来看，很有可能曾在此住宿，他携带的那个装着特务活动经费、器材的皮箱也寄存于陆白丽那里。12 月 10 日夜飞贼马盼群潜入陆白丽家行窃，次日，陆白丽发现失窃。她显然知晓诸鸣道的特务身份，因此不敢报案，也不敢张扬。11 日傍晚段子善登门拜访时，诸鸣道不在陆白丽家。但陆白丽已经没心思考虑其他事儿，只想着应该如何告知诸鸣道皮箱被窃的消息——按照特务活动的惯例，诸鸣道肯定不会向她透露其在徐州另外的落脚点，但诸鸣道可能事先说过 11 日晚上会过去，也有可能是她自己估计的，所以她必须把段子善撵走。当晚，诸鸣道去了陆白丽家，得知皮箱失窃，不得不杀人灭口，掘开井台掩埋尸体后逃离。

对于专案组来说，下一步就是如何缉拿“抗战有功同志”诸鸣道了。那么诸鸣道还在不在徐州呢？大家认为应该还在，因为他既然杀死陆白丽灭口，就说明他暂时并不打算离开徐州，他得继续执行任务。至于经费、器材丢失了如何补充，那应该是有其他补救措施的。可是，如何查找诸鸣道的下落呢？就专案组目前所知，只有两个人认识诸鸣道，一个是鲁义鸣，可他所能提供的只是诸鸣道在抗战胜利前的情况。诸鸣道不是徐州人，他在徐州的社会关系鲁义鸣并不知道。另一个是陆白丽，她有可能知道诸鸣道在徐州要找的人，可她已经死了。因此，专案组要想在徐州找到诸鸣道，难如大海捞针。

不过，此路不通，还有一条路可走。这条路虽然走起来比较麻烦，甚至有风险，可眼下别无他法。专案组估计，诸鸣道可能是在秦淮河一带的妓院里认识陆白丽的。以诸鸣道的特务身份，除了钱钞之外，还能给陆白丽提供其他好处，比如利用权势相帮解决什么纠纷之类。于是，两人建立了一种超乎寻常嫖客和妓女关系的友情，所以肩负特别任务的诸鸣道才敢携带特务活动器材闯到陆白丽处，甚至还放心地把那个皮箱存放于其住所。两人的关系既然这样密切，那么陆白丽在“俏春院”的那班“同事”中，应该是有人知道诸鸣道这个人的。去南京找“俏春院”的人调查，有可能查摸到诸鸣道在徐州的社会关系。

其时距南京解放还有四个月零一周，淮海战役正打得难分难解，南京处于风雨飘摇之中。专案组这当口儿派人前往南京，实为潜入敌后侦察敌情，风险极大。这件事连唐劲实也无权拍板，得由市局出面向市军管会汇报，获准后方可施行。当天午夜，一份以徐州市公安局局长兼市军管会公安部部长唐劲实的名义批示的报告送到了市军管会主任傅秋涛的案头。

12 月 15 日，专案组另一条线上的两名情报员老刑警张敬祖、柴国柱离开徐州，辗转前往南京。当晚，两人分别下榻于秦淮河附近的两家旅馆，他们的身份分别是治疗跌打损伤的江湖郎中和收购洋货的货郎。

专案组诸同志对他们颇为牵挂，担心他们在南京遭遇麻烦。事实上，他们的运气不错，只由张敬祖一人出面就完成了调查使命。

徐州自古就是兵家必争之地，民风尚武，张敬祖即出身于世代习武之家。旧时习武世家一般都有治疗跌打损伤的秘方，张敬祖家也不例外。张敬祖继承了父辈的武术和医术，这次以江湖郎中身份来南京调查，随身带了一些自制的药丸和膏药。12 月 16 日清晨，张敬祖就进了“俏春院”附近的一家茶馆，支付双份茶钱占了门口一副座头，摆出了他的行医摊头。茶客中不乏腰酸背痛、手足不便、肢体麻木、老伤缠身者，见这个游方郎中把摊头摆到了茶馆里，料想有点儿手段，纷纷驻步问长问短。张敬祖对答如流，当场给患者按摩推拿，还真有效果，有人便掏钱买药。也是碰巧，对面茶食店的伙计挑水时不慎扭了腰，当场痛得站立不住。茶食店老板听说茶馆里有位郎中在摆摊行医，便过来请张敬祖给伙计看看。张敬祖问明情由，施展祖传手法，竟然疼痛立止。

这样一来，茶馆老板就来跟张敬祖套近乎了。他想请张敬祖多待几日，茶馆可以免费提供一副座头供张敬祖设摊，以吸引茶客。张敬祖未置可否，他想跟柴国柱商量后再视情答复。不料，柴国柱还没出现，倒来了一个大汉——“三先生”，茶馆老板指着张敬祖对他说，“这位郎中先生准保能治得了你的老伤。”

“三先生”就是陆白丽昔日的老板、“俏春院”老鸨之夫史永三。史永三是安徽巢县人，少年时来南京打工，后来成为长江码头上的一个把头。那时候码头是靠抢地盘揽活儿的，史永三不会武术，可是他敢玩命，不怕死，手下有十八个弟兄，一律长短装备——大小两把斧头，人称“十八斧头帮”。1937年12月南京沦陷，史永三退出码头经营。因为他的弟兄在大屠杀中死伤过半，“十八斧头帮”还剩七人，能抄家伙上阵的连他只有四个，再吃码头饭，只怕还没踏进码头自己的头就得落地了。之后，史永三在秦淮河开了“俏春院”。

茶馆老板所说的老伤，是他在年轻时屡次打斗中留下的内伤，当时吃点儿药挺了过来，中年过后复发，特别是“二分二至”时（即“春分”、“秋分”、“夏至”、“冬至”）最易发作，每每痛得满地打滚儿。他看遍南京的伤科郎中，还去上海请沪上八大伤科中最负盛名的王（王子平）、魏（魏指薪）、石（石啸山）看过，均无效果。前些天到茶馆闲坐，听说书先生说“偏方一味，气死名医”，忽然想到自己这老伤是否可让江湖郎中治治看，没准儿管用，于是就托茶馆老板留意。茶馆老板便把张敬祖介绍给了“三先生”。

史永三是老江湖，不可能立马急吼吼求医，当下跟张敬祖打过招呼，让跑堂沏了一壶花茶，坐在一旁不慌不忙边喝边看张敬祖给人治病。看了一会儿，觉得这郎中不同凡响，这才请张敬祖诊治。张敬祖这时还不知对方就是“俏春院”的老板，照一般病人那样对待，也不用史永三详尽述说便判断其年轻时受过几次严重的内伤。史永三大为折服，立刻邀请张敬祖去附近的饭馆吃饭，茶馆老板作陪。

席间，张敬祖说他受一位朋友的委托，想打听多年前在秦淮河这边从业的一位姑娘。茶馆老板指着史永三说你问着了，“三先生”就是这行的老板。张敬祖这才意识到自己可能撞运了，当下一说陆白丽的名字，史永三拍案大笑，说这不是缘分吗，陆姑娘就是从我这里出去的嘛！

往下就好说了，张敬祖便打听陆白丽的下落。史永三说她去了徐州，具体地址不清楚，不过他可以问问“俏春院”里跟陆白丽要好的姐妹。当下就让饭馆伙计去把胖子唤来。胖子是“俏春院”的伙计兼保镖，北方称为“大茶壶”、江南唤作“抱台脚”的便是。据胖子说，大约十天前“军统”诸先生也曾来打听过陆白丽，院里的几个姐妹正好闲着，还围着诸先生打趣说他想念老相好了。陆白丽从良后未回过南京，因此胖子并不知道她在徐州的住址，料想那几个姐妹也未必清楚。当时正好史永三唤他有事，他就离开了，也不知后来诸先生是否打听到了陆白丽的地址。

史永三让胖子去问问她们，陆白丽的地址后来打听清楚了没有。不一会儿，胖子带来了一个妖艳女子——“俏春院”的六位“当家姑娘”之一常紫荷。

常紫荷是陆白丽在“俏春院”时关系最好的姐妹，两人拜过把子，陆白丽是姐，常紫荷为妹。即便如此，陆白丽离开“俏春院”后两人也没见过面、通过信。因为这行业有个规矩，姑娘从良后是不能再跟以前的姐妹联系的，实在有事也得通过老鸨转告。不过，常紫荷却是知晓陆白丽在徐州的住址的。

常紫荷是徐州睢宁人氏，自幼父母双亡，跟着叔父长大。十六岁那年，史永三张罗“俏春院”时，前往江苏、安徽交界地物色姑娘，在睢宁物色到了常紫荷。当时有两个选择，一是买断，像陆白丽那样；一是雇佣，按营业额比例分成，常紫荷选择了后者。所以，常紫荷算是自由身，她去南京还是其婶婶陪同前往的。雇佣性质的妓女是允许家人前去看望的，其叔叔婶婶此后每年都去南京看她一次。常紫荷也可以请假回老家探亲，不过她觉得自己干了这一行，无颜面在家乡露脸，所以一次也没回去过。陆白丽赎身离开时，常紫荷曾托她给叔婶一家带些钱物。陆白丽去了睢宁，把自己在徐州的地址留给了常家。那天诸鸣道去打听陆白丽的地址，常紫荷等几个跟他相熟的妓女讹了他一顿饭钱之后，把其时已在徐州市内打工的叔婶的地址抄给了他，让他前往询问即可。

史永三听常紫荷如此这般一讲，就让她把她叔父的地址也抄了一份给张敬祖。

吃过饭，张敬祖给史永三留下一些药丸，又开了几个方子，嘱其在不同节气服用。然后跟柴国柱会合，两人商量下来，为稳妥起见，把常紫荷叔父的地址按照组织上交代的联系方式寄给了南京地下党交通站。

两人回到徐州时，专案组已经接到了南京地下党通过华东局社会部转来的密电，遂开始对常紫荷叔父常一兴展开调查。

常一兴原是睢宁县城的一个木匠，去年被一个睢宁籍的棺材店老板邀至徐州打工，就在该老板开的棺材店的工场里领着七八个木工、学徒制作棺材，挣的工钱比在睢宁做零工多，于是就把老婆、孩子也都接到徐州，在马市街租了两间草房安顿下来。侦查员对常一兴以及他的东家初步了解下来，发现他并无历史劣迹，乃是本分百姓。

专案组派侦查员汤铭、司志远前往拜访常一兴，向其了解南京是否有人来找过他。常一兴说有一位自称李林的先生12月3日来过他家，说是常紫荷的朋友，带来了南京板鸭、香肚和给孩子的文具、零食等，说是常紫荷托他捎的。常一兴夫妇要留他吃饭，对方谢绝了，说想打听陆白丽的住址，常一兴就把地址抄给他了。侦查员问了那人的年龄、相貌，跟鲁义鸣所说的诸鸣道相符。

任求诚把调查结果电告唐劲实时，唐局长正在听取张敬祖、柴国柱两人南京之行的汇报，于是就问张敬祖，是否听常紫荷说过她买了东西托诸鸣道带给叔父。张敬祖说没有听说过，不过，似乎有这种可能，或者东西是诸鸣道买的，但借用了常紫荷的名义。送走张、柴两人后，唐劲实对诸鸣道送礼物之事作了一番思索。如果那是常紫荷托诸鸣道捎的，或者是诸鸣道借常的名义送的，那么他本人跟常一兴就变得没有什么关系了，这似乎不合特务活动的常情。像诸鸣道这种远赴“敌后”

的特务，都希望在当地建立关系，以便于之后的活动和掩护，所以，他给常一兴的礼物不应当仅仅是以常紫荷的名义送的，还要有他自己的一份。诸鸣道那天去拜访时，自己送了礼物没有呢？唐劲实当即指令任求诚再派侦查员去向常一兴调查。

次日，即12月18日上午，任求诚叫上汤铭、司志远，二访常一兴。了解下来，诚如唐劲实所估料的，常一兴说“李先生”那天还送了两大盒花糕，说是给孩子吃的，客气地说是“粗货，不成敬意”云云——那显然是他送的礼物。

花糕在徐州通常叫作“百果糕”，是一种特色糕点，用小麦粉、糯米粉、核桃、花生、瓜子、杏仁、果脯加上芝麻油、白糖制成。当地有不少制作百果糕的作坊，其中“尚和记”制作的百果糕最为出名——不论春夏秋冬，都可以在常温下保存半年以上，不走油，不干燥，不霉不坏，保持原味。这在没有防腐剂的当时，确实是一个难以企及的绝活儿。可是，“尚和记”却做到了。“尚和记”制作的百果糕都压上代表一年十二个月的月花作为生产日期，故又称花糕。尽管当时没有保护知识产权的说法，可全市其他店铺、作坊都没有人冒用“花糕”的称谓，因为除了“尚和记”之外，其他作坊制作出来的百果糕都只能保存一两个月，如果冒用的话只怕偷鸡不成蚀把米，反倒砸了自己的牌子。

“尚和记”花糕质量好，价格肯定比别家的贵。那么，大盒是什么概念呢？该店花糕的包装盒一共有十种规格，大盒是最大的一种，每盒售价大洋四元八角。诸鸣道一送就是两大盒，这在当时算是一份重礼了，“尚和记”方面肯定会留下深刻印象，毕竟一年到头也没有几个人买大盒花糕。

任求诚等三人离开棺材店后，直奔“尚和记”。果然，“尚和记”的老板还记得这笔买卖。那位主顾他也认识，就是与“尚和记”一街之隔的“同德兴漆器店”老板钱震行。

当晚，专案组拘捕了钱震行。连夜讯问，钱供出了诸鸣道及其属下四名“保密局”特遣行动组成员的藏身地点——千里巷“同德兴漆器店”仓库。唐劲实随即联系解放军部队派员随同专案组一起前往，把这五名特务一网打尽。

诸鸣道、刘江、秋水明、胡水富、贾羽典五名特务供认，他们奉“保密局”之命潜入徐州，准备暗杀中共党政军领导。五人中，诸鸣道最先抵达，即与“保密局”潜伏特务钱震行取得联系，先落脚于钱的漆器店，后又转移到老相好陆白丽那里。12 月 10 日，其余四名特务抵达徐州，钱震行设宴接风，诸鸣道当然必须出席，当晚就没回陆白丽处。谁知次日晚上过去时，陆白丽告诉他皮箱失窃了，诸鸣道只得将陆白丽灭口。之前他已经从陆白丽那里得知段子善白天曾来过，就决定让段子善当替罪羊。

专案组发现陆白丽的尸体后，诸鸣道便指派特务秋水明跟踪段子善，伺机把那个装着子弹的信封塞进了段子善的口袋里。

因为皮箱失窃，特遣小组只好暂缓行动，由钱震行指派漆器店伙计前往南京，向“保密局”设置的保密信箱投寄联络函。这几天，他们一直在等候南京的消息。

1948 年 12 月 23 日，徐州市军管会军法处判处诸鸣道、刘江、秋水明、胡水富、贾羽典、钱震行六犯死刑，执行枪决。

诈尸之谜

一、酒仙醉死

本案正主儿名叫蒋何为，四十三岁，祖籍山东烟台，三岁时随父逃荒去了东北，其父凭着一手出类拔萃的瓦工手艺在哈尔滨落脚定居，之后一直未曾离开过。因此，蒋何为与土生土长的哈尔滨人几乎没多大区别。蒋何为继承了祖传的瓦匠手艺，不到二十岁已经在当地业内小有名气。小伙子不仅瓦工手艺出众，还有“百尺竿头，更进一步”之想，也不跟老爸商量，竟然决定停工一年，拜师学习另一门手艺——木工。

这当然影响家庭收入，而且使老爸为其娶媳妇以便自己早点儿抱孙子的愿望被迫推迟，为此父子之间还闹了矛盾。但蒋何为不为所动，我行我素。

好在，父母很快意识到了儿子这一决定的价值所在。蒋何为于手工技艺方面确实颇有灵性，一年下来，其木工手艺已经超过了寻常学了三年的小木匠的水平。不过两年时间，蒋何为就成了当地有名的“瓦木匠”，人们盖房造屋时，第一个想到的就是请小蒋师傅，而父亲这个老瓦匠只好跟在儿子后面当助手了。

不过，蒋何为在学到另一门手艺的同时，也形成了一份嗜好——喝酒。他的木工师傅“邢斧头”（因使用斧头技艺了得，堪称“鬼斧神工”而获得的诨号）在当时哈尔滨的“七大酒徒”中排名第三，人送绰号“邢酒仙”。蒋何为跟着邢师傅学木匠活儿，顺带也学会了喝酒。匠人师傅喝酒的机会很多，蒋何为从此如鱼得水，活儿干到哪儿，老酒也喝到哪儿。经常喝到天昏地暗，回家路上把怀里揣着的工钱给弄丢了。

如此作为，老爸不得不管一下，尽管那时儿子已经成家并且自己也升级为老爸了。蒋何为呢，管一下就好一回，不管就照旧。老爸管了十多年，终于气馁，宣布再也不管了，但他也不再出门干活儿了，就靠儿子挣钱赡养。这对于蒋何为来说倒算不上多大一桩犯难的事儿，他手艺好，身兼瓦木二匠，喝酒归喝酒，活儿干得实在，盖的房造的屋无论是式样、质量都比寻常匠人胜出一筹，成本也低，找他干活儿的得排队预约，到时还得派人来接，以防被别的东家冷不丁儿半道上给扯走。

蒋何为给人干活儿，对伙食不甚讲究，但必须有酒，而且要管够。当然，早上、中午是不喝酒的，那会影响干活儿，也容易出事故。干活儿的日子只是晚上喝酒，一顿喝上几个小时乃是寻常事儿。要说蒋师傅的酒量，那是列入哈尔滨“新七大酒徒”的，排名第二，因其师傅是“酒仙”，故唤其“小酒仙”，其酒量被认为可以用“深不可测”来形容。

1949年5月5日，蒋何为接到一桩活儿。事后想来，这桩活儿显得有些奇怪：一是对方并未登门预约，是在蒋师傅出门途中将其拦下后或就地或去附近茶肆酒馆谈妥的；二是蒋何为接活儿之后，没有像往常那样跟老父以及妻子儿女言及雇主的情况，家人只知道他又接了一桩活儿，其他细节一概不知，但据其得意的神态，估计报酬不菲；三是从5月5日到5月9日，五天干活儿期间，蒋何为竟然没在东家喝酒，都是回家喝的，而且只是浅饮即止，不像以往那样每次都要喝个够。

当时家人并未往不利的方面去想，老父见儿子竟然憋住了多年的酒瘾，还以为是他自己觉悟，想戒掉了呢。不料到了第六天，就出事了！

5月10日，家里准备好了晚饭，蒋何为的妻子胡飞儿还去街头买了两样卤菜准备犒劳丈夫。哪知一直等到晚上九点，蒋何为也没回家，于是猜测是在外面喝酒，也就不等了。又过了一个小时，蒋家所在的白家堡一带的人们大多已经安歇，静夜中忽然一阵儿声响，由远渐近，一辆马车驶至蒋家门口停下。

胡飞儿对于这种动静已经习惯了。丈夫经常在外面喝过了量，懒得走路，回家路上拦一辆马车或洋车让人家送他，这次应该也是这样。可是，马车停下之后，并未听见蒋何为叫门的声音，而是轻轻的叩门声。胡飞儿把大门打开，眼前一幕使她颇觉意外：壮实的车夫背着蒋何为，丈夫的脑袋耷拉在车夫的肩膀上，睡得正酣，甚至发出粗重的鼾声，一股浓烈的酒气扑面而来。

以往可从未出现过这种情况，毕竟丈夫有“小酒仙”的诨号，那可不是白给的。即使喝得再多，也从未被人背回来过。不过，当时胡飞儿顾不上考虑这些，把丈夫弄进屋里要紧。起初是想让车夫直接把丈夫背进卧室，又觉不妥，便请车夫稍等，她去卧室取了一条棉被，摊在木躺椅上，和车夫一起把丈夫放在上面。车夫把人放下，说声“告辞”便往外走。马车“笃笃”远去后，女主人方才想起还没付车钱，再出门去找，人家早已没影了。

胡飞儿又取了一条棉被给丈夫盖上。以往蒋何为喝多了酒，回家后就蒙头大睡，有时中间醒来一会儿叫唤着要水喝。结婚多年，她已经熟知丈夫的这种习性，不过平时丈夫都是回卧室休息，所以她可以照常安睡，半夜丈夫叫水，她起来照顾一下就可以。今晚情况不同，估计丈夫这一躺下，不到天明不会醒，胡飞儿就只能待在外间休息了。于是，她准备好茶水、毛巾，从卧室拿了条毯子披着，和衣倚在一张椅子上陪护丈夫。

胡飞儿是个家庭妇女，别看她不工作，但每天料理家务、伺候公婆、照料子女，这些活儿干下来，对于一个年过四十的妇女来说也是蛮辛苦的。以往丈夫也经常晚回家，进门躺下就沉沉大睡，之后她也可以很快入睡。可今晚不知怎么，她倚在椅子上，哈欠一个连一个，眼皮沉重，却总是睡不着。以为是坐着的原因，干脆又拿了几张椅子拼起来，还去拿了枕头，平躺下来，那总睡得着了吧？没想到还是不行。胡飞儿只得起身，倒了杯开水，一边喝一边打量着熟睡的丈夫，突然找到了原因：今晚他呼出的酒味儿特别大！对了，就是这个原因导致她睡不着的。

胡飞儿就把窗户开了一条寸余宽的缝，扣上搭钩，让新鲜空气徐徐透入屋里。果然，屋里的酒味儿减轻了点儿，胡飞儿也在不知不觉中睡着了。万万没有想到，当她一觉醒来时，蒋何为已经变成一具尸体了！

胡飞儿是被婆婆的惊呼声惊醒的。因为睡得太沉，乍一醒来，竟然有些稀里糊涂，不知身在何处，转头四顾，发现外面天色已明。借着窗外透进来的光亮，她看见婆婆正俯身躺椅前，双手抓住蒋何为的肩膀，一边用力摇晃一边呼喊。胡飞儿顿时一个激灵，想起了昨晚的事情。当下一跃而起，扑到躺椅前，伸手一抚丈夫的额头，心里倏地一凉：冷若寒冰！

她的脑子里顿时一片空白，情急之下，做出了与婆婆相同的动作，双手扯着丈夫的肩膀用力摇晃，嘴里一迭声唤着丈夫的名字。一连叫了十数声没有反应，回过神来，脑子里冒出一个“死”字，顿时号啕大哭。

这番不小的动静不但惊动了蒋老爷子和子女，左邻右舍也都赶来看究竟。一看蒋何为脸无人色一动不动僵尸般躺在躺椅里，无不震惊，有人马上去叫同一胡同的老中医尤稼仁。那个年代盛行中医，中医诊所和中药店铺到处都是。即使像哈尔滨这样的北国大城市，寻常百姓有个头疼脑热的也都是就近请郎中。这种状况不仅是出于国人的中医传统，也和中医中药花费少、操作简单方便有很大的关系。寻常百姓即便家里有人突发急病，也会就近请中医抢救，少有人把患者往医院抬的。

此刻邻居去请的这位尤郎中，在南岗区白家堡一带颇为有名。他是五代祖传，医技不一定算得上高超，但经验丰富，处理过很多急症。在其长达四十多年的行医生涯中，至少有过十余次将已经被同行判定为无药可救甚至已然断气的患者从阎王爷那里拉回来的经历。因此，坊间奉其一个绰号“尤一针”。

邻居赶到诊所时，“尤一针”正在抽大烟（哈尔滨市的正式禁毒工作于1950年8月1日开始，本案发生时，抽大烟还不算违法行为），闻讯也不吭声，继续慢条斯理地把一个烟泡抽完，这才带上针包前往蒋家。

蒋家那边早已等得心急火燎，一干人围着躺椅低声哭泣，因还存着一线希望，不敢号啕。见“尤一针”进门，急忙让出一条通道，跪的跪，求的求。“尤一针”来到躺椅前，俯身察看蒋何为的面容。早有人送上凳子，老郎中一屁股落座，伸手搭脉，缓缓摇头。蒋家人马上再次跪倒，磕头哀求：“请先生扎一针。”

“尤一针”微叹一口气，稍一迟疑，终于打开针包，取出一枚两寸余长的银针，嘱主人取来白酒消过毒，盯着死者脸孔，嘴唇嚅动着不知嘀咕了一句什么，出手如电，倏地一针扎进人中。在场所有人的目光都齐齐盯着蒋何为，祈望出现奇迹。可是，奇迹没有发生。蒋家人再次哀告，磕头如捣蒜。“尤一针”果断起身，收拾起针包，捋发整装，退后一步，冲死者拱手作揖，又与蒋老爷子双手相握，道声“寿限已到，神仙难救，节哀顺便”，言毕告辞而去，留下背后一片哭声。

“尤一针”一锤定音，蒋家人只有接受这一结论。一干邻居便相帮料理后事：调派人员向亲朋好友报丧，布置灵堂，搭建席棚，购买寿衣，请吹鼓手，准备餐饮。棺材倒无须张罗，数年前蒋何为就已用从云南订购的楠木为老父打造了一口寿材。不料蒋老爷子健在，打造棺材的壮年儿子倒已作古，蒋老爷子遂决定用这口楠木棺材安葬儿子。按照蒋氏老家留下的规矩，类似这种死法，遗体必须在当天入殓，入殓后棺盖只合上三分之二，留下三分之一露出死者遗容，供亲朋好友瞻仰吊唁。一干人忙到下午两点，终于把清洗过全身又换了寿衣的蒋何为入殓。

稍后，亲朋好友纷纷赶到，灵前上香，奉上仪礼。蒋家人跪拜还礼，由司仪引入院子里的席棚落座，奉茶上烟。四时许，蒋家出嫁到郊区的女儿蒋何丽与丈夫子女一家五口赶着一辆马车前来吊唁。一干人进门便跪在灵前号啕大哭，因来的是自家至亲，丧家自是加倍悲伤，痛哭不已。一干相帮的执事人员唯恐蒋老爷子夫妇悲伤过度，再出点儿什么事，纷纷上前劝说。就在这时，不知是谁一声惊呼：“诈尸啦！”

这一喊不要紧，顿时引起一片混乱，有人已惊慌失措地往外奔逃。

蒋何为的妹夫王进才是宰杀牲口的屠夫，一向胆大，不但没逃，反而往棺材那边走近两步，定睛一看，只见一身素服的蒋何为支撑着从棺材里坐起来，一双眼睛犹自紧闭，嘴唇轻轻嚅动着，像是要说话的样子。王进才当下上前，对蒋何为说："哥，我是你妹夫进才，您有啥放不下的事儿……"

蒋何为只吐出一个字："水……"说着，似是支撑不住似的，身子又要向后仰倒。

王进才赶紧伸手扶住蒋何为，扭头冲众人喊："哥活过来了，要喝水。快！快拿水来！"

早有人以最快的速度倒了一碗温水送来，蒋何为显是渴极了，几大口喝下，呛得咳了几声。咳罢再要，连喝三碗，长嘘了一口气，身子疲软，昏昏沉沉正欲躺下，被王进才等人合力从棺材里抬出，放在昨晚就寝的那张躺椅上。

"尤一针"闻讯急急赶来，一搭脉搏，笑道："阎王爷不肯收他。"

这时，接到报告的白家堡派出所户籍警老朱前来查核蒋何为的死亡情况，见蒋竟然死而复生，上前看了看，对众人说："究竟生了什么病，这要去医院检查的，家属呢？赶快把人送医院！"

那时候，户籍警的话非常有效力，众人一听，立刻行动，拿了床被子给蒋何为盖上，几个人抬了躺椅便奔医院。在场的人谁也没有料到，这一去，反倒送掉了蒋何为捡得的这条性命！

二、医院遇刺

死而复活的蒋何为被送往哈尔滨著名医院——哈医大附属医院，接诊的是一位高年资医生，姓丁。丁医生有留日学医履历，又有丰富的行医经历，可谓见多识广，对于蒋何为的“死而复生”不以为然，说患者其实没有死亡，只是饮酒过量导致中枢神经受到抑制，出现深度昏迷症状，甚至呼吸系统麻痹。这种症状丁医生以前曾遇到过，在临床医学上称为“假死”。不过喝酒确实会醉死人的，眼前这个患者离死亡仅一步之遥，如果不是他体质好，极可能因呼吸系统麻痹窒息而死。

蒋何为被收治入院，进一步观察调理。丁医生嘱咐蒋的家人，虽然逃过一劫，但日后必须戒酒。这类患者肯定对酒精有依赖，一时戒不掉，可以逐日减少饮酒量。家属听得频频点头，连声道谢。哪里想得到，蒋何为的生命此刻已经开始倒计时了！

当晚，胡飞儿留下陪护。蒋何为在输了两瓶葡萄糖后犹自昏睡，不过已经发出了旁人听得见的呼吸声，脉搏也趋于正常，偶尔还有翻身意识，能在家属帮助下翻个身。医生说这种昏睡属于正常范围，病人正在通过睡眠自我修复某些被损坏的功能，无须担心。

入夜，蒋何为继续自我修复，其妻胡飞儿在病榻一侧拉开抬送丈夫入院的躺椅，和衣躺下，身上盖一条儿子送来的毛毯。这一天把她折腾得够戗，一躺下，很快就迷糊过去了。但她不敢睡得太死，隔一会儿就要起来看看丈夫的情况是否正常，是否需要喂水。

这是位于住院部底楼的一间四人病房。那年头儿看西医的患者不多，住院的更少，连蒋何为在内只住了三位病人。蒋何为的床位靠近门口，胡飞儿尽量轻手轻脚，以免惊动另外两个患者。那两个患者都是二十多岁的男青年，一个患伤寒，一个患重感冒高烧不退，病情都已得到控制，生活可以自理，所以没有人陪护。年轻人好睡，胡飞儿一趟趟起来他们根本不知道。

午夜，医生交接班。当时的规矩是两个医生一起巡视所有病房，看过每一个患者后才能签字确认。医生来查房时，胡飞儿正好起来查看丈夫的情况。接班的陈医生听诊搭脉后，说患者情况很好，明天早上醒来后应该可以恢复正常，不会再昏睡了，让胡飞儿下半夜不必如此劳神。这样一说，胡飞儿再睡觉的时候就踏实了些，足足睡了三个多小时。

她是被一阵儿轻微的响动惊醒的，迷迷糊糊间，似乎听见有人从病房走出去，以为是医生或者护士查房，也没当回事。但醒后就睡不着了，于是起身查看丈夫的情况。丈夫还是仰面朝天躺着，胡飞儿担心丈夫把手压在胸口，遂把被子揭开。顿时，一股浓烈的血腥味儿扑鼻而来。定睛一看，丈夫心窝部位喷涌而出的鲜血已经浸透了衣服和床单！

胡飞儿的惊叫声惊动了整个儿病区。值班的陈医生从医已有十几年了，却从未遇到过这类事儿。幸亏他的思维还算清晰，起初的慌乱之后，马上做出反应，打电话向医院总值班室报告情况，接着和助手、护士、家属一起把挨了一刀的蒋何为急送外科手术室，交由外科医生处置。

总值班室接到报告，当即向哈尔滨市公安局南岗分局报警，同时派人赶到外科手术室询问蒋何为的伤情，安抚胡飞儿的情绪。此时，胡飞儿方才想起先前自己被一阵儿异响惊醒，听见有人从病房轻轻走出去的情节，遂向值班人员说了说。对方一个激灵，当即致电医院门卫室。门卫还不知院内发生了凶杀案，说七八分钟之前有个穿黑色外套的男子出了大门，骑着一辆自行车匆匆离开了，他以为是住院病人的家属临时出去办什么急事，也没拦下问一问。值班人员于是再次致电南岗分局，汇报了这个情况。

分局刑侦队指导员莫逸君带领数名刑警赶到医院时，蒋何为刚刚被从手术室推出来，这回没有再发生什么奇迹，院方抢救无效，蒋何为彻彻底底地死了。主持抢救的外科主任张兆逊告诉刑警，蒋何为临终前反复念叨着两个字，听上去像是“箱子”的发音。

刑警当即勘查现场。巧的是，与蒋何为同病房的那个伤寒患者许先生曾从事过记者职业，跑过旧警察局采访过刑事案件，有保护现场的意识。在发现出事的第一时间，他立刻和另一病友把自己床头的几份报纸摊在蒋何为病床周围的地板上，使刑警得以提取到几枚虽然不太完整但勉强还可以辨认的鞋印。

刑警判断，胡飞儿迷糊中听到的脚步声，应该是凶手发出的动静，初步可以确定，凶杀发生的时间是5月12日凌晨三时二十分左右。据此，莫逸君还想到了一种可能：凶手夜间潜入病区，不能保证马上获得下手机会，如若穿着寻常服装在病区走廊里转悠，难免显得可疑，遇上查房的医生、护士，肯定要问一下“几室几床的”。因此，他可能会用白大褂伪装。哈医大附属医院上月刚刚重组，从部队来的医务人员和进修医生颇多，出现几张陌生面孔不足为奇。

那么，凶手的白大褂是哪儿来的呢？可能是随身携带，也可能会就地取材。如果是前者，那就没办法了；但如果是后者，也许可以找到凶手的一些线索。莫逸君当即下令清点全院各科室、病区医生办公室的白大褂是否有丢失情况，还要求清查时不得触摸纽扣。

清点下来，并无短缺，不过，内科一楼病区医生办公室（非夜间值班室，值班医生晚上是待在值班室的）有一件原本挂在挂钩上的白大褂掉落在地上。刑警即刻把这件白大褂封存起来送交检验，同时对该办公室进行勘查，提取了地板上的脚印。继而又发现，医生办公室房门右侧的窗户插销已经损坏。病区医生告知刑警，医院重组不久，后勤人员变动很大，插销损坏的情况早已报修，但尚未得到处理，因此只得用一段细纱绳在里面系上。

刑警判断，凶手就是扯住外面的窗缝边沿，拉断纱绳，打开窗子，从窗子伸手进去打开门锁进入房间窃取了白大褂，作案后又把白大褂放回原处。按照这个分析，刑警试图在门窗上提取凶手的指纹，却没有任何发现——凶手是戴着手套作案的。

哈尔滨市公安局的法医对被害人的尸体进行了解剖，得出的结论是，凶手潜入病房后，往被害人心脏部位扎了一刀，创口宽两厘米，深达五厘米，致被害人很快死亡。凶手杀人手法熟练，下刀位置准确，一刀毙命，还没弄出什么动静，估计应是惯犯，并且心理素质极好。至于被害人之前“醉死”的情况，法医分析，被害人患有酒精依赖症，其身体已经呈现慢性酒精中毒的症状，及至尸检时，其血液中的酒精含量还远超于正常人的水平，可以想见他“醉死”的那天晚上酒精摄入量之高。如果不是他身体好，换了别人，很可能真的就醉死了。

法医根据上述情况提出参考意见：死者在5月10日摄入大量白酒，很可能是凶手对其采取的谋害方式的一种；因为第一次谋害未能成功，所以凶手潜入医院实施行刺。换句话说，出于某种原因，凶手急于让蒋何为去见阎王。

南岗公安分局在接到医院方面反映的疑似凶手的情况后，当即向医院周边的几个派出所下达指令，要求他们迅速出动查缉凶手，但未能找到嫌疑对象。

自1946年4月至本案发生，哈尔滨解放已经超过三年，社会治安情况有了大幅好转，严重暴力案件的发案率大幅下降，一般的命案已无须市局直接调查，而是由案发地的公安分局负责。但蒋何为被害案因为有之前的“醉死”情节，且蒋被刺杀于医院这样的场所，容易在社会上造成不良影响，故哈尔滨市公安局决定组建市局、分局联合专案组对该案进行侦查。

5月12日上午，由市局刑警纪森诺、奚有贵，分局刑警莫逸君、张景春、王仲秋、曹正昌、刘玺组成的七人专案组在驻地南岗分局举行首次案情分析会。担任专案组长的南岗分局刑侦队指导员莫逸君和副组长、市局资深刑警纪森诺简短交换意见后，由莫逸君向与会人员介绍案情、现场勘查情况和法医验尸结论。

被抽调到专案组的都是有相当经验的刑警，一番分析下来，都觉得破案信心满满，因为以下的几个调查触点都有希望成为本案的突破口——

第一，凶手夜间潜入医院，化装成医生，直奔蒋何为病房进行精准暗杀，暂且不论其作案动机，单从作案的技术角度而言，就非常有分析价值。比如，他是怎么知晓蒋何为没有醉死，并且被送进了哈医大附属医院的？他是通过什么途径获悉蒋何为住在哪个病区的哪间病房以及床位的？他凭什么能够如此顺利地潜入医院，而且还窃得医生的白大褂作为自己的伪装？从凶手的角度来看待这些问题，毋须耗费多少脑细胞就可以找到答案：凶手或者本案策划者显然一直在关注着蒋家，蒋家料理丧事时甚至就在现场，自然可以知晓蒋何为死而复生之后的一系列情况，了解到蒋被送往哪家医院；之后，作案者去该医院踩点，以便当晚潜入医院作案。因此，专案组应针对上述情况进行调查。

第二，凶手作案后迅速逃离，分析其逃离路线，从蒋何为所住的病房出去后，要经过病区走廊、七拐八弯的住院部花园甬道、通往大门的通道，最后在大门附近取自行车离开医院。虽然是夜深人静之际，但在医院这样一个特殊环境中，是否有人（比如陪护家属、值班医务人员以及正好从医院门前经过的路人）看见过凶手？这也是值得调查的一个方向。

第三，据被害人家属反映，蒋何为出事前接的这桩活儿也颇显诡异。他原已经答应另一个客户，却突然改变主意，去了这户东家。至于这个东家的情况，蒋何为一反常态，从不跟家人提起，妻子胡飞儿问起时他还刻意回避。这其中显然有隐情，很可能与其被害相关，必须调查清楚。

第四，蒋何为遇刺被送进外科手术室抢救时，曾挣扎着说出了两个字，据在场的手术医生、麻醉医生一致认定，这两个字的发音像是“箱子”。刑警的第一反应是，蒋指的就是某个箱子。曾就此询问过胡飞儿，当时胡飞儿正在哭泣，闻言倏地变了脸色，咬牙切齿道：“这死鬼，至死还想着那个女人！”刑警意识到，原来那两个字是个人名。于是追问这个女人是谁，跟蒋何为是什么关系。胡飞儿双手掩面抽泣，却不回答。考虑到家属的情绪，刑警就把这个问题往后放了放，没有继续问下去。案情分析时，刑警又把这个问题提了出来，大家分析，既然是某个女子的名字，很有可能是“香子”。鉴于哈尔滨地区的历史特殊原因，这个“香子”可能是日本人。所以，蒋何为的临终遗言非常有调查价值。

三、分头调查

专案组随即开始行动。七名刑警分成四拨，每拨带上一至三名公安局招收的协防队员（相当于现在的志愿者、辅警，这些人中的大多数后来都转为正式民警）作为助手，分别对上述四个方面进行调查。

刑警奚有贵、张景春与协防队员小杨去了哈医大附属医院，分别走访了病区医务人员、住院病友、门卫以及被窃白大褂的门诊内科。据病区下半夜值班的医生说，案子发生时，他在医生值班室小憩（医院规定，夜班医生在没有医务需要处理的时候，是可以躺一会儿打个瞌睡的），直到听见外面的惊叫声方才醒来。当天白天他在家休息，不清楚是否有可疑人员在医院里盘桓。

值班护士小李说，她在案子发生前倒是坐在护士站翻阅报纸的（护士值夜班时不能睡觉）。病区走廊两头有门，夜间西侧那道门关闭上锁，只留东侧那道门。凶手只能从东侧门潜入，而设在走廊中间的护士站则是凶手去蒋何为病房的必经之路。小李看完报纸后，去了趟西侧那头儿的厕所，从厕所出来，案子已经发生了。她的确看见有个穿黑衣服的背影从东侧门离开，不过，当时没意识到那正是凶手。她所描述的黑衣人的身材、个头儿与门卫看见的疑似凶手相符。凶手是趁小李离开护士站的短暂机会潜入病房下的手，由此推断，凶手应该比较了解医务人员夜间值班的情况。

那么，白大褂是什么时候窃取的呢？刑警奚有贵从内科那个被凶手窃用白大褂的钟姓医生那里得知，他在下午五点半下班时，脱下白大褂挂在挂钩上，之后直到次日上午办公室才有医生来上班，这段时间内科夜间门诊值班的医生在急诊部上班，办公室里没人。刑警询问门卫时问到了黑衣人潜入医院的时间，门卫说没有留意，但可以肯定应该是在晚上八点之前潜入医院的，因为八点时他把大门关上了，所有进出医院的人员只能从紧挨门卫室的那道小门通行，都在他的眼皮底下。冬天的时候，穿黑衣的人比较多，但此时已是 5 月，人们大多换上了浅色的衣服，如果有一个黑衣人从他眼前晃过去，他应该留下印象。

在接下来的走访中，上述推断得到了印证。从门诊大楼到内科住院部须经过外科、骨科和结核病科的住院病区，骨科病区的住院病人黄彩凤反映，昨晚三时许，她因牙痛无法入睡，由其丈夫陪着走出病区在外面散步，与一个身穿白大褂、但翻开的衣领部位露出黑色上装的男子劈面相遇。黄彩凤是裁缝，对服装比较敏感，从那人所穿黑色服装的衣领判断，应该是黑色隐格凡立丁上装，大约七八成新。巧得很，黄彩凤的丈夫老周是中学美术老师，系美术专科学校毕业生，业余时间创作的美术作品经常见诸报端。有这样的功底，描述他人外貌时便毫不费力，他告诉刑警，昨晚见到的那个黑衣人三十岁上下，身高约在一米七五左右，稍瘦，有着一张狭长的马脸，五官端正，微微上翘的两条浓眉，鼻梁很高，稍稍有些鹰钩，耳垂似比普通人略薄些许；齐膝的白大褂下面露出深蓝色的劳动布裤子，脚上穿着一双栗色皮鞋。奚有贵便请老周抽空把其所描述的这个形象画出来，老周自是没有二话。

刑警张景春与协防队员小杨走访昨天下午在医院内科病区上班的几位医务人员时也有收获。哈医大实习医生小萧反映，昨天下午“醉死”患者入院后，病区的其他几位医生都去其病房了，他因誊抄一份院部办公室急需的数据表格还待在办公室里。其间，曾有一个二十五六岁说一口本地话的妇女出现在门口，询问刚才送来的那个死而复生的酒鬼病人住在哪个病房。小萧见其手里提着一个包裹，以为是来送东西的病人家属，就随口告诉了她。

张景春是今晨发生命案后来医院勘查现场的刑警之一，与死者之妻胡飞儿进行过谈话，还做了一份笔录。他记得胡飞儿说过，她是和几个亲友一起，乘一辆马车把蒋何为送进医院的，其中一个男性亲戚陪着待了一阵儿，天黑后她见蒋何为的情况稳定下来了，就叫那亲戚回去了。整个儿过程中，只有她一个女性家属，也并无其他亲友来过医院。于是，这个青年妇女就被张景春作为前来打听蒋何为住院情况的同案疑犯记录在工作手册上。

负责调查凶手逃离路线的那一路刑警却没有那么好的运气。刑警王仲秋、曹正昌和协防队员施万利先找了医院门卫老刘，其实之前奚有贵、张景春已经询问过老刘，他也提供不出更多的情况。那就只有寻找案发前后可能路过医院的路人或周围住户进行调查了。好在协防队员施万利之前曾在这边的管段派出所干过一段时间，对医院周边比较熟悉，三人走访了附近上百户人家，还根据居民提供的线索，找到了凌晨时会路过医院的清洁工和上早班的人员进行了解。可是，毕竟是凌晨三点多，在那个时间段经过医院并且恰好看见凶手的几率实在是太低了。这样，这一路调查就没有任何收获。

调查死者亲朋好友的工作量比较大，由两名刑警、三个协防队员负责，其中之一就是南岗分局刑侦队指导员、专案组长莫逸君。三十六岁的老莫是哈尔滨本地人，伪满时就已加入中共，从事地下工作，后来暴露了身份，转移到了抗联部队。中间因负伤离开部队，在地方上养伤两年多，直到哈尔滨解放后才归队。这于其仕途自然有影响，否则，凭他的资历，当个分局长应该没有问题。老莫人很聪明，具有学啥像啥的特长，战争年代从事的是情报工作，归队后组织上就把他分派到公安战线发挥作用。

专案组开会筛出四个调查方向进行分工时，莫逸君考虑到第三个方向的工作量最大，而且最为复杂，决定自己带队调查。当下就点了年轻刑警刘玺，又叫了三个协防队员，五个人直奔蒋家。

蒋家这边原已撤掉的灵堂已经重新设置，前来吊唁的亲朋好友足有上百人。这于铺开调查倒是好事，莫逸君问明来宾与亡者的关系后，把在场所有人分成家属、亲戚、邻居、同行、其他朋友这五类，逐个进行谈话。

哈尔滨解放后，人民生活水平逐渐得到改善和提高，修建房屋的市民显著增加，瓦工木工的活儿也逐年吃香，关内的瓦木工也有来哈尔滨打工挣钱的。如此，像蒋何为这样的能工巧匠的活儿更是多得忙不过来。蒋何为是个头脑活络的匠人，早在年前他就意识到，随着共产党军队不断打胜仗，关内的解放区范围必将迅速扩大，直至整个儿中国都成为解放区（以他的水平，当然不可能想到建立新中国这样一个概念）。

所以，未来的几年内，原先国统区的劳动人民为改善居住条件，新政府为建设工厂等，建筑工人必定供不应求。届时，那些背井离乡前来东北打工的关内的瓦工木工都会返回自己的家乡，相应的，哈尔滨的建筑工人也会出现一个从暂时短缺到逐渐平衡的过程。这一点，政府肯定考虑到了，已经在有计划地培训建筑工人，政府相关部门开办职业技术学校、技术培训班，鼓励私营营造行多收徒工，并对响应政府号召的私营营造行给予税收上的优惠。

蒋何为因此想出一个主意，利用自己的人脉关系和技术优势，组织一批技术工人，成立一个“瓦木工劳务服务社”，专门向有需求的公私客户提供劳务服务。他的这个想法得到了好友的赞同，最近正在商讨如何具体实施，据说已经向市里有关部门咨询过，得到了政府的支持。

最近这段时间，蒋何为把自己的大部分精力都扑在这件事上面，活儿虽然还在接，但接活儿后都是召集同行朋友一起去做的。他在和同行朋友喝酒时说，这样做其实就是先搞试验，因为服务社成立后就是这样运转的。可是，大约一周前却出现了反常情形。

原本，根据客户预约，从5月6日开始，蒋何为应该为香坊区的任氏兄弟进行“三房合一”改建。所谓“三房合一”，并不是三间房子合为一处，而是任氏三兄弟原本已经分家，成为三个小家庭，现在不知怎么，想重新合并为一个大家庭，要请匠人师傅把隔断推倒，重建通道，再打通几个房间。任家是哈尔滨有名的粮商，经济实力比较强，但一向很吝啬。任家老爷子在世时跟蒋何为之父蒋老爷子不但是好友，而且同是烟台老乡，蒋何为跟任氏三兄弟算是世交。三兄弟的老大年前找蒋何为预约工程，因为是世交，所以他开出的工价在他自己看来是比较高的，其实也不过属于市场中等价位。

蒋何为接下活儿后，原本跟那班同行朋友说好，到时候拉七八个工匠过去，头三天他要到场主持，以便让任家放心，之后他就要去忙组建服务社的事了，为任家改建之事，就由他的同行朋友刘老三代为主持。不曾想，5 月 4 日下午，蒋何为突然跟刘老三说，他另有要紧活儿去干，任宅那边就不去了，务请刘老三多多费心，必须保质保量完成改建工程，千万不要出什么差错，免得他在任氏兄弟面前没面子。刘老三知道任家兄弟的行事风格，经常出尔反尔，还喜欢鸡蛋里挑骨头，原本有蒋何为挡在前头还不足为虑，现在蒋何为突然来了这么一出，他就没退路了，只好硬着头皮应承下来。

在刘老三印象中，他跟蒋何为相交十多个年头儿，两人说好的事儿，老蒋从来没有半道变卦，不知这回他是怎么弄的。说是另有活儿，但又不像以往那样在喝酒时透露给大家。5 月 4 日晚上，刘老三、蒋何为以及另一个姓罗的匠人朋友一起喝酒时，曾主动问过蒋何为这次接了桩啥活儿，蒋何为却故意把话题扯到其他方面去了。于是，刘老三就知道人家是不肯告诉自己。

那么，从 5 月 5 日到 10 日这段时间，刘老三、老罗等几个去任氏兄弟家干活儿的匠人是否见到过蒋何为或者听说过他的情况呢？刘老三说，老罗等人应该没见过蒋何为，而他则在蒋“醉死”前一天即 5 月 9 日晚上跟蒋见过一面。

那天，刘老三跟任氏兄弟中的老二弄得有些不开心。任老二负责工程监理，这人在任家三兄弟中最为挑剔，而且是个很不合格的监理，因为对于建房他是外行。外行要管内行，最后的结果通常是双方都不爽。刘老三碍于情面，不好意思跟对方争执，就在 5 月 9 日晚上来蒋家找蒋何为，想让蒋出面去跟任老二沟通。蒋何为一口答应，可次日他根本没去任家。这也是让刘老三感到不解的。蒋何为向来都是言出必行，而且这又不是什么太难的事，他怎么会食言呢？

刘老三还提供了一个情况。就在5月9日晚上，说完工程的事，两个人还闲聊了几句。蒋何为提到了东家的伙食，感慨说每天的那顿午餐太丰盛了，要是天天这样吃法儿，只怕胖成弥勒佛啰！临走时，蒋何为把刘老三送出家门，随手从衣袋里掏出一包“新生产”香烟塞到他手里。

“新生产”是沈阳卷烟厂出品的东北地方名烟，1949年5月19日《东北日报》公布的烟酒价格表上，该香烟的专卖价格为十二万元东北流通币，属于高档烟。刘老三不好意思接受，蒋何为硬塞给他，说是东家给的。蒋何为自己不抽烟，但既然东家大方，不要白不要，拿来送朋友也是好的。

蒋何为家属提供的情况与刘老三的说法吻合。对于自己这次给谁干活儿、干的是什么活儿、待遇如何，蒋何为三缄其口。这个情形跟平时截然不同。据其妻胡飞儿说，以往每次接到活儿，丈夫回家吃饭时都会念叨几句，诸如东家是谁、工价多少、活儿的难易等，有时喝多了酒，还会就某个细节唠叨个没完，听得家人不胜其烦。可是这次，胡飞儿随口问起丈夫到谁家干活儿，丈夫却是不吭声。再问，就不耐烦了，说外面的事儿你一个女人家少过问，做好家里的事儿就是了。如此，胡飞儿也就不好再打听了。

至于其他亲戚朋友，刑警了解下来，他们也都不知道蒋何为这几天接下了什么活儿。平时本就见面不多，大家各忙各的，这几天又不逢节日，相互之间没什么往来，就更不可能互通什么消息了。

市局资深刑警、专案组副组长纪森诺和临时配备的两个协防队员老郑、小周负责调查蒋何为临死前所说的“香子”的情况。跟蒋氏全家以及一干亲戚、朋友了解下来，被调查者都一致认为，蒋何为所说的就是他曾经的相好、日本女人香子。

四、香子出轨

香子那年四十挂零，她的身世有点儿复杂。其母陈氏系福建同安人氏，嫁给了在清朝台湾臬台衙门担任师爷的同乡罗某，婚后，陈氏便随夫赴台。甲午战争清朝战败，次年4月17日，中日签订《马关条约》，中国割地赔款，把辽东半岛、台湾、澎湖列岛割让给日本（辽东半岛后由清政府以三千万两白银赎回）。日本随即派兵进入台湾、澎湖列岛，清廷在台湾的各级衙门被迫撤离。由于运输船只紧缺，撤回人员无法预先知晓动身日期。陈氏信佛，这天前往寺庙烧香，不料忽然传来登船通知。罗某必须护卫官府文牍随行，遂把其妻托付给同僚，自己匆匆登船。哪知受托同僚还没见到陈氏，便奉上司之命上了稍后离开的另一条海船。

陈氏就这样被撇在台湾。原以为稍后可以搭乘其他船只返回家乡，哪知，进入台湾的日本人推出一条新法令，凡是留在台岛的原中国内地人员以及岛上的土著居民，一律都转为日本国籍，称为“新国民”。今后，“新国民”可以自由进出日本本土诸地，但前往包括中国大陆在内的其他任何地方则视为“出国”，必须申领护照。就这样，陈氏成了“日本国民”。1907年，陈氏嫁给一个在台湾从事税务工作的日本男子青木。次年，青木奉调返回大阪，陈氏随其去了日本。又过了一年，夫妻俩生下一个女儿，那就是香子，随父姓，叫青木香子。

香子在日本待到十八岁。从护士学校毕业后，因为自幼由母亲教会了流利的汉语，就被分派到“满铁”（即“南满洲铁道株式会社”，成立于1906年，系日本帝国主义在中国大连设立的对中国东北进行殖民侵略的机构）附属医院当了一名内科护士。四年后，香子嫁给了“满铁”铁路技师天宫雄三郎。是年，九一八事变爆发。次年，即1932年，东北全境沦陷。天宫雄三郎奉命调往哈尔滨继续从事铁路技术工作，香子随同前往，在中东铁路中央医院（1935年改为满洲铁道医院）做了一名内科护士。1936年，香子生下一个儿子，出生三十三天即夭折。1938年又生下一个女儿，不久送回大阪交由其祖母抚养。

1940年，天宫雄三郎以高级技师的身份参加对北满铁路的技术巡察时，遭到抗日游击队的袭击，天宫中弹身亡，香子成了寡妇。起初两三年，曾有日本同事以及天宫以前的朋友等向其求婚，均遭拒绝后，其他求婚者便知难而退。香子原准备就这样一直过单身生活，哪知不久就遇上了蒋何为。

1943年早春一个飘着雪花的夜晚，香子下班经过医院附近的马路时，发现人行道电线杆下倚坐着一个身穿黑色皮衣的人。那年头儿，冬天马路上经常出现“路倒”（即冻死的乞丐、烟鬼、酒鬼之类），香子是医护出身，早已见之不怪。但见那人身穿皮衣，不像寻常“路倒”，对其身份不禁好奇，就上前去看个究竟。

这个“路倒”男子正是蒋何为。那几天他被哈尔滨日本宪兵队后勤部门通过伪行业公会召去，为一个新调来的军官搞室内装潢，由一名伪满职员负责监理。那职员见蒋何为活儿干得好，就请他干完这边的活儿后去他家打一口立柜。蒋何为不敢得罪这些人，只有答应。那汉奸倒也识趣，跟日本后勤军官不知嘀咕了些什么，把每日中晚两餐伙食搞得很好，晚餐还有白酒喝。蒋何为本嗜杯中物，寻思不喝白不喝，喝了是白喝，所以每晚都大喝特喝。这天，可能是白天活儿太累，再加上喝酒过猛，蒋何为回家路上有点儿晕晕乎乎，脚下打飘，越走腿越软，眼看支撑不住，便在马路旁的一根电线杆边坐下，背往电线杆上一靠，头一歪，就迷糊过去了。

这是“酒仙”蒋何为生平难得的一次当街醉倒。尽管已是早春，夜间的气温还是相当低，如果不是碰到香子，蒋何为这一迷糊过去，恐怕就再也醒不过来了。

当时哈尔滨日本军警宪特有规定，凡是军方的办公地点均列为一级禁区，军方人员及家属的居住区域属于二级禁区，进入一级禁区须凭军方证件，进入二级禁区也需要相应的凭证，根据居住对象的不同身份，凭证也有区别：一等的是特别通行证，在二级禁区里可以畅通无阻；二等的是普通通行证，可以进入大部分区域；三等的凭徽章，只能出入自己居住的那片区域。让蒋何为干活儿的那个宪兵军官的级别属于三等，所以人家就给了他一枚三等级别的蓝色徽章佩戴在左胸，当然，活儿结束了是要交还的。蒋何为拿到这枚徽章后如获至宝，一戴上就不愿取下来了，一是生怕丢失，二是佩着这样一枚徽章在外面行走，寻常日伪警察、特务见之就不会找他麻烦了。

此刻，香子走近蒋何为，一眼就看见了这枚徽章。于是，香子想当然地认为这个男子是“自己人”，至于是日本人还是中国人那就不清楚了。既然是“自己人”，香子觉得应该尽力提供帮助。她搭了搭蒋何为的脉搏，发现这人还活着，只是唤之不醒，据其浑身的酒气判断应该是喝醉了。不过，这人身材健壮，自己扶不起来。看看四下，偶有路人匆匆经过，却根本不往她这边看一眼，都是存着多一事不如少一事的心思。她干脆掏出一枚警察局发给日本籍医务人员的专用警哨，用力吹响。不一会儿，两个骑着高头大马的巡逻警察疾驰而至，按照香子的要求把蒋何为送往她所供职的满洲铁道医院。

蒋何为其实就是醉酒而已，并无病症，到医院后输了液，睡了两个小时就醒过来了。不过，以当时的天气，如果任他睡在外面，肯定就会成为一具冻僵的尸体。因此，香子此举就是救了他的性命，理应被他视为救命恩人。蒋何为继承了其山东祖辈知恩图报的性格基因，在医院苏醒过来后，打听清楚是何人救了自己，随即备了一份厚礼前往致谢。两人就这样认识了。

当然，如果蒋何为不是能工巧匠的话，两人的关系也不一定会有进一步的发展。事有凑巧，一个月后，香子调换了住所。她自丈夫死后仍居住于原北满铁路局安置员工的公寓房内，住到1943年春，铁路局方面认为她独自一人不宜居住一套公寓房，就让她搬到另一处面积较小的平房居住。平房比较陈旧，入住前需要修缮。香子就想到了蒋何为，从医院的登记册上查到了蒋何为的住址，写了一封信寄去，说明短期雇佣之意。蒋何为视香子为恩人，自无二话，一口答应。

蒋何为施展出自己的精湛手艺，把那住房修缮得比新房还美观实用。这个工程一共花了十天时间，香子特地向其供职的医院请了十天假。她知道蒋何为嗜酒，且对菜肴比较挑剔，就待在施工现场天天烹饪不同的菜肴，还拿出亡夫留下的上好佳酿热情款待。让蒋何为感到特别满意的是，香子也能喝酒，而且有一定的酒量。两人每天晚餐喝酒聊天，越来越投机，终于，在完工后那天晚上，吃过本应是最后一顿晚餐后，两个中年男女越过了那道界线。

建立了那份关系之后，香子提出要嫁给蒋何为。蒋何为呢，也想娶她。可是，他是有妇之夫，而且还有一双子女，要娶香子，先得离婚。他还真的动了离婚的念头，自己不便开口向胡飞儿说明，就托了一个朋友，让人家带上老婆找胡飞儿谈。胡飞儿震惊之下，亮出了底牌，一把刀子拍在桌上：离婚就自裁！

这动静自然惊动了蒋老爷子。这个家庭是老爷子说了算，老爷子虽是粗人，却会做思想工作。他先把胡飞儿的刀子收了，说让我跟这小子谈谈，弄清他为什么要闹离婚。父子俩把酒细谈，老爷子得知原来是这么一回事，当下就恼了，说你小子竟想娶个东洋老婆，信不信我一斧头劈了你！蒋何为孝顺，闻言就此罢休。不过，虽然断了娶香子的念头，私下里，依旧悄悄跟香子幽会。此举没瞒得过胡飞儿，她仅仅凭直觉就意识到了。不过，胡飞儿审时度势，没有大吵大闹，她担心把蒋何为逼急了，连老爷子的话也不听，那就麻烦了。好在蒋何为与香子也知趣，没有明目张胆公开出双入对，胡飞儿也就睁一只眼闭一只眼了。

这种状况没有持续多久。1945 年 8 月中旬，日本宣布无条件投降，哈尔滨的日本人乱成一锅粥。苏军很快进入哈尔滨，中方也来了接收官员。往下就是遣返日侨了，但许多侨民因为种种原因并不想返回日本。今非昔比，这当然不是日本人说了算了。不过也有政策，凡配偶是中国人的日侨，不论男女，均可留在中国，允许改为中国国籍。香子的父母早已去世，丈夫天宫也已死去数年，前不久又传来消息，寄养在夫家的女儿与祖父祖母全部死于美军的轰炸。这样，她回日本也就没有任何意义了。所以，她决定留在中国。留在中国的办法，就是赶紧嫁个中国人。曾在她亡夫手下干活儿的钳工汪孚康丧偶两年尚未续娶，她赶紧请人登门道明意思，当天就去申领了结婚证，接下来就该办婚宴了。

香子的同事大多回了日本，她在哈尔滨几无朋友，婚宴上女方家一个亲朋没有，多少显得有些掉价，她便邀请蒋何为届时带几个朋友去喝喜酒，也算是替她撑撑门面。可香子不知道，自己与蒋何为的那层关系，汪孚康早有耳闻。本来汪孚康寻思，既然香子嫁给了自己，以前的事都可以不计较。可婚宴那天蒋何为居然带着几个朋友登门道喜，这不是明摆着给自己难看吗？

汪孚康是习练武术的，当日前来参加婚宴的亲朋好友中自有一些师兄弟、徒弟什么的，其中有几个见他脸色不对，悄悄打听，才知道原来女方的来宾中有蒋何为这号人。当下就有人按捺不住，到蒋何为那边故意找茬儿。蒋何为几个是匠人，力气不小，经常攀梁上屋，身手也敏捷。不过，那份力气和敏捷不在“路上”，真的动起手来，自然没法儿跟习练武术的那帮子相比，结果个个鼻青眼肿。好在对方下手知道轻重，只是使他们皮肉难看，没让他们弄个内伤什么的。蒋何为的喜酒自是喝不成了，还给人家撵出了门。对方也没让他们糊里糊涂挨打，临走警告，今后请自重，如若让我们听到什么风言风语，定要你好看！

那天，蒋何为受伤最严重，半路不济，还是叫了马车送回家的。胡飞儿虽然心疼丈夫挨打，但内心多少有一些出了口恶气的快意，暗忖丈夫这下总该长点儿记性，从此好好过日子了。之后，胡飞儿留意下来，没发现蒋何为跟香子再有任何来往。没想到，丈夫临终前反复念叨的不是父母妻儿，竟然还是那个东洋女人（其实已是中国国籍）香子，自然是让她非常气愤。

对于专案组来说，需要考虑的就不是胡飞儿的情感波动问题了，而是要分析死者的遗言与其被害是否有关。刑警考虑到这样一种情况：是否蒋何为还在继续跟香子来往，只是比较隐蔽，瞒过了胡飞儿，但最近被香子的丈夫汪孚康察觉了。哈尔滨毕竟已经解放三年多，社会治安今非昔比，像几年前那样光天化日之下对蒋何为动拳脚的情形已经无法复制，汪孚康只有暗中报复。于是，就策划了“醉杀”方式，不易引起警方的注意，自然也就谈不上什么法律追究了；即使警方对其进行尸检，也是喝酒过量导致死亡。不料，蒋何为的“小酒仙”绰号名不虚传，“醉死”过去之后竟然又缓过一口气，死而复生了。这麻烦就大了，一旦他清醒过来，向公安局反映自己被诱入圈套的一应情节，那涉案者肯定是要受到追究的，而且罪名还是故意杀人。因此，凶手一不做二不休，半夜潜入医院将蒋何为杀害。

如果上述假设成立，那这事多半跟香子有关，专案组决定派员跟香子谈谈。一事不烦二主，这活儿还是由刑警纪森诺带着两个协防队员去办。这时青木香子供职的满洲铁道医院已改名为东北铁路总局医院，她仍是内科护士。刑警一行去了医院，先跟保卫科联系，由保卫科出面把香子唤到科长办公室。

香子这几天参加“访贫问苦医疗队”，下乡了半个月，昨天刚回城，今天就来上班了，还不知道蒋何为出事。听刑警一说，非常震惊，继而流泪不止，那样子看上去不像假装的。这也使刑警更觉得之前对案情的判断是准确的，她很可能跟蒋何为没断联系。继续往下谈，果然，香子承认她与蒋何为仍旧保持着私下的来往，只是更加小心谨慎。不过，还是被发现了。

一个多月前，也就是清明节那天，香子趁丈夫去扫墓不在家的机会，临时调休，约蒋何为去她家幽会。两人已经多日没见，蒋何为一进门，香子就扑到他怀里，竟然忘了闩上门。正好邻居刘大婶来借东西，推门而入，撞个正着。刘大婶是个出名的快嘴，待汪孚康傍晚回来，还没进门就从邻居那里听说了白天发生的事，回到家，进门便逼问香子。香子知道自己此番已经没有退路，当下既不承认也不否认，只是提出离婚。她当初嫁给汪，原本是因不想被遣返日本迫不得已选择的下策，现在国籍早已转为中国，也就不在乎了。

汪孚康自然大怒，不过他没有对香子动手，甚至也没有破口大骂，用尽量平和的语气对香子说，你的前夫天宫先生当初对我不错，在技术上给予的指点甚至超出了寻常的师傅，尽管我没拜他为师，但心里是把他作为师傅看待的。看在这段情分上，我不打骂你。你说要离婚，我也同意。不过对那姓蒋的小子可就没那么客气了，等我收拾了他，我们就去办理离婚手续。

刑警当然要问一问5月11日夜间汪孚康是否在家过夜，香子说那天他没回家，因为双方一直在冷战，互不搭理，他不回家从不打招呼，事后也不会解释。刑警又去找汪孚康的一干邻居调查，证实清明那天蒋何为确实去过汪家，恰被快嘴刘大婶撞上，胡同里一个平素喜欢多事的闲汉佟老七又把这事告诉了汪孚康。佟老七想当然以为此事必有下文，见汪回家后即把屋门关闭，寻思肯定有一场武打戏，便凑到门外偷听，不料竟然没有什么动静，自是十分失望。

于是，汪孚康就成了重点调查对象。

五、疑点重重

5 月 14 日下午，专案组开始对汪孚康进行调查。专案组长莫逸君把刑警王仲秋、曹正昌调派过来，加强纪森诺这一路的力量。

刑警前往汪孚康供职的铁路局机务段，保卫科出面接待的副科长景浩海介绍了机务段钳工汪孚康的情况——

汪孚康，佳木斯人，今年三十九岁，自幼父母双亡，给地主放过牛、当过长工。十六岁那年从佳木斯来到哈尔滨，因为个头儿高，体质健壮，就干起了拉洋车的行当。拉了四年洋车后，认识了一个经常坐他洋车的苏联铁路工程师（当时中东铁路北段即北满铁路由中苏共管），经该工程师介绍，汪孚康得以进入北满铁路机务段当了一名实习钳工。此后，他一直在铁路系统从事维修工作，其间曾跟随香子的前夫天宫。屈指算来，到 1949 年，汪孚康已经在铁路上干了整整二十个年头儿。

汪孚康平时不大爱说话，埋头干活儿，工间休息时工友讲笑话瞎聊天，他也不参与，只是静静地听，偶尔跟着别人笑笑。除了干活儿，他的业余爱好就是武术。他在佳木斯老家时学过摔跤，到哈尔滨后拜师习练武术，由于肯吃苦，人也机灵，进步很快，是同时拜师习武的十来个徒弟中最早出师的，后来又是最早被师傅允许收徒弟的。与香子结合前，他曾有过一次婚姻，女方无业，父亲是一个小杂货铺店主。婚后，汪孚康通过天宫的介绍，在火车站为妻子谋得了一份清扫工的差使，有了一份收入。两口子的小日子过得还不错，可好景不长，婚后一年多，汪妻染上时疫不治身亡，当时还怀着七个月的身孕。之后，汪孚康一直单身，直到日本投降后与天宫工程师的遗孀重新组建家庭。

当时东北是解放全中国的大后方，东北局要求各国有单位迅速发展壮大党员队伍。汪孚康是孤儿，自幼给地主做工，之后进城当工人，在那个年代，属于一等一的无产阶级分子，因此被组织上看中作为发展对象。但香子这个日本老婆（尽管婚后即加入中国国籍，但领导还是这样认为的，社会上也是这种观点）成了他入党的障碍，组织上就找其谈话，劝他离婚。可是，任凭组织上派来的政工人员如何劝说，汪孚康就是不开窍。于是，汪孚康就获得了一个“榆木脑袋”的绰号。

领导自是对他大失所望，组织从此与其疏远，他被归入了落后群众的行列。而汪孚康的表现还真是不折不扣的落后群众面貌，工作积极性不高，让他加班必须先开好调休单；平时工余时间的政治学习、群众大会总是迟到早退；让他发言，有时就会信口开河，时不时爆几句不合时宜的话。

纪森诺等人向专案组汇报上述情况后，专案组决定把调查触角伸向汪孚康。专案组分析，蒋何为的被害应该是分为两步进行的，如果汪孚康确是主谋，那他所走的第一步是先以高额报酬引诱蒋何为接下“需要保密的活儿”，指望一举成功，那就一劳永逸了；如果第一步没有成功，那就只好走第二步，直接下手。

汪孚康与蒋何为认识，且是情敌，所以汪孚康自己不可能去聘请蒋何为干活儿，他得另外请人出面，这个人必须具备两个条件：一是与汪孚康的交情深厚，否则不可能帮忙做这样的事；二是那人并未参加过汪孚康的再婚婚礼。如果是婚礼的出席者，甚至是参与殴打蒋何为的人，见了面蒋何为或许会认出来，那往下就玩不下去了。至于第二步直接去医院行刺，那倒有可能是汪孚康自己前往下手——据曾经在医院里瞧见过疑似凶手的黄彩凤夫妇的描述，那主儿三十多岁，相貌、身材也跟汪孚康接近。刑警商量下来，决定从铁路局档案中调取汪孚康的照片，去医院找黄彩凤夫妇辨认了再说。

黄彩凤的丈夫已按照刑警的嘱咐，画了一幅凶手的画像。几个刑警看下来，觉得跟汪孚康不大像。刑警不肯轻易放弃，没准儿周老师辨认有误呢？于是，改个方向调查，直奔汪孚康的住处，当然不是找那对夫妇，而是通过派出所找来若干邻居，请他们回忆，汪孚康是否曾经穿过隐格黑色凡立丁上装，蓝色劳动布裤子。一干邻居的说法不一，有的说没有穿过，有的说黑色上装好像穿过、劳动布裤子没有穿过，还有的正相反。无奈，刑警干脆去铁路医院找青木香子调查，妻子对于丈夫的衣服应该是清楚的。

香子给出的回答是，汪孚康既没有黑色上装，也没有蓝色劳动布裤子。铁路局发的工装是劳动布的，不过不是蓝色，而是黑色。此外，香子还提供了一个信息：汪孚康已经知晓蒋何为死亡的事了。

就在昨晚，汪孚康对她提起此事，说那个姓蒋的家伙恶有恶报，已经让人干掉了。如此，我们就离婚吧。香子求之不得，说离婚就离婚，15日是星期天，我们先把双方的财产清理一下，造个册子，下周约个时间去区政府办手续就是了。汪孚康马上点头称好，神情看上去很是轻松。

不过，这对夫妻的约定未能兑现。5 月 16 日，专案组长莫逸君下令，直接找汪孚康聊聊，问他 5 月 11 日晚上去哪里了，为什么一夜没有回家。这样，在铁路局机务段加班的汪孚康就被传唤到保卫处，接受刑警的讯问。江孚康承认他已经知道蒋何为被人杀害在医院病床上的消息，问他有什么感想，他还是那句话——恶有恶报。然后就问到5月11日晚上他是在哪里过的夜。他先是说在单位加班，话刚出口，大概是觉得不妥，又改口说在机务段宿舍睡觉，因为他最近和妻子闹矛盾，不想回家，就睡在单位里了。

刑警当场请保卫处向铁路局机务段宿舍门卫了解，门卫说记不清楚那晚江孚康是否在宿舍过的夜，不过他在宿舍确实有床铺，以备加班加点晚了没法儿回家的时候好有个地方休息。那么，5月11日晚同寝室的工友是哪几位呢？门卫说江孚康住的是二楼楼梯间，比较小，只有他一张床铺，这是当初安排铺位时就形成的格局。

这样一来，刑警只好先把江孚康搁在保卫处，一行人去宿舍，向门卫要了那栋宿舍楼的住宿人员名单，选出与楼梯间相邻的那几间宿舍的住宿工人一个个询问。一圈调查下来，都说5月11日晚上没有看到江孚康。回过头来再去问江孚康，刑警警告他必须说实话。江孚康“榆木脑袋”的绰号名不虚传，还是坚称那晚自己住在宿舍，让刑警看着办。于是，他就被拘留了。

纪森诺等刑警商量下来，决定先让江孚康在看守所待着，他们随即进行另一路调查。前面说过，专案组分析，如果江孚康确是命案主谋的话，他先进行的是第一步，即策划让蒋何为神不知鬼不觉地醉死，那就需要有人出面跟蒋何为谈一桩报酬优厚、工期不长的活儿，现在，刑警就是要找到这个谈活儿的人。

先去找了青木香子，向其了解江孚康平时有哪些与其走得特别近的朋友。江孚康的交往不像蒋何为那样广，香子提供的也就只有十一人，都是武术方面的，铁路局单位的同事一个也没有。这对于一名资深钳工来说，似乎不合常理。尽管江孚康在机务段属于落后群众，但落后分子也是有朋友的呀。再去铁路局打听，证实青木香子并没有遗漏什么情况，汪孚康确实没有要好的同事，即使三个曾跟他学手艺现已满师的徒弟，和汪孚康的关系也属于一般。

这倒也好，减轻了刑警的工作量。刑警当即根据香子提供的名单进行调查。十一个调查对象中，有三个是汪孚康的师兄，两个是师弟，三个是同道（即同一武术门派中人），还有三个就是徒弟了。这些人的身份分别是商人、工人、小贩、司机，还有一个是政府干部。纪森诺打算先找那个名叫宋纪春的干部调查，相信那位不会把江湖义气看得比干部身份还重。

二十七岁的宋纪春是哈尔滨本地人，出身于资本家家庭，所以有钱供他上了大学。不过，他在大学里走上了一条“危险的道路”，参加了革命，那是1945年初的事。半年多后，抗战胜利，小宋被组织上分派到区政府民政股当了一名干事。今年1月，小宋被调到区文化馆当了副馆长。他是武术爱好者，专门拜过师，据说身手还不错。当时还没有成立什么“体育运动委员会”，但已经开始着手发展群众体育运动，由文化馆代管，把宋纪春调去就是为了这个目的。

小宋听纪森诺说明了来意，显得很吃惊，说老汪家发生了这样的事？我倒还真不知道。这话刑警信，因为日本刚刚投降那会儿，汪孚康和香子结婚时，他跟汪还不认识，不知道这对再婚夫妇竟然还有这样一段故事。小宋毕竟是搞地下工作出身的干部，心思缜密，没等刑警发问，先取了张白纸，一面翻阅台历上前几天的记录，一面笔走龙蛇在纸上写着什么，临末签上自己的姓名。他告诉纪森诺，说这是我本月1日至11日夜间的活动情况，有什么不清楚的可以问我，我再补充。

刑警调查案子时还没遇到过这种对象，给他这一弄，反倒略微有些不自在。纪森诺接过那张纸看了一遍，果然清清楚楚。那个年头儿政府部门人手少，干部工作量很大，基本没有休息日，而且每天都要加班，小宋从1日到11日这些天里一直在忙碌。他抓的是群众体育，天天跟基层、街道的体育爱好者打交道，每桩工作都有多名证明人。刑警没有理由不相信他，但出于走程序的需要，还是去访问了证明人，证实其所言不谬——小宋没有作案时间。

调查中，小宋还说到汪孚康有另外两个交往较密切的朋友，其中一名在稍后引起了刑警的兴趣。当然，那是在纪森诺等人把香子提供的那张名单上的十一人全部调查完毕，均排除了作案嫌疑之后的事情。

小宋说到的那二位，其中一个叫邢素兰，四十来岁，是一家铁匠铺子的老板娘。她的父亲乃至祖上数代都是汪孚康那一门武术流派中的地方名人，到她这一代，不巧其母生下的四个孩子都是女孩儿，按照该门派“传男不传女”的规矩，这门功夫就断了，其父也只好认命。但长女素兰对武术却有一份天生的兴趣，缠着老爸要求传授，遭到拒绝后犹不死心，每天随着老爸起早摸黑依样画葫芦。老爸感动之下，以自言自语的方式边练边传授，总算使女儿学到了几成。还别说，就这几成，也使得同道中人不得不刮目相看。一天她在公园里打拳，正巧被汪孚康等人瞧见，自是吃惊不小。那还是半年前的事儿。自此，邢素兰就和汪孚康那一班人开始交往，不过仅限于切磋武艺。

邢素兰一介女流，和汪孚康并无深交，应该不可能跟案子有关系。不过，邢素兰接下来说到的情况却引起了刑警的注意。这就引出了宋纪春所说的汪孚康的新朋友中的另一位——赵寅义。

赵寅义是跟邢素兰习练武术的，不过不是徒弟。邢素兰认为自己仅学得老爸本领的些许皮毛，又没拜过师，算不上该门派中人，不过是个业余爱好者罢了，哪有收徒的资格？但她每天到附近公园去习练拳棍刀枪时，旁边总有一些年轻人围观，经常有人提出要求拜师学艺，邢素兰一概拒绝。但于赵寅义却是一个例外，因为这个小伙子在学武方面的秉性竟然跟当初的邢素兰有几分相似，你不肯教，那好，我就在旁边跟着比画。每天一大早，小伙子就去公园等邢素兰，等到后依葫芦画瓢，一招一式还有点儿像模像样。

这样风雨无阻两年多下来，终于感动了邢素兰，也就肯指点几下，但明确申明并非师徒关系。半年前，邢素兰跟汪孚康等人在公园相识，赵寅义也在旁边。邢生怕汪等人以为赵是她的弟子，就把赵的情况当众介绍了一遍，见汪对赵似乎很欣赏，便问汪是否愿意把赵收为弟子。汪孚康的想法可能是这小伙子迟早会是邢的弟子，他不敢掠人之美，当下摇头，但表示可以像对待入室弟子那样给予点拨。这样，赵寅义就成了汪孚康不是徒弟的徒弟。

然后就要说说赵寅义疑似涉案之事了。劳动节那天，赵寅义拎了一份礼物前来铁匠铺（小伙子之前为图谋跟邢素兰学武术，已经跟邢的丈夫老丁交上了朋友），还拿出一张图纸，要求丁师傅照样打造一柄匕首。当时尚未有“管制刀具”之说，普通百姓家甚至可以拥有猎枪，铁匠铺接这种活儿也算正常。稍后邢素兰也知道了这件事，曾随口问过赵，打这玩意儿干什么用。赵寅义说是受朋友之托，人家要去内蒙古草原跑趟买卖，要一把好匕首防身用，知道他跟丁师傅说得上话，就请他出面，要求丁师傅用精钢打造。至于费用，那肯定不会让丁师傅吃亏。

刑警马上想到了行刺蒋何为的那把匕首，立刻由邢带着前往铁匠铺子。丁师傅说那把匕首在5月5日由小赵取去了，图纸还留在他手里，说着，拿出图纸给刑警看。刑警一看上面注明的尺寸，跟死者胸前的伤口竟然完全吻合！

赵寅义立刻被传讯，先问那把匕首，其说法跟他对邢素兰的说法相同，系受人之托。那么，那个所谓的朋友呢？答称对方是吉林来的，已经拿了匕首离开哈尔滨去内蒙古草原了。刑警问对方的姓名、住址，赵寅义说两人是在饭馆里喝酒时结识的，只知道姓沈，长春人，是做皮货生意的；至于住址，人家没留。

很明显，这是在敷衍警方。刑警当即去赵家搜查。这一查，就把那把匕首查出来了！

六、几番无用功

匕首图样刑警已经见识过，见了实物，却还是暗吃一惊。丁师傅不愧为地方名匠，这把匕首打造得极好，如果放到若干年后时兴文物造假的年代，由文物贩子做做手脚，不说是荆轲刺秦王用的徐夫人剑，冒充雍正朝血滴子的配发短兵器只怕还有点儿委屈它哩。刑警粗粗检查下来，发现匕首的刀身被擦拭过，但刀背下方的血槽里尚有残留的血渍。多数刑警认为，这八成就是杀害蒋何为的凶器了。市局老刑警纪森诺主持侦破过多起命案，当下用放大镜仔细察看，又凑近血槽深吸一口气，却没吭声。

莫逸君知道他定是有不同意见，于是问道："老纪，你看这……"

纪森诺半晌才开腔："这上面的血不是人血，应该是动物血，多半是杀过狗。"

其他人自是不解，纪森诺凭什么断定是动物血呢？纪森诺解释道："动物血与人血相比，有几个明显的不同，一是黏稠，二是颜色深些，三是含盐量低，没人血咸，四是动物血比人血更容易凝结，血迹不易擦掉，五是动物血的腥味儿更浓。我认为这把匕首上残存的血渍符合动物血的特征。"

经技术鉴定，果然证实了纪森诺的判断。赵寅义也不得不交代，曾用那把匕首杀过狗，在场的还有另外两个朋友。刑警随即找那二位调查，证实确有此事。

那么，对那把匕首的来龙去脉，赵寅义为什么遮遮掩掩呢？原来，赵寅义打造这把匕首的初衷，确实是想教训教训破坏他师傅汪孚康婚姻的蒋何为。这主儿原本性子暴烈，又讲义气，再加上头脑简单，行事往往不加细虑，听说师娘与蒋何为藕断丝连，惹得汪孚康要离婚之事，便想为汪孚康出一口气。

他并不认识蒋何为其人，一番打听后，不由得倒抽一口冷气：这姓蒋的主儿并非寻常匠人，乃是本地建筑工匠中的名人，师兄师弟徒子徒孙多不胜举。要想教训他并不那么容易，当然，一对一肯定没问题，但不一定有这样的机会。赵寅义也没有耐心寻找机会，就想到了备一把匕首带在身边，届时教训蒋何为的时候，用以恫吓敢为蒋何为出头助拳的其他匠人。但赵寅义说，他还没来得及下手，就听说了蒋何为被人暗杀在医院的消息，这事也就放下了。

这当然是赵寅义事后的单方面说法。专案组接下来进行了两方面的调查，一是是否有作案时间，二是是否有可能让其狐朋狗友作案。调查下来，这两种可能均被排除。于是，这条线索也只得放弃。

之后，专案组着手开展另一方向的调查：蒋何为生前接的最后一桩活儿，也即从5月5日到5月10日这六天里他单枪匹马去干的某项神秘工程。

尽管眼下尚未查明他的被害真相，但可以断定，他的被害肯定与这桩活儿有着密切关系，甚至是因果关系。这种关系有两层含义：一是找蒋何为干活儿的人就是直接主持该项神秘工程的人；二是找他干活儿的人不过是受人之托，本人也是蒙在鼓里的。不论是哪一层含义，首先，警方要找到这个人。

专案组向死者之父蒋老爷子了解蒋何为平时承接工程的途径，得知有以下三种：第一种是在茶馆里接活儿。蒋何为几乎天天都起早去茶馆喝茶，吃了早点才回家收拾一番出门奔东家干活儿。当时的哈尔滨，几乎每家茶馆里都有几副座头是瓦工木工等匠人的专座，他们已经习惯去那里喝茶抽烟聊天，互相介绍活儿。营造行的老板或者办事人员需要匠人时，通常就会去茶馆雇佣，私人要修造房屋打制家具，也会去茶馆物色。第二种跟如今城市里的“马路游击队”相似，匠人师傅携带工具，大街小巷四处游走，却并不吆喝，谁家里有活儿正好需要匠人的，见之就会唤住，双方互相谈下来合适，就算接下活儿了。第三种就是同行之间互相介绍。

刑警分析下来，认为蒋何为这样的地方名匠不可能通过第二种方式揽活儿，遂决定针对另外两种方式进行访查。

专案组连同协防队员全体出动，两个一拨，分头接触了行业公会理事会负责人、众多与蒋何为生前有交往的匠人，可是谁都说不出蒋何为生前最后一桩活儿是怎么回事。这样，专案组就不得不考虑还有第四种方式存在，那就是出门途中被人拦住，就在路边或者进入附近某个比较适合谈话的场所诸如茶楼、酒肆之类聊一聊。这桩活儿的诱惑力肯定是蛮大的，或者就是蒋何为欠了人家的人情，否则不可能把之前已经说好了要出面主持的工程推掉。

一干刑警觉得自己的头似乎大了一圈。如果是上述这种情况，那可怎么调查？除非运气特别好，能找到目击者。但好运气可遇不可求，专案调查更不能完全指望运气。当然，愁归愁，调查还是要进行下去的，那就只好耐心查摸了。通过什么途径查摸呢？大伙儿分析下来，只能去访查蒋何为5月5日前干活儿的东家以及一同干活儿的其他匠人，了解其上下班的路径，然后，分头到途经的茶楼、酒肆之类的地方调查，看能不能发现蛛丝马迹。但是，一番查摸下来，并无任何效用。

七、雪茄的味道

专案组的调查屡屡碰壁，似乎到了山穷水尽的境地。往下该怎么走？众刑警心里都没底。无奈之下，5 月 19 日，组长莫逸君干脆宣布明天都休息一天，回家补个觉，调整一下。

5 月 21 日上午，一干刑警集中在专案组办公室，再次商量案情。睡眠得到补充之后，大伙儿的思路似乎清楚了一些，七嘴八舌纷纷发表意见，归纳起来集中在一点：应该检讨前一段时间的工作，着重回顾侦查路数是否正确。

回顾下来，觉得似乎并无问题，所有调查都是必要的，尽管没有取得成果，但不排除那些可疑之处，就没法儿寻找新的突破口。那么，突破口在哪里呢？说到这里的时候，自会议开始一直埋头抽烟的刑警奚有贵忽然提出了一个观点：之前曾经调查过的“香子”是不是有问题？

对青木香子以及其夫汪孚康的疑点，这些日子专案组可谓查了又查，已经有充分证据可以确定应该排除涉案嫌疑了，这回奚有贵怎么又提及了呢？众人纷纷朝老奚投以不解的眼光。奚有贵意识到大家领悟错了，赶紧解释说，我的意思是，蒋何为临终前说的那两个字，可能不是他的情人香子，而是“箱子”。

他这一说，众人顿时恍然。可不是嘛，“香子”之说，乃是死者遗孀胡飞儿最先作出的反应，专案组认为言之有理，所以就接受了她的说法。现在查下来，该案应与香子无涉，但手术医生、麻醉师都听见了蒋何为临终前的话，同样的发音应该是没有疑问的，如果不是“香子”，那也许真的就是指的某个箱子。再联系到蒋何为生前接的那桩神秘的工程，是否可以作出以下估计：有人以高酬金为诱饵，把蒋何为请去干了一桩与“箱子”有关的活儿，比如在墙内设计一个夹层，在夹层内安装用以藏匿重要物品的箱子或暗柜。因为是需要给出尺寸的，所以可能拿出箱子让他测量，当然，那应该是空箱子。蒋何为并未起疑，直到他在5月10日干完活儿在东家吃他的“最后一顿晚餐”时，还乐呵呵地来者不拒只管痛饮，直至醉倒。

之后，蒋何为在假死状态下进了棺材。如果他从假死到真死，再也没活过来，这事也就不会被警方关注了，因为他喝酒是出了名的，最后死于酒精中毒，没人会产生怀疑。哪知蒋何为命硬，竟然“死而复活”了，然后进了医院。在医院输液之后，由昏迷进入昏睡，又由昏睡进入正常睡眠阶段。别看他还是像死人般一动不动躺在床上，脑细胞却是正常活动的，说不定在潜意识中已经感觉到自己的经历似乎不对头。还没弄清楚具体哪里不对头，忽然胸口挨了一刀。这下，固然真的要进阎王殿了，而之前他没弄明白的事，突然间也想清楚了——人家这是要我的命啊！继而就想到了这几天他在东家干的活儿。在生命的最后时刻，他挣扎着说出了“箱子”这两个字。

在座的刑警都是行家，自然一点就通。待奚有贵把自己的分析说完，现场一片寂静，终于，有人发出了一声惊叹：“哦——这是灭口?”

莫逸君缓缓点头：“完全有这种可能!”

其实，这个推断于往下的调查并无实际帮助。尽管如此，大伙儿也非常兴奋，毕竟是开辟了一个新的方向。很多时候，精神力量是非常重要的，有了精神，智慧甚至也会随之而来。莫逸君让大伙儿畅所欲言，想到什么就说什么，不成熟没关系，说错了也没关系，有感可以发，无感也可以发。众人七嘴八舌，不知是谁提出了一个调查方向：5月10日晚上蒋何为在东家那里喝醉后，是被一辆马车送回来的。据蒋何为之妻胡飞儿回忆，那是一辆有篷罩的私家马车，篷罩好像是用白色帆布制作的。不过，她因为忙于照看丈夫，没顾得上去看马车牌照。之后，刑警在走访群众时曾询问过这个问题，都说天已经很晚了，家家户户都关门睡觉了，没有看见蒋何为被送回家这一幕。这样，这条线索就没法儿调查下去了。现在，组长要求大伙儿群策群力，设法把这个断掉的线头续上。

众刑警就这个问题一直讨论到下午两点多，还是没有突破。莫逸君说我们走群众路线吧，大伙儿连同协防队员一起下胡同去走访群众。协防队员属于外围协助刑警开展工作的人员，并非专案组成员，他们是没有资格参加案情分析会的。刑警开会的时候，他们就在会场外面无所事事，好生无聊。这会儿听说要下胡同搞调查了，个个摩拳擦掌。当下，由刑警张景春向他们交代了调查要点，要求大家把走访工作做得细而又细，还说谁能查摸到有价值的线索，就有希望在公安机关招收正式民警时被优先录用。这话并不是无中生有信口乱说，而是有依据的，分局已经接到文件，将在 6 月上旬公开招收新民警，协防队员可以优先考虑——既然如此，那立功的协防队员当然更不在话下了。

当然，张景春说这话只不过是为了鼓舞士气，并没指望连正规军也没弄到的线索会让游击队弄到，哪知这样的好运气还真让协防队员李震潮撞着了。李的调查属于剑走偏锋，没像其他刑警、协防队员那样盯着人家打听那天晚上是否听见马车在蒋家门口停下的事儿，而是跟受访人闲聊天儿似的天南海北一通乱侃。这一侃，竟然就侃出了一条线索——据一个名叫关二狗的老者说，蒋何为假死后换下的衣服上有一股浓烈的烟味儿。通常说来，一个匠人师傅的衣服上有烟味儿应该属于正常，可对于蒋何为而言就是例外，他虽然嗜酒如命，却从不抽烟。于是，李震潮就要求关二狗把情况说得详细些。

关二狗是个六十开外的孤身老头儿，早年做过车站力工，后来年岁大了干不了力气活儿了，就打扫胡同、掏掏阴沟，向每家居民讨几个碎钱糊口，这一带居民家死了人，都请他过去给死者擦洗遗体，穿殓衣，换下的衣服也送给他去处置。5 月 11 日早晨，蒋家发现蒋何为“死亡”后，也是请关二狗去帮忙穿殓衣的，换下的衣服就送给老头儿了。关二狗把衣服拿回家，发现衣服上面烟味儿挺浓，而且是一种他从未闻到过的奇怪的烟味儿，闻着只觉得有些呛鼻。他知道蒋何为是不抽烟的，寻思蒋师傅生前也许去过哪个烟味儿特大的地方。

李震潮觉得这个情节似乎反常，就向专案组长报告了。莫逸君觉得有查一查的必要，马上和李一起去找关二狗，让老头儿把蒋何为生前穿的那套衣服拿出来给他们看看。关二狗把衣服拿出来，刑警闻来闻去却并无烟味儿，也没其他什么味儿。正觉不解时，关二狗告诉刑警，这衣服已经洗过了。

莫逸君等人分析下来，认为这可能是一条弄清蒋何为生前在哪里干活儿的线索。烟味儿重，说明干活儿的地方是储藏烟草的仓库，也可能是烟纸店，还有一种可能，那味儿来自送蒋何为回家的那辆马车。刑警曹正昌是个抽了二十年香烟的老烟民，便去找关二狗了解，着重询问那烟味儿的“生”、“熟”之分，听下来应该是烤过的熟烟味儿，便排除了蒋何为生前的干活儿地点是储藏烟草库房的可能，也不是烟纸店，因为烟纸店出售的香烟有包装，不至于有那么浓烈的味儿。剩下就是那辆马车了，如此，措施也就出来了：在全市范围内排查那辆散发着浓烈烟味儿的马车。

非载货马车是有牌照的，专案组便去市公安局交管处调取了全市马车车主的姓名、地址，全组刑警、协防分头查看，要求每辆马车都必须见到。结果，全市二百一十九辆非载货马车逐一查看下来，虽然发现有七辆似有涉案嫌疑，可是一一调查后，又全部排除了。

这就奇怪了，难道之前的分析有问题？或者那辆马车是从郊区过来的？莫逸君跟老烟民曹正昌商量许久，一时难下定论。莫逸君正在考虑是否要扩大调查范围，把触角伸向郊区的时候，曹正昌却绕开马车，想到了另一个方向：关二狗闻到的究竟是一种什么样的烟味儿，竟连这个抽了四十多年劣质烟的老烟枪也觉得呛鼻？这一点似乎有弄清楚的必要。于是，曹正昌再去找关二狗，了解下来，认为关二狗闻到的可能是雪茄的气味。

曹正昌从没抽过雪茄，便向莫逸君提出，去弄一盒来请关二狗闻闻。当时哈尔滨市面上少有雪茄出售，曹正昌跑了好几个地方，才买到一盒陕西出产的“冲锋”雪茄。拿去给关二狗闻，老头儿说好像不是这个味儿。曹正昌干脆点燃一支。雪茄的抽法与香烟有所不同，曹正昌第一回抽，被呛得连连咳嗽。关二狗却说“这回有点儿像了”，不过，蒋何为衣服上的气味儿比这更呛，还隐约有一股异样的香味。

专案组便去向制烟技师了解，得知具有那种异香的雪茄应该是海外产品，如古巴雪茄之类。这类雪茄目前市面上没有出售，哈尔滨解放前倒是有的。不过，雪茄的保质期有限，哈尔滨解放已经三年多，如果现在民间有人抽，必定要在保温保湿的环境里妥善储存，一般人家不具备这样的条件；还有一条途径，那就是海外邮寄。调查市民自家保存雪茄的情况有难度，刑警决定先从海外邮寄上下手，到邮局调查。

哈尔滨是中国最早获得解放的大城市，新中国成立前，因国内战争的关系，进口物品需绕道苏联才能寄达。刑警向市邮电局调阅了海外邮包寄达资料，最后把目光投向一对吴姓父子。

八、水落石出

吴庆余，哈尔滨人氏，时年八十三，出身富家，清光绪年间中过举人，以捐官（即当时合法的出钱买官，但必须具备贡生资格）方式成为清廷驻英使馆二秘。任期届满后留在英国，经商有成，娶妻生子。其子吴凤鼎自幼聪颖，后入英国皇家医学院学医，获博士学位，供职于香港医院。1945 年抗战胜利，吴庆余在海外度过八十岁生日后，生出叶落归根之念，遂携子、孙等全家返回哈尔滨，收回长期出租的祖业房产，修缮后作为居所。吴凤鼎辟出居所一角，在花园临街一侧破墙另置门户，设立了一家私人西医诊所。其妻张桂芬系华侨之女，毕业于护士学校，担任其助手。

吴庆余长期在国外生活，养成了喝洋酒、品咖啡、抽雪茄的习惯，回国后依旧如此。生在欧洲长在异国的其子吴凤鼎更是全盘西化，连日常伙食都是面包牛排火鸡烤鱼之类。父子俩吸惯了欧美雪茄，回到中国后哪里吸得惯国产雪茄，都是请国外亲友邮寄过来。这是专案组关注吴氏父子的第一个原因。第二个原因是，吴家有一辆牌照为 00171 的私家马车。在之前排查全市的私家马车时，专案组已经以区政府税务科检查税务为名，对这辆马车进行过检查，篷厢里并无烟味儿。现在专案组要查明的是，吴家是否调换过马车。

5 月 23 日夜间，吴家雇佣的专职马车夫侯顺风在回家途中被刑警截住，带往南岗分局。原不过是想了解一下是否调换过马车，不料侯顺风不但承认了 5 月 13 日确实调换过马车，还主动提到 5 月 10 日夜间他驾驶那辆马车把喝醉的蒋何为送回家的情节。这倒不是他饶舌，而是蒋何为醉死复活后在医院又被暗杀之事已经传到他耳朵里，侯顺风隐隐觉得这事儿似乎不对头，索性主动说出来。不过，侯顺风说他在那晚之前从没见过蒋何为，也没听说过这位匠人师傅。他是穷人，住在棚户区，根本不可能自己建造房子，更不可能请匠人来家干活儿，对于本市的瓦木工行业并无了解。在蒋何为醉死复活又被暗杀之事传进他耳朵之前，他甚至不知道蒋何为连续几天在吴宅干活儿。他只不过是奉主人之命把醉瘫的蒋何为送回家而已。

专案组当即指派刑警将吴宅秘密控制，然后由侯顺风带路前往郊区一户人家起获了那辆带烟味儿的马车，并将这户人家的主人、自称是吴庆余表外甥的崔继浩拘捕。

5 月 24 日凌晨三时许，专案组采取行动，搜查吴宅，逮捕吴氏父子以及吴凤鼎之妻张桂芬。搜查到后院凉亭时，发现亭子下面有一个地窖。这个地窖建得非常隐秘，敲击亭子表面的木质地板，听不见下面有空洞的声音，撬开地板，下面是木头龙骨，龙骨往下是碎石子和泥土。至此一切正常，并无可疑之处。搜查人员原本已经准备放弃了，正好专案组长莫逸君过来瞅瞅，随手把手中的钢钎子往泥土里扎下去，这一扎，就碰到了硬物。扒开泥土一看，下面铺着青石板，石板下面是地窖。

地窖里藏着七口木箱，根据箱子上喷印的日本文字，刑警怀疑是化学武器，立刻停止搜查，请示市局后火速调来驻军部队的化学兵（我军防化部队最早源于红军时代的 1932 年，1939 年延安抗大设化学兵科目，解放战争时期各纵队基本都有防化部队，当时称为“化学兵”，建国后改称“防化兵”）。化学兵把木箱打开，发现里面装的是化学地雷、化学手榴弹、毒烟罐和毒气溶胶发生器——均为化学武器中的轻武器。

专案组连夜对吴氏父子等被捕人员进行讯问，终于弄清了此案的前因后果。

1939 年 9 月 3 日，完成学业获得医学博士学位的吴凤鼎从伦敦飞抵香港。同日，因为德国没有听从英法就其须在四十八小时内撤出波兰的警告，英法向德国宣战，第二次世界大战爆发。吴凤鼎虽然并未加入英国国籍，但他从小在英国长大，对英国的感情颇深，闻知英国向德国宣战的消息后，非常激动，决定在医院工作之余投身支持反法西斯战争的活动。稍后，“军统”香港站将其发展为特工，利用其技术特长为行动特工研制毒药。

太平洋战争爆发，香港沦陷，由于吴凤鼎是中国国籍，未被关进集中营，得以继续从事药物研究，偶尔客串情报工作。其间，吴凤鼎一直领取“军统”发给的津贴和活动经费。抗战胜利后，吴凤鼎主动与“军统”脱离了关系。这于“军统”方面来说乃是求之不得，因为他们正着手进行特务复员安置，吴凤鼎的不辞而别，倒给他们省了一笔复员费。

不久，吴凤鼎随父举家迁返哈尔滨，自开诊所，以行医为业。原以为就这样把日子过下去了，哪知有一天忽然来了一个病人，医患相见，均吃一惊，对方竟是吴凤鼎当初在香港干特工时的上级金干城。金干城认出吴凤鼎后，连说“意外”，脸露喜色。当日两人并未深谈，金说改日登门拜访。数日后，金干城派人送来一张便条，请吴凤鼎在“北国酒家”吃饭。吴凤鼎已经意识到不妙，又不敢不去。结果，这一去，吴凤鼎就上了贼船，虽然没有正式“归队”，但被迫答应“必要的时候，为朋友的工作提供一些便利”。

金干城说话倒还算数，说好不到万不得已不来麻烦，其后两年多，除了以看病为名来诊所跟吴凤鼎见个面，表示自己尚未出事，还活得好好的之外，并没要求吴凤鼎为其做任何事情，哪怕是转一纸条子。吴凤鼎正暗暗庆幸时，上月下旬，金突然寄来信函，内是一张请柬，请吴医生明晚去“北国酒家”。吴凤鼎不得不去，这一去，麻烦就来了。金干城提出，他有些货需要藏在吴医生府上，数量不大，不过几个箱子而已，但必须藏得严严实实。吴凤鼎自然猜得到所谓的“货”是什么东西，立刻借口担心老父知道后出麻烦予以拒绝。但吴医生怎是老特务金干城的对手，对方只一句话，就让他噤若寒蝉。这句话是：“老兄是知道团体的行事风格的，如果令尊的存在对团体事业构成妨碍，我们可以把这个妨碍消除啊！”

次日，金干城到吴宅察看藏货位置，最后选中在后花园凉亭下面建一密窖。他当场丈量尺寸，说一切都不必兄台操心，我自会妥善安排，你只须听我通知就行。

4 月 29 日，诊所开门后迎来的第一个“患者”就是金干城，他向吴凤鼎下达了指令，将在最近几天内开工，为防止吴老爷子察觉此事，届时可把老人送到城外崔家屯亲戚处小住数日。吴凤鼎听着不由心惊，暗忖对方连他平时很少来往的崔家屯表兄都了解得清清楚楚，那对自家在哈尔滨的其他社会关系肯定更是了如指掌了。金干城又说，施工时诊所如常营业，我自会派人来料理一切。你的妻子平时干什么，还是照旧；家里的佣人，可以跟着老爷子去崔家屯；马车夫老侯平时本就不让进内宅，也还是照老规矩；施工期间的饭食，我会安排饭馆送上门来。

5 月 3 日，吴凤鼎接到金干城派人送来的便条，让次日把老爷子送乡下，隔日开始施工。吴凤鼎已经找了借口哄得老父同意去乡下小住，次日就让老侯用马车连同佣人一并送去。5 月 5 日，金干城带着三个汉子（其中一个就是蒋何为）上门来了。按照约定，吴凤鼎夫妇还是在诊所照常营业，任凭他们几个在后花园鼓捣。工程进行期间东家每天供应一顿午餐，都是金干城让附近馆子送来的，因为佣人不在，金干城给吴凤鼎夫妇和车夫也另备一份。

金干城有一辆小轿车，施工那几天里，每天进进出出载送建筑材料，都是直接把轿车驶入后花园，傍晚收工后再由其驾车带上那三人一起离开。5 月 10 日下午四时许，金干城请吴凤鼎去后面看看。后花园凉亭表面上看去什么都没改变，连他这个主人也没发现已经给人动过手脚了。吴凤鼎不知机关何在，一脸不解。金干城示意匠人演示，蒋何为告诉主人，亭子下面已被掏空，建了一个小地窖，进出口在亭子前的台阶上，说着摆弄了一下，用脚一蹬，就把沉重的青石台阶轻松地移开，露出一个洞口。吴凤鼎俯身往下察看，地窖内一片漆黑，看不见什么，便问："挖了多大？那几个箱子放得下吗？"

金干城说丈量过尺寸的，没问题；地窖内壁都抹了柏油，衬以木板，用以防潮。然后，又让匠人把开关洞口的方法教给主人，嘱咐吴凤鼎说需要取货时我可能不便过来，那就得请兄台相帮了，记住，下去必须打手电哦！最后一句他是加重了语气说的，吴凤鼎于是明白所谓的"货"，肯定是军火弹药之类，心里不禁一凛。

当天的晚餐，金干城原是说好请吴凤鼎夫妇一起去吃的，但不知怎么临时又改变了主意，说改日专请吴凤鼎夫妇，今晚就不请了，请吴凤鼎吩咐老侯稍晚把马车赶去，回头散席晚了可以送送人，吴凤鼎自然同意。这样，吴凤鼎就不知道当晚蒋何为究竟喝了多少酒。后来问了老侯，他也不知道。因为人家没让他上席，而是在饭馆楼下给他安排了伙食，另塞给他一些钱钞作为酬劳。

第二天下午三点多，金干城去了诊所，说一会儿货就运过来了，让吴凤鼎提早关门，以便入库。吴凤鼎就让妻子做结束门诊营业的准备，打扫、处理污物，消毒器械等。他自己和金干城刚在正门门房坐定，一支烟还没抽完，金干城的那辆轿车就开过来了，车上二位就是这几天给蒋何为打下手的男子。轿车直接进门，一直开进后院。那两人从车上卸下七口木箱，放入地窖。吴凤鼎看见箱子外面喷印的日文，情知证实了自己上一天的猜测——果然是军火，而且是化学武器！

藏匿好化武后，那两个男子开着轿车离开了。金干城没走，是因为还要请吴凤鼎夫妇吃饭。黄昏时分，金干城和吴凤鼎夫妇坐着那辆马车前往饭馆。餐后分手时，金干城给了吴凤鼎一个地址，说自己之后一段时间就不过来了，如果有什么情况，可以跟这个地址联系。

吴凤鼎寻思这件事总算暂时消停了。他是学西医出身，懂化学，知晓化学武器的性能，对化武藏在家里倒也没有那种外行的凭空担心。但想到万一哪天金干城要使用这些化武的话，那岂不出大事了，便冒出一个念头：有空时翻翻资料，看是否可以把这些东西弄得失效。他想到就做，当晚就把家里的资料书籍理出来，还开出了一纸书单，准备去图书馆借阅。此举后来成为军管会对吴凤鼎从轻量刑的依据。

没想到，次日金干城又来了，一见面就问吴凤鼎，你家这辆马车里的雪茄烟味儿怎么这样重？我昨晚回家后脱下外套扔在外间，今晨还在睡觉就被老婆唤醒，说外间一屋子的烟味儿。吴凤鼎便解释说，他们父子都抽雪茄，坐马车外出时经常坐在篷厢里抽，久而久之，篷厢内壁就沾上了烟味儿。金干城说这不行，把马车换掉！吴凤鼎不知道那个干活儿的匠人今日凌晨已被灭口，金干城此举是为逃避侦查，自是不解，但在香港那几年的特务生涯告诉他，不解也不能问，只有点头。

金干城说这事你立刻着手做，我最迟后天就把需要用的钱给你送过来。吴凤鼎的脑子转得很快，说不用送钱，我让老侯把车赶到崔家屯，跟我表兄家换一辆就是了。金干城大喜，连声说好，让吴凤鼎尽快行动，最好今明天就解决。第二天，吴凤鼎让老侯把马车赶到乡下换了一辆，拆下牌照挂在表兄的那辆马车上，顺便把老爷子接了回来。

此举的必要性很快就显现出来了，5 月 22 日，吴凤鼎接到通知，让把马车赶到区政府去进行税务检查，他便知道金干城的预防措施不无道理，庆幸逃过了一劫。可是，没想到公安机关神通广大，终究还是查到了他头上！

5月24日午前，专案组将金干城、崔继浩缉拿到案。根据金的口供，下午又分别把另外四名案犯史执遂、李刚酉、陆居庵、王艳娟缉拿归案。其中的李刚酉，就是潜入医院暗杀蒋何为的凶手。

一干案犯落网后，综合口供如下——

抗战胜利后，金干城被“军统”调回南京。1939年他从特训班毕业后被派往香港时是上尉军衔，干了六年，到抗战胜利时是少校，是同时毕业的学员中军衔最低的，很不平衡，就动了捞一把逃往海外经商的主意。想到就做，他正好负责特务的转业安置工作，就利用职权贪污了一笔钱款，不想还没滑脚就被察觉，人赃俱获。原本以戴老板的手段，他是必死无疑了。但没几天戴笠就坠机而亡，金干城的妻子托人向接任的毛人凤求情，又上下打点，才捡回一条命。

“军统”改组为“国防部保密局”，要向解放区派遣特务长期潜伏，金干城被列入名单，命其前往哈尔滨“戴罪立功”。“保密局”指示金干城“长期潜伏，发展成员，自筹装备，伺机发动”，任命他为“中华民国国防部保密局哈尔滨特别行动组中校组长”。金干城抵哈后，按照“保密局”的安排，易名“俞学仁”，接手了一家商行，以经商为掩护。然后用“保密局”提供的资料，发展了三名之前曾有“军统”特务身份后又脱离的成员，即史执遂、李刚酉、陆居庵（还想发展吴凤鼎，但遭到拒绝，不过由于有吴凤鼎的把柄捏在手里，是否发展也就是个形式，金倒也不介意）。之后，他们就冒充良民蛰伏起来。“保密局”总部也没与他们联系，就像已把他们忘记了似的。

当时，这种性质的潜伏特务在全国各大城市都有，渐渐在解放后的历次运动中暴露身份，受到惩处；也有个别潜伏时间较长的，直到改革开放后才向人民政府坦白交代。金干城这伙人如果不主动跳出来，估计应该还可以隐藏一段时间。可是，这次他们遇到了一个“自筹装备”的机会。

由于日本侵华的历史原因，在抗战胜利乃至建国后，东北多地都发现日寇遗留的化学武器，民间也有藏匿（藏匿者大多不知此系化武，以为是常规的轻武器）。一个月前，金干城得知郊区封四家有农民藏有七箱化学武器，准备当废品出售给收破烂的，寻思按照“保密局”给他的“自筹装备”的指令，有必要将这些化武弄到手，以便哪天上边突然下令让他们执行什么任务时可以使用。他就命令史执遂出面将这七箱化武收购后暂藏于他经营的商行库房。在这里藏匿当然不牢靠，必须尽快转移到安全处所，金干城就想到了吴宅。

金干城召集史执遂、李刚酉、陆居庵三人一番密议后，决定由对哈尔滨社会情况非常熟悉的史执遂出面招聘技艺精湛的瓦工木工，在吴宅后花园建造地下密窖。史以前跟蒋何为打过交道，还喝过酒，说得上话，便在蒋何为外出途中将他拦下，以高出数倍的报酬作为诱饵。蒋何为抵不住诱惑，答应接下这桩活儿，并严格保密。于是就支付定金，择期开工。

本来，金干城并不想把蒋何为干掉灭口。建造这个地窖是以吴宅的名义，匠人多半会认为是用来藏匿金银珠宝贵重细软的。可是，完工那天金干城把吴凤鼎请到后花园现场察看时，他和吴凤鼎各说错了一句话。吴凤鼎不慎说出了“箱子”二字，而金干城这个老特务也脑子短路似的补充了一句“下去必须打手电”的话。话刚出口，就觉得不对，迅速瞥了蒋何为一眼，发现他眼皮跳了一下，便知道已经引起了对方的警觉——肯定和军火联系起来了！金干城顿起杀心，便请原先说好一并宴请的吴凤鼎夫妇回避，改日再聚。

金干城知道蒋何为嗜酒如命，就想神不知鬼不觉地用灌酒方式将其解决。当晚，蒋何为被几个特务以敬酒方式灌了大约三斤白酒，终于把他放倒。然后，吩咐车夫老侯将其送回家，关照送到就走，不要说任何话。老侯得了赏金，自是照办。

次日上午，金干城想想不放心，便派陆居庵化装前往蒋家察看情况。陆过去时，正好遇见蒋家乱哄哄地把“死而复活”的蒋何为往医院送的一幕。金干城闻报大惊，随即指派李刚酉当晚潜入医院把蒋何为干掉。李刚酉行动前，先指派其情妇王艳娟化装成病人家属，前往医院打听到了蒋何为所住的病房和床位。王艳娟很“尽职”，还给情夫画了一张草图。之后，金干城又注意到吴府马车上雪茄烟味儿浓重的细节，急令吴凤鼎更换马车。

该案的侦查终于画上了一个圆满的句号。1949 年 9 月 26 日，哈尔滨市军管会对该案作出判决：金干城、李刚酉被判处死刑，立即执行；史执遂、陆居庵、吴凤鼎、王艳娟、侯顺风、崔继浩等分别被判处有期徒刑三至十八年不等。

江城劫金案

武汉，位于江汉平原东部、长江中游。唐乾元元年（公元758年），李白因永王李璘案被朝廷流放夜郎。途经武汉时，登黄鹤楼听艺人吹笛，有感而发，留下《与史郎中钦听黄鹤楼上吹笛》名诗，诗中“黄鹤楼中吹玉笛，江城五月落梅花”遂成为千古绝句。而武汉从此也就有了“江城”之别称。1949年9月，该市发生一起拦路抢劫黄金案。由于涉案黄金高达百两之巨，影响甚大，中南公安部部长卜盛光指令武汉警方迅即侦查，尽快破案……

一、月夜劫案

如果把这起罕见的抢劫大案从发生、侦查到破获的整个过程作为一台戏，那么，首先出场的这位就是当时居住在武汉市第二区的失业教师梅景道。

三十二岁的梅景道往上五辈至其父亲梅风彪，都是武师出身的保镖，后来，由于有了火车，镖业这一行迅速衰落。梅风彪改武为文，做了一名账房先生。但祖传的那份功夫却舍不得丢下，于是就让独子梅景道跟着习练武艺。不过，梅景道并不是一个用功之人，直到十八岁时老爸因病去世，功夫也还是平常。他先是给舞厅“抱台脚”（保镖），后又去一家公司看仓库，抗战胜利后，又在汉口的一家民办中学当了一名体育老师。

1949 年 5 月武汉解放后，梅景道执教的民办中学停办，无奈失业。当时的武汉，失业者一时比较难觅饭碗。梅景道几经奔波失利后，最终不得不接受新政府宣传的“劳动者光荣”的理念，决定自食其力加入劳动人民的行列——当一名光荣的三轮车师傅。他通过朋友关系，购买了一辆旧三轮车，喷上红色油漆，上书“镖师后人，承运安全”八个黄色大字。当然，自食其力的劳动者也不是想做就可以做的，得向政府主管部门办理手续。这几天，梅景道正忙着跑公安局、工商局、人力车同业公会办理手续，这天下午刚刚办妥，准备明天正式上街营业。

8 月 30 日下午三点多钟，梅景道正在自家院子里把新领的牌照和准运证往三轮车上挂的时候，来了一个五十开外的老妇——花秋香。花系南京人氏，早年考入湖北省立女子师范学校，毕业后在武昌一所学校执教。二十一岁时她曾嫁过一个北洋军官，不久丈夫病殁，遂守寡，一守十年，迎来了第二次婚姻，嫁给汉口古董店“清昌斋”老板董博智做了续弦。董家涉足古玩行业已二百余年，业内人都认为董家生意做得甚好，历代掌柜目光精准，胆大心细，而且敢做外埠生意，东赴上海，西去四川，北上关外，南下两广，收货送款从来不打回票。当然，这需要有得力之人佑护。这得力之人，便是梅景道的祖辈经营的“显德镖局”。董梅两家数代合作，一向默契，梅家护镖从无闪失，董家付款向守信用。因此，一直到梅风彪由镖师改行做账房先生后两家还时有来往，逢年过节董家必请梅氏全家去吃饭，这是累代常年不变的规矩。所以，尽管梅景道没有做过镖师，但他跟董家上下都是熟识的。

那么，此刻花秋香登门所为何事呢？说来简单：今年4月，其夫董博智突发心脏病，撒手西归。花秋香嫁入董家虽已多年，但总归是续弦，而且没有生育。董老板一死，“清昌斋”便由长子董琰昌继承，其余财产，概由次子、幼子接管。旧时结婚早，这三个前妻所生的儿子自己的子女亦已有两三个，尽管还同住一座大宅院，但连花秋香已经是四个小家庭了。那三户的妯娌联合起来，不时给花秋香这个名义上的老妈出一些难题。花秋香是知识分子出身，不笨，所嫁的两任丈夫，一是旧军官，一是古玩商，数十年厮守下来，不说口授身传，光是耳濡目染也学会了一套识人本领，当下一看便知对方的意图——要把她撵走。丈夫死后她也正好产生了叶落归根之念，想回金陵故乡安度残生。被人赶走不如自己提出离开，花秋香便把三个名义上的儿子叫到一处，说了要回南京的想法。对于那三家来说，自然“正合吾意”。于是，三家便积极为花秋香返乡做准备，因其不是被扫地出门，再说她也有一些私有财产，所以准备下来，也有两口硕大的樟木箱子，外加一个大号旅行包。

花秋香到汉口长江客运码头一打听，去南京的轮船的始发港是重庆，按照一般情况抵达汉口客运码头是晚上十二点左右。花秋香谢绝了三子的送行好意，说还是自己解决为好。那么，花秋香想怎么解决呢？她不但考虑了如何去码头之事，还考虑了旅途的安全。思来想去，最后就想到了梅景道。于是，她就在这天下午踏进了梅景道的家门。

花秋香对梅景道说明来意，梅景道听后马上点头，说花姨我义务送您去南京，一直送到家门口，不要一文钱。花秋香说小梅你答应出这趟差阿姨就非常高兴了，不要说什么义务。梅、董两家已经交往了百多年，这种差使从来没有义务的说法，咱们还是照老祖宗留下的规矩办吧。这样吧，你不要嫌少——把我送到南京，我支付你一百万元（此系旧版人民币，与新版人民币的兑换比率为10000∶1，下同），行吗？她见梅景道无异议，当即掏出一沓钞票，请梅景道去汉口码头购买两张到南京的三等舱船票。

1949年9月3日，是动身的日子。梅景道按照与花秋香的约定，当晚十点过后，踩着三轮车前往竹牌巷接了花氏。从董家所在的竹牌巷到汉口客运码头，大约四公里。六十多年前的那一带，虽有沿江公路，但一到晚上便冷冷清清，昏黄的路灯时有时无。行不多久，当三轮车过了利济路口进入一片路灯损坏的黑暗地带时，发生情况了——一辆载着两个男子的自行车从前方迎面驶来，忽地一个刹车拦在三轮车前。梅景道下意识地按下了三角架上的手闸。对方手上忽然像变魔术似的亮出一支手枪："别动！"

与此同时，另一个男子也亮出了手枪对准坐在后面的花秋香："敢动，要你命！"

梅景道还没回过神来，对方已经厉声下令："把车推那边去！"他未持枪的左手，指着左侧路边空地上的一棵高大茂盛的水杉树。

事实证明镖师后人梅景道缺乏镖师祖辈的那份骁勇和机智，面对着劫匪的枪口，他觉得自己的脑子里一片空白，几乎是下意识地服从了对方的指令，一手把持车龙头，一手扯着车座，乖乖地把三轮车推向指定的位置。至于花秋香，已经被这突如其来的变故吓得几近昏迷，只觉得自己的耳朵里像是被灌了水，与外界的声波传输几乎被切断，稍停只听见有人说了句什么，车就停下了。

花秋香没听清的这句话是劫匪对梅景道说的，这时三轮车已推到大树下面，对方喝令梅景道停下，双手抱头就地蹲下。梅景道遵命照办后，花秋香被另一个劫匪扯下了车，喝令其蹲在梅景道旁边。劫匪显然是事先商量过分工的，当下一个持枪看守梅、花二人，另一个则把花秋香的那两口樟木箱子从三轮车上搬到地面，从怀中抽出匕首，割断了箱子外面团团包裹着的草绳，见搭扣上是上着挂锁的，便命花秋香交出钥匙。他用钥匙打开挂锁后掀开箱子，借着从枝叶间透入的月光，快速翻检，把一件件物品取出，丢扔于地。很快，一口箱子翻检完了，接着又翻检另一口箱子。翻了一半，一声欢呼“有了”，便双手捧起一口沉甸甸的白铜匣子，放在第一口木箱的箱盖上，揭开匣盖，匣内紫色锦缎内衬上平放着上下两叠黄金条块，一共十块。

两个劫匪得手后，随即飞身上了自行车，转眼就消失在一片昏暗中。

二、分析和调查

被劫黄金共一百两，以当时每两市价九十六万元计算，共值九千六百万元，合新版人民币九千六百元。这是1949年全国已解放省市所发生的案值最大的一起抢劫案。武汉市人民政府公安局第二分局接到报案后，一面指派刑警火速前往现场，一面立刻向市局急报。当时的武汉市与湖北省无涉，直接隶属于中南军政委员会，市公安局的上级业务领导是中南公安部。这等大案，自然要立即向中南公安部报告。中南公安部值班室不敢延误，即刻报告卜盛光部长。卜部长下令：立即从武汉市公安局和案发地第二分局抽调精干刑警组建专案组侦查该案，由中南公安部派干部担任专案组领导，尽快破案，缉获劫匪，追回赃金。

专案组由二十三名刑警组成，组长由中南公安部章治国处长担任，武汉市公安局刑侦处第二科科长刘行博任副组长。午夜时分，案件发生后大约一个半小时，专案组刑警已经全部到位，举行首次案情分析会。

副组长刘行博主持会议，他先把各人介绍了一遍，然后让参加勘查现场的刑警把相关情况作了介绍，主要是以下几点：第一，梅、花二人夜行原因和案发情况（前面已有交代，这里省略）。第二，现场获取案犯仓促间失落的钥匙一串；从那两口木箱以及被翻检的物品上提取到了其中一名劫匪的指纹。第三，梅、花二人根据在朦胧的月光中所见情形，提供了两名劫匪的特征，他们的年龄差不多都在二十五至三十岁之间。一个瘦高个儿，声音尖细，公鸭嗓子，头发有点儿长，穿一件浅蓝色有领短袖针织衫，米黄色卡其布西装短裤；另一个稍矮，身板较厚，嗓音低沉，剪平顶头，有一对招风的大耳朵，穿一条黑色香云纱长裤，白色短袖衬衫的下摆塞在裤腰内。由于苦主精神高度紧张，未曾注意他们所穿的鞋子。第四，根据梅、花二人对劫匪所持手枪的描述，初步判断那个瘦高个儿拿的是左轮手枪，平顶头拿的是一支勃朗宁。第五，二劫匪作案时所骑的那辆自行车，后车轮挡泥板下半截的白色喷漆上有红色字迹，因为稍有距离且字体较小，苦主未能看清，印象中是有一个小括号里面写着两个汉字，小括号下面也有三四个汉字。刑警判断这是某个单位的公车。

章治国是卜盛光部长的老部下，八路军129师保卫部出身，跟着卜盛光一路走进了中南公安部，多年的斗争实践养成了不凡的思维能力。

当下，他一边听刑警汇报情况，一边思考，待到汇报结束，就已经找到了调查本案的第一个切入口：花秋香离开武汉前往南京老家定居的信息散布范围和对象，只有知晓这个信息的人，才会留意她有什么东西要带往南京。据花秋香向刑警陈述，她这一百两黄金是她的第一任丈夫留给她的遗产，一直放在身边保存着，再婚时带往董家，但从未向包括丈夫在内的任何人提起过，相信无人知晓。但是，这次抢劫案的发生表明这个重要秘密不但已被他人所知，而且人家料到她此番必把黄金带往南京，于是就起了拦路抢劫之念。

章治国以上述内容作为案情分析会的开头，其他刑警纷纷开腔，顺着章治国的思路往下延伸，所说的内容归纳为以下四条调查措施：

第一条，案犯在得知花秋香即将携金回南京老家的消息后，策划了这起拦路抢劫案，作案快捷、顺利，耗时颇短，整个过程简直可以用“行云流水”来形容，这说明案犯准确掌握了花秋香动身前往码头的一应信息。这只有那几天一直在留意花秋香一举一动的人才能做到。这一点加上之前所说的“知晓花秋香有黄金遗产”信息的情况，初步可以推断案犯（并不局限于出面下手的那两个劫匪）就在花秋香的周围人群中，很有可能是跟花秋香经常甚至长期相处的人。于是，董家三个儿子及其眷属以及若干邻居就被列入了需要调查的名单中。

第二条，调查镖师后人梅景道，之前刑警分别询问时已经了解到花秋香在去雇请梅景道前并不知道他改行做车夫，但是知晓这个被其视为侄辈的青年已经失业，寻思他应该是有空护送自己回南京的，所以就动了拜访的念头。花秋香的思路比较清晰，她在面对刑警反复询问梅景道与其接触的细节时，意识到人家对他产生了怀疑，于是发表了自己的意见：小梅应该跟劫金案无涉，因为关于她藏金之事，连其第二任丈夫生前都毫不知晓，所以，梅景道肯定不可能知道；而她在跟梅景道说起这次回乡定居时所要携带的行李时，也根本没有说过具体有些什么物件，只以“有两口箱子、一个旅行包”予以概括，当时梅景道听后只是点了点头，指着那辆新的三轮车说他有车，到时候去接她。既然梅景道无从知晓她藏金秘密，那就不可能生出劫金邪念。说到这里，花秋香自设了一个问题：会不会是并非专门针对黄金而策划的抢劫行为，劫金之举仅仅是偶然发现那口铜匣后才实施的？然后自己回答：不可能。从劫匪作案经过可以看出，他们就是冲着黄金来的，两口箱子里还有董老板留给她的一只宣德炉、三件象牙古雕，都是比较值钱的古董，那个负责翻检的劫匪却是视若无睹。另外还有一个放若干金银首饰的小缎盒，也没拿。

刑警认为花秋香的说法不无道理，当然，面对这样的大案，像梅景道这样的角色掺和在里面，不管有多少条理由摆在面前，都是需要对其进行查摸的。必须有充分确凿的证据表明他与案件无涉，才可以排除对他的怀疑。因此，专案组决定严密调查梅景道。

第三条，鉴于劫匪作案时所使用的自行车具有公车的特征，所以有必要调查全市各单位自行车保管和使用情况，据此发现线索，顺藤摸瓜开展往下的调查。

第四条，不能排除劫匪在作案后立刻把赃金出手的可能，这种出手方式通常会是出售、改造，以及以金易物和折抵款项实物的典当行为。因此，须在全市范围内对金铺、典当、银行等进行布控，并且严密注意金银外钞地下交易市场的此类交易情况。

至于劫匪在现场遗落的那串钥匙以及被提取到的指纹，眼下尚不能作为调查的条件，暂搁一边。

章治国、刘行博稍稍商量后，对上述各项调查工作的警员分配作了安排。次日，一干刑警按照分工出动，各自进行调查。

对董家成员的调查这一路分为四拨刑警：一拨是专案组组长章治国和刑警彭信扬、诸葛峰三人前往董家老大董琰昌执掌的“清昌斋”古玩铺找董老板了解情况；另一拨则由副组长刘行博和刑警老李、小杨等一行六人去竹牌巷董家向董家三妯娌调查；另外两拨则分别去了董家老二董琰恕、老三董琰远所供职的汉阳“大茂公司”和武昌丁字桥“荣昌私立职业学校”。

四十七岁的董琰昌自初中毕业后就开始随父经营古玩，浸淫商海三十年。董老板一边给刑警沏茶，一边说昨晚发生了那么大事情，他知道刑警必定会来调查。章治国跟董老板宛若好友聊天似的谈了个把小时，把董家内部的关系以及与花秋香的瓜葛初步查摸了一个大概。

董氏三兄弟的性格与其父相似，最为突出的就是惧内。不过，两代人的感受截然不同，老爸董博智在这方面堪称运气绝佳，因为他所娶的两任妻子性格都很温和，天生一副菩萨心肠，她们跟丈夫的关系属于“两情相悦，相敬如宾”，如此，董老爷子的惧内倒成了调剂夫妻感情的润滑剂，使他受益不浅。可是，他的三个儿子却没有这份福气了。三兄弟所娶的妻室一个比一个蛮横凶悍，他们的惧内就成了各自老婆河东狮吼的助推剂。幸亏董老爷子性格中另备一份特点，而且据算命先生讲他跟三个儿媳妇属于“命中犯克”，是压得住她们性气的——当然，这是迷信，其实真正的原因是老爷子手中掌握着全家的财政大权，他时常喜欢动用经济杠杆来压制和管理家政。因此，三个儿媳妇不敢在公公面前放肆，长期以来只能私下发作——变相虐待丈夫，借“教育”子女发泄对公公婆婆的不满，再就是互相之间进行地下争斗。

那么，三个儿媳妇是否跟昨晚发生的劫金案有涉呢？董琰昌认为老二、老三的妻子似乎都有涉案嫌疑——

先说老二董琰恕的妻子孟慧琴，她不单人长得俏丽，还擅长吹拉弹唱，而且水平不是一般的高。人们打听之下，方才知道她竟是出身梨园世家，六岁就已学艺，吹拉弹唱无不精通。不过，孟慧琴却从未登过台演过戏，也没客串过伴奏什么的，甚至连票友也不是。旧时的艺人社会地位低，其父不想让这个娇贵的独生女儿蹚这摊浑水，宁可放在家里养着。一直养到二十四岁上方才嫁给董家。她的出现，在充分满足董家老二虚荣心的同时，也给他带来了一份副产品——绿帽子。

孟父晚年已经不再唱戏，凭着名气和本领，做起了教师爷。老爷子多才多艺，唱戏，戏路子广，主打老生，客串武生、丑角；乐器，琴、弦、笙、笛无不精通，所以收的学生也杂，专业艺人、票友、玩家都有。孟慧琴闲着无事，随父学乐器，数年下来，也达到了专业水平。之后，她协助老爸辅导那些非专业学生，一直到二十四岁那年出嫁。试想，以孟慧琴当时的年龄、相貌，整天跟那些以纨绔子弟为主的非专业学生（都是富家子弟、风流玩客）待在一起，哪有不出事的？据说她嫁到董家之前，已经打过三次胎。

婚后，孟慧琴见丈夫生性怯懦，便不把他当回事，继续与以前的相好来往，其中有两个对象是固定的。董琰昌听其妻秦淑娟私下嘀咕了几次，决定对此进行调查，便委托朋友跟踪了孟慧琴一段时间，终于摸清了情况，证实她确实屡屡出轨，与至少五名男子有染，其中两名是老相好，三名是婚后回娘家时新结识的孟老爷子的学生。当时，董老爷子尚健在，但对董琰昌的小报告没有表态，董老大便明白老爷子已经没有精力料理家务事了，他也就适可而止了。

可是，董琰昌想适可而止，孟慧琴却不想太平。两个月前，董琰昌的妻子秦淑娟与老三的妻子陶应珍陪同婆婆花秋香去归元寺烧香，因孟慧琴是信道教的，所以没随行。她说要回娘家，而且确实是在门口雇了辆三轮车坐上去后吩咐车夫往娘家所在地踩的。可是，下午董琰昌听店员李晓山说，午后他从外面办事回来，路过同德里“正兴馆”时，看见孟慧琴与一个风度翩翩的男子挽肘而出，两人脸色都有些红，显然是喝过酒了。那个男子，李晓山认识，是唱武生的资深票友袁少君。董琰昌当时听了很恼火，最初是想跟老二谈一下让他注意监管妻子，甚至还想叫上老三一起对老二施加压力，但转念一想也就算了，多一事不如少一事吧。武汉解放后，古玩生意滑坡，还是把心思放在经营上为妥。

这事过去半个多月，大暑那天，董琰昌去工商联开会时，听到一个消息：“袁隆昌金店”经营不善，面临倒闭。董琰昌当时听了心里一动，因为“袁隆昌金店”的老板袁思量就是袁少君的父亲，不知金店经营不善是否跟袁少君与孟慧琴的轧姘头有关？如果有关，那只怕就会牵连到他们整个董氏家族。于是，董琰昌就多生了一个心眼，表面上不露声色，暗地里却打听这个消息的真实情况。最后终于弄清楚所谓“经营不善”的原因：袁少君一年前练功时摔伤了一条腿，一直没有恢复到位，便从此告别了舞台。他闲着无事，便沾上了赌博，最后竟倾家荡产，在不到一年的时间里就债台高筑。

袁思量一心扑在生意上，根本没留心儿子的玩法已经转型，等到听见风声想要过问时，已经迟了。他担心债主讨上门来，就放出风声称金店经营不善，准备歇业。而武汉解放后金店的生意确实不如以前，所以袁老板放出风声后还真准备关门。

本来，董琰昌也没将此当作一回事，但现在发生了继母黄金被抢劫的案子，就想起了袁少君，此刻刑警登门调查，他就有必要把这一情况向刑警反映了。

接着，董琰昌又说了其认为老三董琰远的妻子陶应珍也可能涉案的理由：

陶应珍是武昌“富源泰商行”老板陶瑟兰的女儿，“富源泰商行”

是一家只有两个门面的店铺，经营杂货，算不上什么显赫。不过，陶瑟兰在武汉三镇颇有些名气，因为他是青帮头目，是在上海出的道，据说与沪上大亨杜月笙是同门，杜氏唤其师兄。后来他回到武汉，自立山门开香堂广收徒弟。武汉三镇近二十年的起码二十起引起警察局重视的案子都与其有关，但他竟然从未折进过局子，由此可见其根底之深。陶瑟兰所犯的事儿，如果活到解放后，那肯定是要挨枪子儿的，因为一直跟随其作恶的大弟子李鑫发在武汉解放后的第三天就被捕了，一个月后即被军管会判处死刑执行枪决了。不过陶瑟兰倒是逃过了血光之灾，他在武汉解放前一个月便已经病亡。

陶应珍这个出身于帮会头子家庭的女子，性格酷似其父，天生一股霸气。所以，秦淑娟、孟慧琴一般当面都让其三分，陶应珍便在董家形成了说一不二的气场，除了公公董博智，她谁都不让。不过，陶应珍倒还有其父的那份老江湖行事风格，知道见好就收适可而止，所以，当武汉解放后有人登门拜访她，甚至被她安排在家里的男佣住处住过一夜而没向派出所报临时户口后，秦、孟二人也没向天天下基层了解治安情况的户籍警报告。

此刻，董琰昌要向刑警提供的嫌疑对象，就是那个在一周前前往董家拜访陶应珍的男子。董琰昌当时正好去信阳办事没在武汉，所以没跟该男子见面。事后，其妻秦淑娟告诉他此事，说该男子对陶应珍很恭敬，唤其姐姐，不过陶应珍没称他为兄或弟，只是叫他小钉子，不知两人是什么关系。当时，董琰昌听在耳里，没有吭声，心里却是一动：这次他出差信阳回来时，在火车站看见新张贴出的武汉市军管会的通缉令中有彭子益其名，还注明“绰号小钉子”。由此可见，小钉子这厮是逃犯，走投无路之际撞到董家门上找陶应珍躲了一天。要说董琰昌的法治观念应该是有的，可他不想为此事得罪弟弟、弟媳，这事说小也小，说大也大，一旦政府真的要追究起来，那是有可能把陶应珍拘进去的，那就有辱董家门风了。

好在当董琰昌知道此事时，小钉子已经离开了。董琰昌心里一松，只盼那厮远走高飞，免得哪天一旦落网嘴巴不紧交代出曾在董家落脚过一天一夜，只怕警察就要登门调查了。可是，哪知仅仅过了数日，这边就摊上了大事，继母黄金被劫，眼下还真难说这个案子跟小钉子的到访究竟有没有关系。董琰昌便丢弃了之前的那份顾虑，寻思还是照实向警察反映了吧，免得以后说他知情不报，那就吃不了兜着走了。

前往调查的专案组组长章治国和刑警彭信扬、诸葛峰听到这里，迅速交换了一下眼色：这个怀疑可以作为重点来看待。根据向花秋香的详细了解，她说在准备行李的那几天里，为防止被人窥探，她对家人佯称自己身体不适，白天很少露面，一直待在自己的卧室里，甚至有几餐饭食都是让女佣送到房间里去吃的。收拾行李都是晚上进行的，而且选在下半夜夜深人静的时候。收拾到那百两黄金的时候，她曾听见过卧室窗外似有轻微声响。当时，她一个激灵之后，当即扯开床上的一条被单遮住黄金，然后打开窗户向外查看，并无动静，想想还是不放心，又开门往外探身查看，亦无异样。她定定神，暗忖那是老鼠溜过了，这才把窗帘蒙得严严实实后再作收拾。巧的是，那一夜正是小钉子留宿董宅的那晚。由于她那天没和全家一起用餐，所以不知道家里来了外人，也就没跟刑警提及。

与此同时，副组长刘行博和刑警老李、小杨等一行六人在对董家三妯娌分别进行调查的时候，也有收获。秦淑娟、孟慧琴对陶应珍的态度跟董琰昌相同，之前虑及相互之间的关系，没向户籍警报告，因为她们并不知道小钉子是被公安局通缉的逃犯。可是，眼前这件事儿实在太大了，两人便都说到了陶应珍曾容留过小钉子之事。当然，刑警在接触陶应珍时，她也说到了她对大嫂秦淑娟的怀疑，这个情况是董琰昌没有向刑警说到过的——秦淑娟的老爸曾是武汉地区出了名的收赃大佬！

三、逃犯小钉子

秦淑娟的父亲名叫秦隐峰，湖南株洲人氏，早年拜师习练巫家拳，据说颇有成就，实战能力比较强。可是，出师之后，在社会上多行不轨，欺男霸女，不服师门管教。于是，巫家拳掌门人就按照本门的戒律，废其功夫。秦隐峰唯恐遭到曾被他欺凌对象的报复，被迫离开湖南，悄悄来到武汉，从事一份社会地位卑微的职业——收破烂。不能否定秦隐峰性格中的另一面，即坚忍、吃苦和精明，凭着这三点，他在十年间把自己变成了一个掌握着武汉三镇三分之一废品收购和处置权的把头，而且还是当时湖北较有名气的帮会组织“必复堂”的中层头目。这年，他三十挂零，事业有成，遂购房娶妻，当年便生下了大女儿秦淑娟。

秦隐峰与“清昌斋”老当家董博智的结识，跟两人所从事的职业有关。那个年代像秦隐峰这样有眼光的破烂王很容易收到古董赃物，收到后就要找下家以合适价位出售。按照行规，正规的古玩店铺是不能收赃的。不过，也有古玩店铺玩曲线，不从盗贼手里收货，而从收破烂那里买下他们暗地里收购的赃物，先付一笔定金，暂不取货。放上两三年后再收货并付清余款，然后作为本字号的珍藏品推出。这种玩曲线的古玩店铺在整个古玩行业中极少，而“清昌斋”恰恰是其中之一。董琰昌与秦隐峰的交往由此开始，随着一次次合作的成功，他们之间的友情也日渐增加，最后竟然成了铁哥们儿。

董琰昌与秦淑娟的婚姻就是在双方老爸的这种交情中确定的，据说两人成亲时，秦隐峰为防别人看不起他的出身，陪嫁的嫁妆特别丰厚，具体有些什么外人不清楚，坊间传说的价值可开一家不大不小的中型商铺。不过，这份财富后来又花到了秦隐峰身上，老家伙在抗战胜利后被清算出其出任日伪政权伪职的汉奸罪行，秦淑娟为营救其父，把全部嫁妆和私房钱都拿出来请人疏通，最后以“因病保释”的名义恢复了自由。不过，秦隐峰的家产已经全部被没收，而且已被帮会除名，为谋生计，他重新做起了破烂王。但由于秦隐峰已经声名狼藉，以前素有来往的那些江湖有名的盗贼已不屑与其交往，他只能跟一些小偷毛贼打交道。不过，老家伙有老而弥坚之势，三四年折腾下来，他又建立了一定的势力。

三妯娌在长期的交往中就像一部活三国，互相之间的敌友关系经常变换，对立时水火不容，怒目相视；亲密时可达割头换颈，无话不谈。陶应珍告诉刑警的以上情况，就是秦淑娟在有一次吃了孟慧琴的亏后拉拢她联手对付孟慧琴时请她去外面喝咖啡时透露的。

专案组决定集中力量循着小钉子那条线调查，兵分两路，一路是以派出所调查情况为名传讯陶应珍，另一路是直接调查小钉子。

陶应珍听刑警一说小钉子曾去过她家之事，毫不慌张，遂告诉刑警：小钉子名叫彭子益，二十三岁，湖北巴东人氏，是十年前一个偶然机会被她的父亲陶瑟兰看中的。当时小钉子是一个流落到武汉来行乞的小叫花儿，一天晚上路遇帮会火并截杀陶瑟兰。当时的情势有些惊险，陶的两个保镖都已被乱枪击毙，他自己也中弹，肠子流出，血流如注，昏迷在路边。小钉子这时恰巧经过，从已死的保镖身上解下腰带，先把陶的肠子塞回腹腔，用他那口要饭的粗瓷碗反扣伤口后再用腰带扎住。然后，他从痛醒的伤者口中得知电话后，奔到附近一家工厂央求人家打电话。陶瑟兰的手下闻讯赶到，将陶送进医院。医生说若不是这番急救措施，陶必死无疑。于是，陶瑟兰决定违背自己已经立下的“不再收徒”的誓言，破例把小钉子收为关门弟子，并将其安置在“富源泰商行”学着做事。

那么，小钉子来找陶应珍干什么呢？她也有一番说辞：武汉解放后，军管会把父亲遗留下的商行没收了。商行的伙计都是陶瑟兰的帮会徒弟，当时立刻全部遣散。小钉子于是失业，这段日子流落在江湖上四处奔波，想筹措旅费去南方谋生。这是小钉子这次去见陶应珍时告诉她的。他没有说究竟打算去哪里，但陶应珍猜测他可能是想去海外，如果是去广州的话那就不必非要筹措旅费了。要想偷渡，或者打点黑社会，那就得花钱，而且是花较大数额的金钱，还得是“黄白绿”（即黄金白银和美钞）。小钉子来找陶应珍筹措钱款，陶应珍说没问题，她在外面有一笔账款，对方答应这两天要还，让小钉子多住几天，到时候把钱拿去。小钉子当时听了双目闪光，透出渴望之欲。可是，次日早晨陶应珍刚起来，就接到董宅佣人老安转告的小钉子留下的话，一大早他就离开了，他有点儿急事，得赶紧去办，原谅他的不辞而别。

几位刑警听到这里，很自然地作出了推断：上一天晚上小钉子留宿董家时，半夜曾起来在宅内转悠，最初的用意估计是想找些可以窃取的值钱物品，而在转悠的过程中无意间发现了花秋香在整理行李时打开那个盛放百两黄金的小铜匣的一幕，于是见财起意，有了打劫黄金的想法。这笔“买卖”可是千载难逢，他得赶紧做准备，因此次日早晨等不及陶应珍起床就匆匆离开了。这当然不是凭空演绎，而是有陶应珍的陈述作为依据：陶应珍跟小钉子聊天时曾说起过花秋香将于近日去南京，且再也不回武汉之事。

另一路刑警也获得了一些情况：据市局专门侦查帮会黑道的刑侦处第五科同志介绍，陶瑟兰系武汉一霸，其生前与大弟子李鑫发狼狈为奸，作恶多端，其手下有彭子益等近二十名骨干分子为非作歹，因此，彭被定为这个恶霸犯罪团伙的主犯之一。该团伙的另外十七名嫌疑人中已有十五人被捕，一人自杀，一人病亡，只有彭子益在逃，刑警已经对他进行多日追捕，并无线索。这次市局发布通缉令抓捕重要案犯时，决定将其列入被通缉的三十名案犯之中。

向刑警介绍上述情况的是分管查缉彭子益的那个小组的组长老孙，专案组副组长刘行博听后，要求对方一旦发现彭子益的线索，即刻跟专案组联系。

老孙继续说道，日前他们已经查到彭子益的线索，他在前天——9月3日晚上曾在汉口客运码头露过面，这是他们的一个线人提供的情况。刘行博听后一个激灵，马上敬烟，要求对方作详细介绍，于是获知：那个线人是9月4日下午从一个姓王的扒手那里听说彭子益在汉口客运码头露过面的情况的，王某那天晚上去汉口客运码头撞运气，由于一直没有适合下手的机会，按照贼不走空的规矩，他就一直在码头耗着，直到碰上了彭子益。王某的年龄比彭大一倍，是个老扒手，在武汉扒手中也算是小有名气的人物。不过，按照帮会规矩，扒手是不能参加帮会的，所以他没有后台，又因生性内向，不善交友，所以在江湖上一直处于“放单吊”的境地，这就导致他见到帮会人物不得不点头哈腰。那天晚上，他正在码头候船室转悠时，突然劈面跟彭子益相遇。彭子益以前曾为朋友被窃钱包之事找过王某命其追回，王某相帮追回后，彭还给了他一条香烟。所以，两人还算熟悉。当时，彭子益看着王某，轻声说了一句话，王某就立马转身离开码头了。这句话是：“这么晚了，你可以回家去休息了。”——由此可见彭子益的厉害！

王某对道上的另一个人也有些惧怕，那就是老孙的那个线人钱某。钱某向来不跟他所看不起的人讲道理，一言不合就动手。他并非武林高手，据说连拳也没练过，不过这人天生敏捷，更兼胆大，有亡命之勇，动手多半伴随刀子，且动刀子的尺度掌握得很精准，通常都是在眨眼之间往人不紧要的部位捅一个不深不浅的窟窿，让人吸取血的教训。因为钱某从来没有捅死捅残过人，所以警察虽都知道此人，但由于没有接到报案（道上规矩，挨了刀向警方报案是塌面子之举，故不屑），他便从来没有折进过局子。钱某在道上赖以生存的就是凭此特长向偷盗者勒索钱财，江城道上行话谓之“吃佛”，据说他已经“吃”了十多年。武汉解放后，新政权刑警找到他，将其发展为线人。老孙要打听彭子益的消息，就动用了钱某。钱某四处打听，不得；这天正好遇见王某，随口一问，王某不敢隐瞒，就一五一十说了。老孙接着就去找了王某，他说了上述情况。

当下，刘行博等一干刑警自是兴奋，便按照老孙提供的地址，通过管段派出所传讯王某。原是满腔希望，指望顺藤摸瓜，一举破获这起大案。可是，他们失望了……

四、姘头密会

刘行博和刑警施琨、小杨在武昌丁字桥派出所跟王某见面。刘行博对王某很客气，请他坐下，递上事先已经泡好后凉着的绿茶。王某则掏出“红双喜”香烟散给众刑警。

因为有这个良好气氛的开头，所以谈话进行得很顺利。王某把他在汉口客运码头遇见彭子益的情况一五一十地说了说，并没有使刑警“一个激灵”的内容。临末，刘行博问他与彭子益相遇的时候大概是几点钟。王某说他没有表，不过他走出候船室的时候，记得大门口挂着的那口时钟上显示的是一点二十分。刘行博眉峰一耸：几点？一点二十分！

没看错？我这双眼睛，哪会看错呢。

王某离开后，刘行博摇了摇头，微叹一口气说，看来没戏，这案子不是姓彭的所作。小杨问为什么？道理很清楚：抢劫案发生于深夜十一点半左右，对于彭子益这样一个虽然年纪轻轻但出道已有十年的江湖老手来说，不会不想到这等大案发生后苦主立刻会报警，而公安肯定会对车站、码头等公共场所予以布控，如果这个案子是彭子益策划的，那两个案犯是受其指使而作的案，那么，他敢在案子发生后两小时来汉口客运码头转悠吗？不管出于什么原因，即使是携金外逃，他也不可能这样做。否则，姓彭的也不可能在刑侦五科对其开展查缉后，仍在法网之外逍遥这么些日子了。所以，我认为小钉子与本案无涉，他是在对该案毫不知情的情况下出于另一种目的去汉口客运码头的。

这番分析把其他几位刑警说得连连点头，都觉得不无道理。刘行博说这只是一种推理，说得准不准，还要看接下来的实际情况。这话题比较重要，回头得在案情分析会上好好分析一番，万一小钉子的脑子发生短路，他偏偏要剑走偏锋不按规则出牌的话，没准儿真的敢出这么一张牌，诱使我们分析出错。几人正讨论着，市局刑侦五科的老孙打来电话，说彭子益已经落网了，问专案组是否需要讯问。

刘行博问是在哪里抓到这主儿的。老孙说他们事先已经掌握了他的几个落脚地点和出入位置，早已作了布控，就等着他自己钻进罗网了。刘行博听后，当下立刻去市局讯问彭子益。

讯问下来的结果证实了刘行博之前的推断，彭并未参与劫金案，也根本不知道发生了这么一起案子。那么，他去董宅找陶应珍次晨又不辞而别是怎么回事呢？彭子益说他打算去广州，在那边寻找机会去香港或者澳门，想找陶应珍筹措钱款。陶应珍答应把她一笔借给别人的款子这几天收回来后给他，他很高兴，当晚就住下了。原先他确实是准备住在董家等候数日的，不过，当晚他做了一个梦，梦见自己被捕了。于是，他决定提前离开，钱款的事情过几天再说。

原本满怀希望的一个嫌疑对象给排除了，专案组上下自是人人沮丧。组长章治国说幸亏他们在小钉子身上耗费的时间不长，现在赶紧调头转向，重新部署对其他线索的调查。其他线索有三条：一是董家老大琰昌之妻秦淑娟的社会关系；二是董家老二琰恕之妻孟慧琴的社会关系；三是之前已经着手过但正在等候数据的一路——对涉案自行车的调查。从9月6日下午开始，专案组刑警分为三路，分别对这三条线索进行调查。

刑警彭信扬、葛汉松、老曹、小杨四人负责对秦淑娟之父秦隐峰进行调查。为防止打草惊蛇，他们先与其住宅地管段派出所联系。像秦隐峰这样的角色，乃是派出所的重点关注对象，户籍警老赵每天下巷子时都要问及。不过，老赵最近问得少了。因为秦老头儿在8月初的一个闷热难挨的傍晚，突然中风，急送医院经抢救侥幸留得性命，但已落下了半身不遂的后遗症，说话也含糊不清了。

彭信扬问，8月初，具体是几日？老赵还真不简单，张口就说那天是8月2日，星期二，秦隐峰是傍晚六点四十分被送的医院；第二天他还特地去医院跑了一趟，向医生了解一应情况，得知确实是脑中风。这个情况他在8月3日下班前的碰头会上也向所里汇报过，所里有记录的。彭信扬等听着，暗暗屈指一算，那时候花秋香还没决定几时动身，当然谈不上收拾行李，那个装黄金的小铜匣还没露过相，大儿媳秦淑娟不可能知晓，也不可能跟她老爸说起。往下，老头子已经瘫痪，秦淑娟即便暗中窥察到花秋香的藏金秘密而跟老头子说起，他也不可能策划作案了。如此看来，秦淑娟这条线索并无涉案可能。不过，一干刑警对此仍然存疑，觉得不解的是：既然秦老头儿早在8月2日就出事了，为什么董家那边谁也没有提起过呢？这不是反常吗？

于是，四个刑警分为两拨，分别向董家和秦家的邻居了解情况。临末，四刑警碰头汇合了解到的情况，一拨是这样的：秦家那边的邻居说秦隐峰与大女儿秦淑娟的关系一向很好，但最近发生了变化。因为秦老头儿预感到自己日暮西山，一天不如一天，便在今年阴历六月初六的天贶节那天，召集全家人借贺节为名当众宣布了遗嘱：他的所有财产死后留给儿子秦志得。另外两个女儿听了无言，只有大女儿秦淑娟听后当即像是踩着了地雷般一下子蹦了起来——当初抗战胜利后老头儿身陷大牢，她把全部嫁妆和私房钱都拿出来请人疏通方才得以营救出；老头儿感激涕零之余，当众宣布今后只要他有东山再起出头之日，百年之后所有家产全部归秦淑娟继承。这话仅仅隔了三年多，怎么就推翻了？当然，像秦隐峰这样的老江湖，自有他的一番说法，况且在场还有他请来的几个江湖老友，每人只轻轻说了数言，就把秦淑娟连吓带压地弄得不敢开腔了。这件事当天便由受秦老头儿指使的两个佣人传到了众邻居那里，附近的居民便人尽皆知。

另一拨了解到的情况是：六月初六秦淑娟从娘家贺节返回董家后，情绪明显低落，但没对任何人吐露什么，只称身体不适。因秦淑娟在娘家的地位一向突出，据其自称秦老头儿都是听她的，所以这事竟然瞒住了专事四处探听别人隐私的孟慧琴和陶应珍；邻居更是无从得知。于是，刑警没有探听到什么结果。不过，六月初六晚上秦淑娟赴宴回来的“情绪低落”足以可与前一拨刑警了解到的情况相佐证了。

这样，秦淑娟的这条线索也排除了。

与此同时，另一路刑警刘行博、诸葛峰、胡三相、老李正在对老二董琰恕之妻孟慧琴及其姘头袁少君进行调查。

调查从两个月前目睹孟慧琴与袁少君在“正兴馆”用过午餐后挽

肘出门的“清昌斋”店员老李开始，老李向刑警复述了他曾向董老板说过的那一幕，确认自己没有看错人，那二位确实是孟慧琴和袁少君。遗憾的是，除此以外，老李再也提供不出其他有用的细节。刑警便请管段派出所出面把孟慧琴传唤到派出所后与其谈话。副组长刘行博多生了一个心眼，叫上诸葛峰两人出面跟孟慧琴谈话，另外二位刑警不露面。孟慧琴有一种跟生人打交道时自来熟的天性，当下一见面听刘行博报出专案组侦查员的身份后，马上主动发问：“又是我婆婆被抢黄金的事儿吗?”不待刑警回答，又自顾说下去，意思是责怪婆婆保密工作做得太好，黄金藏了这么些年头儿竟然无人知晓，其实即便让家人知道了也没有啥的，小辈又不会向她提出分几两的；如果家里人知道的话，肯定会提醒琰昌哥派两三个伙计护送她去码头的，那就不至于出事了，现在弄得……刘行博打断了孟慧琴的唠叨，问此人你认识吗——随即在白纸上草书“袁少君”三字，推到她面前。孟慧琴见之，脸上笑容立刻消失，随即点头说认识。什么关系？关系？没有什么关系呀，就是认识而已，他经常到我娘家向老父请教一些事儿，见得多了，就认识了。留用刑警诸葛峰在一旁冷笑，用一口纯正的武汉话说，恐怕没那么简单吧，袁少爷在武汉三镇还是有些名气的，他跟你孟小姐什么关系，圈内人可都是心知肚明的。

孟慧琴是个豁得出的女人，见刑警把话说到这份儿上了，也就承认袁是她的“朋友”。刑警对此并无兴趣，他们关心的是与案子的关系，就问了最近一段时间两人的接触情况。孟慧琴说武汉解放以后，她跟袁少君的接触明显减少了，因为袁的心思已经不放在她身上，也不在演戏上，而是在赌博上，最近一段时间只见过一次面。说了时间，就是老李看见的那次。那天她出去购物，正好巧遇对方，又在午饭时间，两人就进饭馆一起用了午餐，天热，还喝了些啤酒。孟慧琴的陈述比较顺畅，神情也正常，刑警没有发现什么破绽，便结束谈话，让她离开。

这是刘行博事先预料之中的，孟慧琴是个对江湖有较多见识的角色，即使她涉案，在没有掌握其确凿证据的情况下，也是无法使其乖乖交代一应情况的。当然，事情并不那么简单，刘行博还留有后手——事先已经密嘱胡三相、老李在孟慧琴离开派出所后，暗暗跟踪，看她去哪里。这一跟，很快就有了结果，孟慧琴并未回家，而是径直去了袁宅，进去后待了十来分钟。临末是袁少君送其出门，招了一辆正巧路过的三轮车请她上车，嘴里一迭声“你放心，你放心”，然后握手而别。

这就引起了刑警的兴趣，通常说来，如果没有问题，孟慧琴有必要搞串供吗？于是，刑警果断决定二次传唤孟慧琴。

孟慧琴重新出现在刑警面前时，那份江湖见识就显示出来了。她矢口否认离开派出所后去跟袁少君见面，说她去附近百货公司转悠过，想买丝袜，没有看中，就回家了。孟慧琴没有想到，刑警同时传讯了袁少君。袁倒是很配合，有问必答，很快就道明了“你放心”的含义：袁少君确实因赌博而债台高筑，但没有外界所说的那么严重，否则，只怕他要么沉尸长江，要么远走高飞，反正不可能在武汉露面了。一个月前，其债主中的三个因历史问题捕的捕逃的逃，他的压力一下子减轻了一半以上。当然，对于像他这样虽然不算资深但赌资巨大的赌棍新秀来说，要他戒赌似乎是不可能的，他永远不会认输。所以，他想继续涉赌，把输掉的钱钞赢回来，而且还要有剩余，只有到那时才能考虑收手问题。袁少君就是本着这样的想法给孟慧琴寄了一封信，要孟慧琴看在多年情人的分儿上给他提供若干赌资，使他实现东山再起之梦。这封信里所说的内容，早在两个月前他们巧遇一起进饭馆吃饭时袁就跟孟说过了，孟倒很爽快，一口答应。不过袁又说不着急，这一阵儿他的赌运还不错，等到万一运气转换时输光了手头儿的赌资再向她求援。大约过了一个月，赌运真的不佳时，袁就写了那封信。孟很守信用，立刻把自己的私房钱和若干件陪嫁首饰悄悄送到了袁宅。

孟慧琴做此事当然是瞒着所有婆家人的，尽管董琰惣惧内，但这种事情若是穿帮，绿帽子加上钱财损失，他肯定是不能接受的。而且，秦淑娟和陶应珍都不是省油的灯，那大伯、小叔也不会袖手旁观，届时一场家族内战发生起来，恐怕她只能逃回娘家避祸，会不会被董琰惣休掉还是一个未知数。因此，孟慧琴在被刑警传唤过离开派出所后，寻思他们肯定要去找袁少君调查。这倒无所谓，刑警说过他们无意也无权过问两人的生活作风问题，袁少君将其原原本本和盘托出也没啥了不起。她顾虑的是刑警在对董家人继续调查时会不会泄露此事，那就可能会出现自己担心的状况了。这样想着，孟慧琴决定立刻去一趟袁家，让袁和她统一口径，对曾资助他赌资之事向刑警只字不提。哪知袁当时答应得好好的，临末被刑警提溜过去，秋风黑脸几下喝问，他就挺不住道出了实情。

刑警没想到孟慧琴竟是那么执拗，这么一个跟案情无涉的情节，她竟然硬顶着不肯松口。几个回合后没办法，刑警只好让袁和孟当面对质。要说孟的性子还真有些烈，听袁一说，她竟倏地从椅子上一跃而起，以迅雷不及掩耳之势给了袁一个拳头。要不是袁练过武功避让得快，没准儿当胸挨这一下吐血也难说。接下来刑警就不得不用手铐把孟铐在椅子扶手上继续进行谈话了，到这一步孟也就实话实说了，按照刑警的要求她把另外四个情人的情况也一五一十地说了说。而另一间屋子里，袁也根据刑警的要求把自己这一阵儿的日常活动情况详细交代了。

刑警对两人交代的情况进行了详尽调查，没有发现涉案线索，于是，这条线索也被排除了。孟慧琴在传唤当天被留置于派出所，次日上午就通知其丈夫把她领回去了。袁少君就没那么幸运了，虽然他与黄金抢劫案无涉，但他的赌博行为情节较重，专案组将其转给了分局治安科作另案处理。

五、调查公车

与此同时，刑警柳扬絮、孙阿模、张敬君、施琨四人正在进行另一路调查——查摸案犯作案时所使用的那辆公车。

解放初期，公车通常是“公家自行车”的简称。这个公家，除了机关，还包括国营工矿企业、医院、学校等单位。前面说过，据苦主事后回忆，两个抢劫犯作案时骑的那辆自行车的后轮挡泥板上用红色油漆写着似是代表公车的字样，由于现场光线暗淡未能看清是哪个单位的。最初案情分析时，专案组就将此作为调查的线索，并且当即予以落实，交由刑警柳扬絮、孙阿模、张敬君三人负责查摸。三刑警甫一沾手，就发现这活儿听着很容易，但去税务局一了解，马上发觉此念有错：税务人员告诉他们，今年（1949 年）的自行车牌照税在年初已由旧政权税务机构征收了，新政权是为人民服务的，当然不能再收一次，所以得到明年再征收牌照税。

你们税务机关应该有接管旧税务时的资料吧？刑警当时想得有点儿美：把这些公车资料抄录一份，上面哪个单位有几辆公车自是都写得明明白白。可是，人家的回答是：公车不征税的，税务部门便没有这方面的资料。如果要查，倒是你们公安局内部有每辆自行车上牌照时填写的表格，公安局肯定有统计资料的。公车也是要上牌照的，这个在旧社会就有规定了。

于是，三刑警回身去市公安局交警部门查档案。没想到这种档案属于次要品，接管旧警察局时的档案目录上倒是有显示，但档案具体放到哪儿就不清楚了。因为武汉解放后，本地以及全国已经解放地区的社会部、公安局、政府等都派人前来本市查档，市局档案室同志应接不暇，忙不过来时还叫上外调人员和他们一起去档案库房查寻需要调阅的档案。这些档案原本就没有分门别类理得整整齐齐，经此一折腾，类似自行车牌照材料这样不重要的交通档案，便不知被压到哪类档案的底下去了。组长章治国听说这活儿耗时费劲儿，又给增拨了一名刑警。

一干人在档案库房里翻腾了两天，又闷又热，事先准备的口罩根本没法儿用，肺腑自是吸入了大量携带霉菌的灰尘，最后总算找到了公车统计材料，抄录下来一数，全市各公家单位一共接管了两千三百辆自行车。到底哪辆是曾经被案犯用来作为抢劫黄金时的交通工具呢？几人讨论下来，倾向于一种看法：很有可能是其中的某一辆失窃车辆。

9月8日下午，刑警从自行车失窃登记材料中查到截止黄金抢劫案发生次日的9月4日为止，武汉全市自解放以来共有十九辆公车失窃，其中十五辆已经在黄金抢劫案发生前被追回。几位刑警中的负责人柳扬絮立刻向两位组长章治国、刘行博汇报情况，说下一步准备盯着那四辆失窃的公车展开调查，相信其中一辆就是劫匪用来作案的，便可以顺藤摸瓜追查案犯。章治国听了没吭声，刘行博则缓缓摇头，说这活儿看似简单，只怕真的干起来没那么容易吧。别看一辆自行车，在武汉这么大一块地盘上要查到下落，可能不是几天内就能拿得下来的呢。老章你看呢？

章治国看着柳扬絮，突然发问："这四辆自行车都是几时被窃的？"

"有两辆是7月间失窃的；另外两辆，一辆是8月上旬失窃的，一辆失窃于黄金抢劫案发生前两天的9月1日，我们准备先盯着这辆自行车追查。"

章治国笑笑："你以为劫匪那么愚蠢，偷了那辆自行车会让挡泥板上面的字迹继续保留，提醒别人‘这是一辆公车’？”

此语一出，柳扬絮顿时脸红。的确，他们在分析案情时，忘记了这一点：据苦主回忆，那辆涉案的自行车挡泥板上的红色油漆字样未曾去掉。通常窃贼偷盗公车后，不管用于销赃还是自己骑行，所要做的第一个动作应该是先把公车记号消除，否则，那是很容易穿帮的。

章治国说：“这活儿还得多花点儿劲儿，我再给你派两人，你们可以分头到下面有公车的单位去调查。查摸得越仔细越好，具体怎么做，你们自己研究一下。”

大伙儿议了一会儿便议出一个法子：几人分头跑遍武汉三镇所有有公车的单位，把每一辆公车都一一检查到，并且了解清楚案发当晚各单位的公车是否都保存完好没被盗窃或者被偷偷使用。

这一查，花了整整两天，直到9月10日傍晚方才查完。情况是：档案里所记载的两千三百辆公车一辆没少，还多出了十七辆，那是单位因公车不够用而自行添置的，还未来得及去上牌照。这些自行车，都由持有单位后勤行政部门负责管理，没有一辆归私人长期使用。刑警跟每个单位负责管理自行车的工作人员都接触过，一一谈话，还做了笔录，每个被谈话者都信誓旦旦地保证本单位的公车不可能涉案。

柳扬絮一脸沮丧地去向专案组组长章治国汇报调查结果，章治国问你们查看自行车时留心过钥匙吗？柳扬絮一怔，寻思领导这话问得似乎令人不解。

柳扬絮没想到，此刻在章治国看来，自行车钥匙跟涉案车还真有关系。半个小时前，花秋香来专案组驻地求见领导，说有情况要反映。花秋香反映的情况跟劫匪作案时使用的自行车有关。她说这几天自己吃不好睡不着，不管白天黑夜，只要一合上眼睛，眼前就会出现案发当晚遭遇抢劫的那幕情景。昨天下半夜，她勉强睡了一会儿醒来后，再也睡不着了，眼前照例映现出被劫时的情景。脑子里忽然闪现出那辆涉案自行车的车锁来。当时的自行车一般都使用锁闸，这种锁具在打开时钥匙是自动咬合不能拔出的，只有在锁合后才能够拔出。由于钥匙小，人们通常会在上面穿一个小挂件防止掉落。花秋香深夜回忆起来的就是那把车钥匙上的小挂件——一条用红色玻璃丝带编织的小金鱼。当时，梅景道被劫匪喝令双手抱头蹲于地上，而劫匪虽然让花秋香蹲在梅景道的旁边，但没让其抱头，她由于年龄大蹲不住而坐在地上。劫匪翻腾行李时，花秋香的脑子里一片空白，双眼呆滞地盯着眼前很小的一块视野，视野中有自行车后挡泥板、大半个后车轮、车锁及挂在锁眼里的钥匙和钥匙上的小挂件。

章治国对花秋香提供的这个细节很是重视，正要跟柳扬絮联系时，柳扬絮就来汇报调查结果了。于是，他把这个细节告知了柳扬絮，让刑警循着这条细小线索继续开展调查。

刑警通过调查发现全市的公车中有三辆公车的钥匙上系着一条用红色玻璃丝带编织的小金鱼，这三把钥匙所系连的公车，分别属于湖北省立传染病医院、省一中和市卫生局。这三个单位，分别拥有三辆、两辆、五辆公车，其中的车钥匙各有一把系着一条小金鱼。所谓玻璃丝，是当时属于高科技新产品的塑料商品中的一种彩色线，“二战”后从海外逐渐流进国内，由于透明晶莹，民间称之为“玻璃丝”。通常说来，这种编织的小金鱼是不大会被人系在公车钥匙上的，那这三把钥匙上的小金鱼是怎么回事呢？刑警了解下来，得知传染病医院公车钥匙上的那条小金鱼，是一个女病人在住院三个月病情得到控制后8月下旬出院时为表谢意从自己的钥匙串上解下来送给主治医生的。传染病医院当时被新政权接管才三个多月，军代表对政治思想教育抓得很紧，主治医生本着“不拿群众一针一线”的原则，把这件小饰品上交了，军代表便把饰品系在医院的公车钥匙上，作为公物使用。

省一中公车钥匙上的小金鱼，则是原先经常使用这辆公车的女会计系上去的，该会计在武汉解放前夕已经辞职，随同丈夫去了海外。

市卫生局公车钥匙上的小金鱼，谁也说不清来源，反正接管时就已存在，又不是什么特务联络接头的暗号之类，所以无人有兴趣予以追究。此刻刑警对此也持同样态度，他们感兴趣的是那三辆自行车是否涉案，于是分别询问了管理者。

传染病医院管理公车的是行政科办事员金某，这个中年男子办事很谨慎。他告诉刑警，医院的三辆公车平时停在行政科楼下的走廊里，一律上锁，钥匙由他掌管。有人要使用，到他这里来取钥匙时必须做个登记。医院规定只能工作日的白天使用，用毕归还，晚上不准骑回家。为防止有人利用白天使用的机会骑出去后偷配车钥匙自行使用，他特地去买了铁链、挂锁，晚上和节假日以铁链穿三角架并缠绕车龙头后用挂锁锁上。9月3日是周六，下班前他照例把三辆公车用铁链穿拴后上了锁，周一上班时未见异常。所以，他可以打包票肯定没有出过差错。

省一中的两辆公车并非由后勤部门管理，而是分别由使用者老朱和小梁自己管理。老朱是学校的外勤，专门负责对外联络和采购物品；小梁则是武汉解放后才参加工作接替那个辞职了的女会计的女青年，兼管学校工会工作，因工作需要而专用另一辆公车。因小梁使用的是那辆车钥匙系小金鱼饰品的自行车，所以刑警专门与她作了谈话。据小梁说，学校对于使用公车并非有规定不让骑回家去，但老朱从来不把公车骑回家，她又是新参加工作的，所以她就照着老朱的做法，也没敢把公车私用。9月3日是星期六，下午四点多她下班时和往常一样，把自行车推进财务室，上了锁才离开的。周一上班时，一切正常。

第三辆被调查车钥匙的公车倒是让刑警发现了破绽。市卫生局的五辆公车管理方式别具一格，名义上公车是行政科管的，但实际上行政科根本不管。五辆公车尽管都是锁具完好，但白天黑夜从不上锁，停在门卫室侧边的车棚里，平时谁要使用只管去推。不过，出大门时得向门卫打个招呼。门卫就在专用本子上写下使用人的姓名、时间，回来时则予以注销。每天傍晚，夜班门卫与日班门卫交接班时，都会说到自行车在否之事，毕竟那年头儿对于家庭来说自行车也是一笔不菲的财产。9 月 3 日那天，日班与夜班门卫交接班时确认有一辆自行车未曾骑回单位，这辆车就是钥匙上系玻璃丝小金鱼的那辆，是由行政科负责采购的科员周斯者在下午四点十分骑出去的，这一出去当晚就没有回来，一直到次日上午九点半老周才把车送回。9 月 4 日是星期天，并非上班日，老周是特地来送回自行车的。这种情况，门卫还没有碰到过，应该是违反制度规定的。不过，周斯者是行政科的，公车就是该科管的，门卫自是无话可说。

刑警随即找了周斯者，这是一个在当年很少见得着的超级胖子，身高一米七左右，体重明显超过一百公斤。刑警见之，心里便对其在 9 月 4 日星期天冒着炎热特地把自行车骑到单位来送回然后再回家之举感到有点儿反常，既然已经违规了，犯得着休息日送回来吗？隔一天肯定也没事的，专职采购员，随便找一个理由就是了，谁会跟他计较呢。于是，刑警仔细询问了老周怎么用的车、为什么拖到次日上午才把车骑回单位等情况。老周按照刑警的提示，把自己使用自行车的原因、经过、拖延归还的原因等一一说得很详细，可就是对 9 月 3 日午夜前劫金案发生时这辆自行车是否在他掌控之中说得颇显模糊。

武汉解放初期，西药奇缺。武汉市为便于对一些紧俏而又重要的西药统一调配，自 7 月中旬开始把药品分成甲乙丙三类，凡是甲类西药一律归市卫生局统一采购，再分配给各公立医院使用，局里特地成立了一个西药采购调配小组，由副局长李圣山担任组长。老周并非该小组成员，但由于他早在武汉解放前就已是旧政权卫生局的采购员，在社会上人头儿很熟，说不上手眼通天，但许多事儿都是能搞得定的，所以李副局长遇到有些需要发挥其作用的事时，就会给行政科打电话让科长通知老周到场，有时还会直接指派差使老周。9 月 1 日，老周接到一桩差事：有消息说市工商局截获了一批从广州那边偷运过来的盘尼西林、强效磺胺等市场紧俏西药，已决定没收。这些药品没收后要么是被军方要去，要么是调拨给市医药公司下辖的批发部，当时医药公司归工商局代管，稍后商业局成立又划归商业局。市卫生局想把这批西药弄到手，至少得弄到一部分。这当然不可能通过公事公办的方式去办理，当时的形势也不能纯靠私交去打通关节，得公私结合搅在一起进行。这就需要发挥周斯者的作用了，李副局长便下令批给老周一笔交际费，让他出面宴请相关人员。老周那天做的就是这件事，去的是武昌大东门的“味好美酒家”，一共请了五位客人。老周那硕大的躯体注定胃口奇佳，碰上这种场面当然不能亏待自己，公家的钱不花白不花，所以着实好好吃喝了一顿。酒喝得有些高后，他便忘记自己是怎么来的饭馆，把那辆自行车扔到脑后了。临末，他是烂醉如泥被朋友叫了三轮车送回家去的。次日早上醒来，回忆起昨天那一幕，这才想起那辆自行车，赶紧奔饭馆。好在自行车被饭馆伙计推到了后院放着，他心里一松，赶紧把车骑往单位停好。

这就形成了怀疑的理由，刑警当即奔赴“味好美酒家”。刑警让刘老板把店里的一干伙计统统叫来，到齐后把人分成四拨，分别调查 9 月 3 日晚上那辆自行车的情况以及各人的行踪。最后，终于弄清那辆自行车是被周斯者停在饭馆门前的一棵树下，饭馆伙计按照惯例，又在自行车三角架上加了一根铁链锁上，免得回头失窃了影响饭馆声誉。周斯者那一桌食客一直闹腾到晚上十点左右，是最后离开的。他们离开后，伙计发现门口那辆自行车还锁在树上。刘老板便让伙计把车搬进后院，放在堆放杂物的棚子里，仍用铁链拴锁住。一直到次日上午八点多周斯者去推车方才开锁，整个晚上没人动过自行车，况且自行车自带车锁，想动也动不了。至于饭馆一干人员，刘老板和账房王先生以及厨师是回家住的，有三个尚未成家的伙计长年住在店里，他们都说当晚收拾好后就在店堂里打地铺睡觉了，没有哪个离开过饭馆，这可以互相作证。

如此，循着自行车这条线索找到破案突破口的希望也落空了。案件的侦查陷入了僵局。

六、柳暗花明

9月12日，专案组开会讨论案情和侦查思路。这次案情分析会从下午两点一直开到9月13日凌晨三点。组长章治国要求每个与会刑警都必须踊跃发言，亮出观点，哪怕是相同的观点也必须要使用自己的语言，不能以“我同意某某同志的观点”来予以概括。大伙儿按照领导的意思，各自回顾并总结了自己在之前九天中所做过的工作，以及运作轨迹准确与否的自我分析。

案情分析会开得冗长、沉闷不说，最要紧的是没有效果。要说收获，无非是大家面对着种种分析，都有一种“想不通”的感觉：案犯只有知晓花秋香拥有装在铜匣内的百两黄金和准备动身返回南京老家定居以及准确的搭乘客轮的开船信息，才可能策划并实施本案。专案组正是根据这个分析思路展开了侦查工作，可是，一招招路数实施下来，竟然都是泥牛入海，这让他们怀疑起“逻辑推理”这个说法的存在了。事后想来，正是这种“想不通”，才使大家萌生出一个念头：任何刑事案件都有形成的原因，此刻面临的这起劫金案当然也是这样，之所以没有破获，应该是对形成本案的原因还没有想到。

9月13日上午十点，会议继续。此时，花秋香来专案组驻地询问案情的进展，组长章治国便让刘行博、彭信扬两人出去接待。

花秋香此番前来竟然还拿了两条华成烟草公司出品的“美丽”牌香烟，说是南京亲戚寄来的，让犒劳辛苦工作的刑警。这种情况刘行博还没有碰到过，微微一怔之后，指了指左胸佩戴着的“中国人民解放军”字样的胸章说：“大嫂的心意我们领了，非常感谢！不过这烟我们不能收，解放军有纪律，不拿群众一针一线，希望大嫂不要使我为难。”花秋香又把烟往彭信扬手里塞，也遭到了拒绝。刘行博知道苦主心里不踏实，生怕刑警不肯使劲儿开展工作，便又说了一些宽慰话语。说也奇怪，这些话一说完，他脑子里忽然灵光闪现似的掠过一个念头：关于黄金和动身船讯等信息，会不会是花秋香跟南京的娘家亲戚透露过呢？

这样想着，刘行博就决定跟花秋香聊聊。于是，刘行博和彭信扬把花秋香带到接待室，交谈起来。正是这番闲聊，才使专案组从中获取了侦破这起大案的关键信息。

谈话先从花秋香的娘家情况说起。据花秋香说，她出身于南京一个富裕家庭，其祖上数代都是经营绸缎生意的，后来到了其父亲手里，除了继续经营绸缎庄，还开了一家有两个门面的金店，店名唤作“喜迎凤”，专做女性首饰，生意不错，后来毁于1937年的日寇侵华兵火，当时她早已到武汉二十多年了。在那场著名的大屠杀中，她的父母以及两个弟媳均死于日寇之手，两个弟弟当时不在南京，侥幸逃过这场厄运。俩兄弟后来再婚另娶，以经商为业。花秋香是家里的独生女儿，自幼娇生惯养，便形成了特立独行我行我素的个性。十八岁那年，她不顾父母的反对，坚决要考湖北省立女子师范学校，立志要当一名教师。父母拗不过女儿，只好答应，心里默默希望她考试失利，落第而归。但花秋香进考场后发挥正常，以优异成绩达到了目的。

花秋香从女子师范学校毕业后，在武昌当了一名小学教师。为此，家里再次对花秋香产生了担忧，父亲曾数次从南京赶到武昌，动员女儿回南京去当教师，但遭到拒绝。父母最担心的是以女儿的这种性格，很容易头脑发热做出无法挽回的事情。果然，花秋香后来就发生了情况：学校旁边是北洋军第二十五师的一个旅司令部，一天，一个小兵遛马时撞伤了一名学生。花秋香是级任老师（班主任），和教导主任一起去司令部交涉，对方出面接待的是一个姓丁的参谋长。交涉很顺利，事情很快得到解决，责任在军方，人家便作了赔偿。不想，因这次交涉，那位丧偶了的参谋长看上了花秋香，随即展开追求。追了一段时间，花秋香心动，觉得对方比她大二十岁并不构成婚姻障碍，她认为从对方虽身居高位却没像当时社会上所风行的娶妾，丧偶后还为发妻守了三年这点来看，这是一个靠得住的男人。于是，花秋香在向对方提出若干条件约法三章后便答应了这门亲事。待到家里知晓此事时，生米已经煮成熟饭，婚礼已经举行过三天了。

婚后，丈夫对花秋香很好。可是，她并未能怀上子女，这可能是丈夫的原因，因为丁参谋长之前的婚姻持续了十二年也未曾留下后代。花秋香认为此系命运使然，也就认了。后来，丈夫竟然患上了当时被视为“绝症”的肺结核，于1926年去世。临终前，丈夫告诉她，在汉口英租界银行的保管库内，放着他的毕生积蓄——一百两黄金，留赠给她，也算是夫妻一场。安葬丈夫后，花秋香凭着丈夫的亲笔遗嘱和告知的密码，去汉口英租界银行取出了黄金，转放于武昌的一家银行。

次年寒假，花秋香去南京探望父母家人，这是她离开南京十多年后第一次回家。这么些年来经历了许多人生大事，母女见面，自有一番倾诉。不过，花秋香并未向父母家人透露过亡夫留给她百两黄金之事。此刻，花秋香面对刘行博、彭信扬那含着疑问的眼神，用非常肯定的语气说："这个我记得很清楚，我并没有告诉父母和两个弟弟关于黄金遗产之事。不管是那次回家，还是后来三次回南京，我都没有透露过这个秘密。直到这次遭遇抢劫后，才在9月4日给两个弟弟发加急电报告诉他们未能如愿返乡的原因。昨天，我收到了弟弟寄来的香烟、板鸭、夫子庙的糕点等，他们让我把这些礼品作为慰问品送给各位警察。不瞒您二位说，香烟寄来了二十条，我今天只是先拿两条来意思意思，如果你们肯收，回头我再把其他礼品送过来。"

刘、彭二人对这个结果感到失望，此刻他们对是否拒收香烟已经不放在心上了，只想着南京方面很有可能是本案的一个新的突破口，可是，花秋香再三表示她多年来始终对此事守口如瓶，这就没法儿继续往下探究了。刘行博想了想，问花秋香："你主观上没有透露亡夫遗留黄金的意思，但在跟南京亲友的接触中，是否有过客观上的无意识透露情节呢？比如亲戚聚会，喝了几杯酒，大伙儿谈兴正浓时，你无意间说到遗金，只不过自己当时和事后都没有意识到。请你回忆一下，这种情况是否可能发生过？"

花秋香几乎是不假思索就摇头否定，说她向不饮酒，也不喝茶，所以这种情况不可能发生。

送走花秋香后，刘、彭二人去会议室参加继续进行的案情分析会。他们进门一看室内的气氛，便知跟昨晚一样，案情分析无甚突破。专案组组长章治国的情绪也因此明显低落，见两人进来，便扫了他们一眼，说："谈了这么久，苦主缠上了？"刘行博说了花秋香送香烟遭到拒绝的情况后，把话题扯到了跟她进行的那番谈话上。章治国顿时眼睛一亮，其他刑警的精神也立马振奋起来。可是，大家听完结果，又都微微叹息，神情沮丧。

章治国喃喃自语轻声道：“这应该是一个有价值的思路……就是……她怎么否认有在无意间曾经透露过遗金的可能性呢？”稍停，他提高了声调，“同志们，请大家一起想想这会是怎么一种情况。”

刑警葛汉松朝会议桌上两位领导的方向看了看，那一闪而过的欲言又止之状没逃过刘行博的眼睛：“老葛有话要说？请说！”

话音未落，一支香烟飞掷过去，章治国声如洪钟：“老葛快说！”

葛汉松平时不大喜欢说话，要说话时也是慢慢吞吞的，当下倒也并不着急，先把那支香烟叼在嘴上，点燃后深吸了一口，这才开腔。谁都以为他会发表一番长篇大论，哪知他只说了一句话：“我琢磨的不是黄金，而是那个装黄金的白铜匣子，不知是否与那被抢的一百两黄金是原配。”

就这一句话，使在座至少一半以上的刑警在一瞬间反应过来了：对啊！如果那铜匣跟黄金不是原配，那花秋香就是特地为装这些黄金而设法搞到的，那个给她铜匣的人不就很有可能知晓黄金的信息吗？章治国兴奋得一拍桌子道：“赶快把苦主追回来，立刻调查这一点！”

花秋香还没走远，便被彭信扬追了回来，直接带到了会议室。一问，她说当初丈夫去世后，她去汉口英租界银行保管库取回那一百两黄金时，黄金是装在一口红木盒子里的，盒内没有绸缎衬绒，黄金是用一方红色丝帕包着的。盒子的容积和黄金的体积不相匹配，黄金装在里面摇晃时会发出黄金跟盒体的撞击声。由此可以判断该盒子并非是原配包装。花秋香当时检查过后，原封不动地送往武昌的一家银行办理了贵重物品保管手续，亲手放进了地下库房的保管箱内。当时是1926年，从那时到1937年抗战爆发前，她一共回南京娘家四趟。在1932年寒假第三次回去时，无意间从南京弄到了那个白铜匣子。

这个白铜匣子的到手，纯属偶然。前面说过，花秋香的老父是南京富商，先是经营绸缎，后来又开了一家“喜迎凤”金店。“喜迎凤”专门制作、出售女性金银珠宝饰品，同时收购赤金、纯银作为原料。由于经营得法，广告又做得到位，所以生意很好；生意好，需要的原材料就多，有时正规原材料断货，就打广告向社会收购。旧时黄金是允许自由买卖的，但花秋香的老父生性谨慎，不敢直接跟携金前来的卖家做交易，就向辖区鼓楼警察分局申请，如果有卖家登门，便打电话过去请派警员到店核查。老父宁愿多出一些钱钞分别用于给卖家加价和支付警员小费，以买个太平。1932 年 1 月底，记得那天是腊月二十四，过小年。下午花秋香闲着无事，外出逛街，回来时经过“喜迎凤”，因走得累了，便进店堂内坐坐。这是她第一次也是唯一一次去老父开的金店，父亲非常高兴。账房贾先生对花秋香也很客气，亲自沏茶送上。众人跟花秋香聊了片刻，来了一笔大生意：一个阔太太坐着黄包车，车后跟着一个仆人，来到金店门口。那辆车应该是阔太太的私家车，因为车夫把车停稳，跟随的那个仆人把她搀扶下车后，车夫便从车上双手捧下一个紫色小包袱，走在阔太太前面，进入店堂，待阔太太向老板说有货出售并落座后，方才按照阔太太的示意把包袱放在她面前的茶几上。

阔太太解开包袱，出现在众人眼前的就是那口小巧精致的白铜匣子，匣内放着十根金条。花老板于金业系半路出家，验货本领尚未到家，便由在南京金业颇有名气的顾师傅查验货色。他看过后又请账房贾先生复鉴了一遍，两人得出的结论是：此系足赤黄金，纯度颇高。于是，花老板往鼓楼警察分局打电话，在等待警察过来时，老板、贾先生等陪同阔太太说话，仆人、车夫把黄金送进店堂后便已主动退到外面等候了。一会儿，一个警察骑着自行车过来了。按照规矩，只要不是本埠或者外地警察局布控的赃物，警察是不会向卖家提任何问题的，到场后只要看一下东西就可以了。这个被店方称为“裴先生”的警察当下看了看黄金，便点点头，就到另一侧墙边的椅子上坐下，抽烟喝茶等卖家不管是否成交离开后拿小费了。

这笔交易进行得很顺利，阔太太拿了支票离开后，警察得到了小费也告辞了。金店这边，按照惯例，顾师傅等人又把黄金仔细查验了一番。整个过程，花秋香尽收眼底。本来她早就该离开了，可是，她看中了那口盛放金条的白铜匣子，寻思用来放亡夫留给她的那百两黄金真是再好不过了。当下她便耐着性子等到这会儿，跟父亲开口索要这口匣子。父亲感到意外，随口问了句：“你要来干什么?”没等她答话就点了头，“你喜欢的话，就拿去好了。不过，这口白铜匣子确实很惹人喜爱。”于是，老父让顾师傅把铜匣捧到店堂后面的那间密室，顾师傅退出后，他打开保险箱把黄金放到了里面的一个暗格里，腾出铜匣送给了女儿。账房贾先生生怕花秋香路上不好拿，便找了一个手提布兜儿给装起来让她提着离开了。

花秋香告诉刑警，当天吃晚饭时父亲在饭桌上说起此事，不过没问她用处。两个已经成家的弟弟和弟媳听说后都要看这口铜匣，于是晚饭后她就把铜匣拿出来给大家看了。不过，自始至终没有谁问过她拿这口匣子准备装什么，她自己当然也没有透露亡夫遗留黄金之事。

寒假结束前，花秋香返回武昌，之后去了趟银行，把黄金从原来的红木盒子移到铜匣里，一拍密封，非常满意。

送走花秋香后，专案组刑警继续开会，大家一致认为，这口铜匣的获得非常有可能向金店和娘家的成员变相透露了花秋香有百两黄金的秘密。于是，专案组决定前往南京进行调查。

七、水落石出

专案组此番是志在必得，副组长刘行博带着十七名刑警前往南京，组长章治国与四名刑警留守武汉应对意外情况。

十八名刑警在赴南京途中的长江客轮上开会分析案情，得出以下结论：凡是当时知道花秋香向其父要下那口铜匣的人都有可能推断出她拥有黄金，而且那些黄金是十根“大黄鱼”（每根十两的大条），因为这口由上海老字号“杨庆和银楼”特制的铜匣只有用来盛装“大黄鱼”最为合适。上述知晓者分成两部分：一是“喜迎凤”包括花父在内的店员，二是花母和两个弟弟及配偶。这次赴南京，就是要对这些人中还健在的进行调查。当然，从年龄上判断，作案的劫匪不可能是这些人中的某一位；如果是这些人中的某位，那花秋香当时应该是认得出来的。劫匪应该具备以下两个条件：既有获得花秋香藏有百两黄金且放在那口白铜匣子内信息的便利，又有准确掌握花秋香返乡定居消息以及所搭乘客轮船期时间的条件。劫匪应该与花秋香娘家的某人有涉。所以，专案组决定抵达南京后首先对花家成员展开调查。

9 月 15 日晚上，刑警一行到达南京，在鼓楼区花秋香的娘家附近的一家旅馆住下后，刘行博连夜去了南京市公安局。刚解放时，各大城市的公安局都有专门协助外地同行前来本埠办案的“交办”、“协办”或办公室之类的部门。南京警方的“协办”之前已经收到中南公安部的案情通报和布控通知，知道武汉发生了这么一起大案。此刻说来并不感到意外，出面接待的“协办”值班领导，答应次日上午即指派警员去专案组报到协助办案。

次日上午八点多，南京“协办”派来的两名警员到旅馆向专案组报到，他们听刘行博介绍情况后，当即通过电话跟鼓楼分局联系，鼓楼分局立刻通知派出所派户籍警等三名警员向专案组报到以供差遣。

户籍警老耿向专案组介绍了花家的情况：花秋香在 1932 年亮出铜匣时在场的家庭成员中，其父母、两个弟媳妇都已死于“南京大屠杀”，尚健在的是两个弟弟花秋思、花秋行和已故弟媳妇各生的一个女儿，侄女当时还是学龄前，可以忽略不计。如果涉案的话，那就可能是“二花”，以及两人后来又娶的媳妇顾慧珍、常海瑛（顾、常婚后各生一子，现在一个读初一，一个读小学六年级，也可忽略不计）。

于是，专案组刑警分为四拨，分别跟“二花”夫妇作了谈话——

“南京大屠杀”后，花家昔日的辉煌时代过去，金店已毁，绸缎行倒还存在，由花秋思接替老爸当了老板。他同时还承担了“长兄为父”的责任，与花秋行统一思想，坚持不分家，两个小家庭仍旧住在父母留下的宅院里，由顾慧珍主持一应家政，过着安逸的大家庭生活。花秋行是船厂的工程师，其妻常海瑛在一家私营贸易公司做会计。花氏兄弟两个前妻所生的女儿小娟、小萍，其时已经长大成人参加了工作，一个是护士，一个是小学老师。花氏兄弟的说法是一致的，他们都还记得 1932 年姐姐放寒假期间回南京探亲时向父亲要了一口白铜匣子之事。那口匣子制作得精致美观，很惹人喜爱。当时，父亲说了一句：“这个匣子是用来装金子的，可以装十根‘大黄鱼’。”——本案发生后，兄弟俩这才知道姐姐原来有百两黄金，怪不得当时她向老爸要了那口匣子。当时他们还年轻，根本没往其他方面想，对于他们来说，姐姐饭桌上亮铜匣之举不过是人生长河中的一朵微不足道的泡沫，事后他们根本没再提起。“二花”的说法被他们的妻子顾慧珍、常海瑛所证实。她们告诉刑警，丈夫婚后曾经说到过武汉那个经历丰富、行事特立独行的姐姐，但说的都是她人生中的一些趣事，从来没有提到过白铜匣子，她们是刑警来了解情况后才听说铜匣的。

谈话的第二个内容是关于花秋香回乡定居和具体船期时间信息是否向外人说起过，“二花”夫妇所陈述的综合情况如下：花秋香平时都是与花秋思通信的，花秋思收到姐姐的信函后，都会在当天晚餐后向妻子和花秋行夫妇通报，然后大家议论一番，无非是说说回信该写些什么，或者要给姐姐寄什么东西，由谁负责购买和邮寄。姐姐这次欲回乡定居的决定，是今年6月中旬来信说起的，征求了他们的意见。大家自是表示欢迎，回信请姐姐尽快决定。7月上旬，姐姐从武汉邮电局拨打长途电话到船厂花秋行办公室（花秋思的绸缎行里无电话），说她已经决定回乡，正在办理户口迁移手续，武汉那边办好后会寄到南京请弟弟去向南京公安局申报，只要南京这边准许落户，武汉那边就可迁出。办妥户口迁移后，就可以做动身准备了。当晚，花家开了一个家庭会议，连正在上学的两个少年也参加了。全家大小八口都很高兴，“二花”夫妇遂对接下来要做的准备工作作了分工：顾慧珍负责办理户口迁移，花秋行负责联系匠人把姐姐以前居住的房间装修一新，常海瑛和小娟、小萍负责采买姐姐回来后要使用的生活用品，所有费用，由花秋思从绸缎行的利润中拨款支付。

8月中旬，花秋香寄来了户口迁移的一应材料，这边花了一个星期顺利办妥。9月1日，花秋香发来电报告知已经购妥回乡的船票，不日将在友人陪同下登船动身。花秋思便给姐姐回了电报：电悉。届时弟等将往码头恭候。花秋香回乡定居之事，花家之前曾跟邻居说起过；但船期信息，全家谁也没向外人说过。

专案组当晚汇总情况，研究一番后决定次日扩大调查范围，把“二花”的四个子女也列为谈话对象。

9月17日上午，刑警分四拨分别找“二花”的四个子女谈话，他们都说根本不知道铜匣之事，至于姑姑即将回南京定居的消息，他们都知晓，船期也清楚，但没有跟外人说过，只是互相商量过到时候是否随同父母去码头迎接。

中午，专案组诸刑警面对这个结果正觉失望时，花秋行忽然打来电话，说刚才其妻常海瑛从其供职的公司给他来电，说突然想起在收到花秋香告知船期的电报后当天，她在路上遇到贾先生，驻步问候时曾告诉过对方花秋香将于9月3日晚上在汉口登船回南京的消息。贾先生是以前花家所开的“喜迎凤”金店的账房先生，他跟花家是亲戚，“二花”唤其表姑夫。金店毁于战乱后，贾先生另谋了一份会计工作，抗战前两年已退休，如今已是一七旬老者，身体尚健，每天外出散步健身。

当初花秋香要了铜匣后，金店那些店员肯定会推测到她有数量不菲的“大黄鱼”，但之前专案组分析案情时因为那伙对象不具备知晓她回乡准确船期信息这个作案的必备条件，所以暂未将其列为调查对象，现在有了这个情况，当然不会放过，随即决定找原“喜迎凤”的那伙成员了解情况。

刑警先跟贾老先生接触，他本人应该不可能涉案，其家庭成员简单，三个女儿、两个外孙。一外孙是医生，另一外孙是区民政局科员，不是那种动邪念的角色。老先生对武汉刑警的突然到访感到奇怪，便问到底发生了什么事情，是不是花秋香出事儿了？待到听说百两黄金被劫之事，大惊。老先生的脑子还行，当下不等刑警往下发问就已经开腔了，说他在得知花秋香将回乡定居船票信息的当天，散步经过原金店伙计项时运家时，跟往常一样进去歇脚，两人闲聊时说到了大小姐将回南京之事。他说大小姐是老东家的独生女儿，回乡定居放在以前乃是一桩大事，咱们这些老伙计应该摆一桌酒席，为她接接风。老项闻讯极表赞同，说他比贾先生小一轮，腿脚还行，这事就交给他吧，他这就去知会众人，料想大伙儿都会赞同的。哪知，第二天老项来给我回话，说酒席看来是摆不起来了，他跑了六户人家，竟然个个摇头。原因？有三个没说，另三个说现在解放了，还有什么大小姐，如果老东家在世，论成分也该是资本家，属于剥削阶级，咱们是劳动人民，也该少来往为好。

这就是说，船票信息已经泄露出去了。这样，原“喜迎凤”的店员都已具备“既知黄金，又晓船期”这两个涉案必备条件了，专案组便决定对八名店员一一进行外围调查。

9 月 18 日晚，专案组汇总情况，发现店员吴广严的儿子吴达庆有作案嫌疑，具体如下：第一，其年龄、身形、相貌与苦主陈述的两个劫匪中的那个公鸭嗓子相似，平时说话也是一副南腔北调，让人难以判断其究竟是何地人氏。第二，有作案动机。此人是个浪荡子，二十八岁了还未成家，平时不务正业，偷蒙拐骗是其拿手好戏，南京解放前曾被日伪、国民党警方拘留过多次，只因涉案的金额小而未被送进老虎桥监狱。南京解放后曾被收容过三个月，据说出来后仍有劣行，但因未被抓现行而没折进局子。据南京警方获得的线报，此人在 8 月下旬曾先后两次与人喝酒时扬言要“好好干一次，然后歇菜”。第三，9 月 2 日，曾有人看见他骑着一辆后挡泥板上写着红漆字样分明是公车的自行车在马路上招摇而过。

副组长刘行博闻之，当场拍板：拘他！

当天午夜，吴达庆从外面厮混结束回家时，在家门口被捕。当时，专案组所有刑警都对这次行动寄予极大希望。吴被押解到市局后，刘行博亲自讯问。因为这是个多年来屡屡跟警方打交道的常客，寻常的那套秋风黑脸拍桌踢凳的路数对其可能无效，所以刘行博对其采取“怀柔方针”，见面后又是沏茶又是递烟。做完这几个动作后，刘行博心里一沉：看来没戏！怎么呢？他发现吴达庆是个左撇子。劫金案发生伊始，刑警在向苦主了解现场作案情况时，曾反复了解过两个案犯的动作手势，确认并非是左撇子。而现在这个吴姓小子却是个左撇子，由此看来并非涉案人。

果然，讯问下来，吴对自己“不在现场”具有确凿的时间证明。

这时，在吴家执行搜查使命的刑警也报来了结果：未发现与劫金案有涉的赃金、作案工具等证据，只有几个空钱包，估计是最近作案的“战利品”。

次日，刑警找了吴达庆提供的十名能够证明他“没有作案时间”的证人进行调查，一致证明吴与劫金案无涉。

如此，这条线索就算到头了。到这一步，一干刑警疲惫不堪中又有一种“傻了”的感觉，再开案情分析会时，一时间谁也不说话，扭头转颈，面面相觑。当然，再难走的路也必须得走下去，反复讨论下来，刑警认为原金店店员那一块可能尚未查彻底，有必要继续了解情况。

9 月 20 日，专案组在夫子庙“茶楼”召集原金店的八名店员举行座谈会。口才颇佳的刑警诸葛峰出面向大家介绍了案情，要求与会者畅谈想法，协助破案，对提供有价值线索而使案件顺利侦破者，将给予物质奖励。

此时，有一位年近七旬的老店员，即前文曾经提及过的在南京金业颇有名气的顾师傅，他在漫谈中突然想起了十七年前花秋香向其父索要那个白铜匣子后的一个情节：有一个店外人士当时也知道花秋香把那个铜匣拿走了！

一干刑警顿时兴奋，个个眼珠子闪光，盯着顾师傅问：“是谁？”

可是，顾师傅却闭口不提，只是端杯饮茶。有人以为他老人家是在卖关子，而刘行博却认为他有顾虑。于是，刘行博站起来，离座一指店堂一侧的老板室，做了个手势。顾师傅会意，起身尾随刘行博而去。

这边继续进行，一会儿，刘、顾二人神色平静地返回。顾师傅依旧入座喝茶，刘行博没有坐下，而是指了指彭信扬等七名刑警，那七位便起身随其下楼。这一去，就没有再回来。

这葫芦里卖的是啥药呢？原来，顾师傅所说的那个店外人士，是南京市公安局鼓楼分局的警察，名叫裴成大。裴成大在前面曾出现过，他就是当初那位阔太太携十根“大黄鱼”来出售时，金店向鼓楼分局打电话请求派员前来查验的那个警察。当时，他在阔太太离开后拿了金店给的小费后告辞而去。这边，花秋香向父亲要了那口铜匣后也走了。这时，顾师傅烟瘾来了，掏口袋却是空的，于是出门去买烟。在店门外不远处，与骑车而至的裴成大劈面相遇。顾师傅见对方去而复返，心里下意识地一惊：别是这笔交易有问题啊！裴成大见顾师傅神情紧张，知道是误会了，当下下车，笑说没事，只不过突然想到刚才那位阔太太的那口白铜匣子挺精致的，他想请店里回头把空出来的匣子留给他。顾师傅一听此话，这才放松下来，不无抱歉地告知对方铜匣已被老板的大小姐要去了。裴成大听后倒也没生气，只是笑了笑，把自行车调了个向，脚踩踏脚板准备上车时，神情倏地一变，说大小姐要那口匣子，是用来放金器的吧？顾师傅说大小姐没说，他们也没问。裴成大又自言自语似的说了句“听说大小姐去世的丈夫是北洋军官，那肯定是有金器的”，便一边说一边骑车而去。

顾师傅说完上述内容，还特地补充道：“南京解放后，裴成大被人民政府留用，仍旧做警察，穿上了军装，所以我不敢乱说，只能向您一个人反映。”

刘行博意识到这应该是一条有价值的线索，当下就指派彭信扬等七名刑警前往鼓楼分局进行外围调查，同时还要求他们琢磨一下，这人是怎么知晓花秋香动身船期的。

彭信扬等七人的调查进行得很顺利，了解到以下情况：南京解放后，裴成大被留用，不过岗位由原来的治安股调到了户政股，因为他是老南京，熟悉本埠诸多情况，所以做的工作是登记户籍信息。刑警马上想到花秋香的户口迁移是否会曾经其手？鼓楼分局接待人员当即调出底卡，第一关登记果然在裴手里，是把花秋香的申请信息抄录到公安局统一制作的表格上，下面落款的第一栏经办人有裴成大的亲笔签名。如此，裴成大是了解花秋香准备从武汉返回南京定居、目前婚姻状况是丧偶等情况的，由此应该可以推想到她此番是“举家迁回”，那肯定是要把属于她名下的可以移动的财产全部运回南京了。

鼓楼分局警察向刑警介绍情况时说道，裴成大被留用后，虽然工作比较积极，也有相当的经验，但是，这几个月里组织上接到其他留用警察和社会上的一些反映，主要是检举他在自1928年到1949年做旧警察期间，曾利用职权向百姓索要钱财，虽数额不大，但次数不少，还有奸淫良家妇女的劣迹。因此，鼓楼分局已经把裴成大列入分流名单，准备将其劝离公安岗位，调往其他单位。饭碗是有的，但薪水肯定会降。由于上级要求要做好分流人员的思想工作，所以鼓楼分局已经在大会上吹过风了，凭裴成大的那份精明，他应该估计得到自己会被分流的。因为据其同事反映，裴成大曾放出风声说他接到澳门胞弟来信，邀请他去澳门相帮经营公司——这就是考虑后路了。专案组刑警认为这可能是裴成大策划作案的原因。

那么，准确船期他又是怎么得来的呢？刘行博说这个问题就暂不去考虑了，先传讯吧，我当面跟他聊聊。

正好当晚南京为迎接开国大典采取全市治安大扫除，各分局警员一律加班。裴成大被分在内勤，负责登记一批批被捕人员的原始信息，一直忙碌到午夜过后。忙完后，他去食堂吃过免费夜宵，正要回家时，接到了传讯通知。与此同时，多名刑警前往其住宅进行搜查。

刘行博亲自讯问裴成大，见面后让人沏茶递烟，称对方老裴，说你如果有什么情况需要交代的，趁早说，说完了该休息大家就都去休息；现在不想说的，待会儿说也可以。你是老警察了，知道办案的路数，这会儿我们肯定已去你府上惊动一番了。裴成大不吭声，刘行博就看报。如此僵持了许久，裴成大终于开口了，刚说了“我想问一下，我的情况……”，消息就来了，从其住宅里搜出藏在煤球炉里已经估计是用酒精喷灯熔化了的四个金坨坨。刑警立刻去附近敲开一家首饰店的门，借用天平称了称，每个重量正是十两。

刘行博点头：“藏得还不算特别隐秘……行了，老裴，赶紧交代吧。”

裴成大交代的案情跟专案组估计的差不多：当年他从顾师傅口中得知花秋香要走了那个铜匣后，心里便对花秋香有藏金留了个印象，但从没想到过要劫取，上月经办户口迁移手续时得知花秋香欲回乡定居，也没动过这样的念头。直到几天后他收到胞弟从澳门寄来的信，邀其移民过去相帮经营公司以及听到风声说要被分流，于是在决定移民澳门的同时，想到了要筹取一笔资金，准备去澳门后投资入股胞弟的公司。对于一个从旧社会过来的老警察来说，面对如此金额的大案，裴成大的心态很平静，没有丝毫惊慌不安，就像准备做一笔没有风险的买卖一样。他只用了半个晚上就策划出了犯罪方案：物色两个帮手前往武汉，这段时间往南京方向的长江客轮途经汉口都是半夜前后，那就采用半途拦截的方式。考虑到机动性，得准备一辆自行车。于是，裴成大就从解放前与其有过勾结的若干个角色中挑选了两个——蒋金兴、赵超，那二位系“长江兄弟”出身，也兼做“陆路买卖”，干这一票大生意应该没有问题。果然，他跟俩人一联系，对方求之不得，一迭声的“行行行”。

然后，裴成大又通过以前的老关系向公家单位“船舶研究所”借了一辆公用自行车，佯称届时办案需要。为防止在轮船上遭到乘警的盘查，他又向该所要求出具一纸证明。

接下来，就是如何获取花秋香的动身时间了。这对于裴成大来说并不是难事，8 月 29 日他去了趟市电报局，向以前素有工作来往也是留用人员的该局安保干事谭俊佯称工作需要请求协助，留下一张纸条，要求如果收到收报人为花秋思或者花秋行且从汉口发来的电报，则请誊抄一份后通知他来取。谭某不疑有他，果然照办，于是，裴成大就掌握了花秋香的准确船期。当即他通知蒋金兴、赵超携带自行车和事先准备的假枪、匕首等作案工具乘坐客轮逆流而上赶往汉口。那二位抵达汉口后，凭着裴成大提供的地址踩了点，并反复盯着裴成大从户籍档案中偷偷取出的花秋香的近照，强迫自己在脑子里留下印象。

9 月 3 日晚上，蒋金兴、赵超顺利作案后，合骑那辆自行车前往码头，凭事先从黄牛手里购买的船票登船，返回南京。事后，裴成大与二人以 4∶3∶3 的比例分赃。

9 月 21 日上午，蒋金兴、赵超、谭俊落网。经从现场提取到的指纹比对和那串遗落钥匙对应核查，确认蒋、赵确是作案的劫匪。

1950 年 2 月 10 日，武汉市军管会对劫金案作出宣判：判处裴成大死刑，立即执行；蒋金兴无期徒刑；赵超有期徒刑二十年；谭俊有期徒刑三年。

"九头鼠"命案

一、三十七封检举信

镇江，别称润州，民国时曾是江苏省会，新中国成立初期属苏南行署管辖。1949 年 10 月，该市发生了一起离奇的杀人焚尸案。

主持这起案件侦查工作的是一个安徽汉子，名叫穆容汉。穆容汉具有初中文化，而且自幼习武，身手不凡。他家里虽是开店经商的，但抗战初期他父亲就变卖家产组织抗日武装，而且很快就加入了中共。不久，其父以及两个叔叔在跟日寇作战时牺牲。1943 年，穆容汉参加新四军。先是干敌工，后又当侦察排长。1949 年，穆容汉已是华东野战军第九纵队侦察连指导员。渡江战役时，他所在的那条木船被炮弹击中，全船三十多人只活下来七个。穆容汉还算命大，但身负重伤，抱了块破船板在昏迷中漂到四十里之外方才被救起。

等伤势复原，穆容汉所在的部队已经打到福建去了。1949 年 9 月，组织上分派他到松江军分区，手续已经办了，动身的前一天却出了一个意外情况。那天，他跟战友告别回驻地的路上，一辆吉普车忽然在他面前戛然而止，从车里传出一声呼喝："这不是小穆吗?"

车里那位是上月刚由镇江市副市长升任市长的何冰皓。这是一位红军时期就参加革命的干部，曾任山东省栖霞县"民先队"队长、县委书记兼游击支队政委、胶东北海专员公署和北海区战时后勤部秘书主任兼政委、胶东北海专员公署副专员、胶东支前第二总队总队长兼政委、渡江南下总队第二大队大队长。穆容汉所在的侦察连当时和"渡总"二大队驻扎一处，互有协助，因此，两人之间职务虽然差着一大截，却是熟人。

熟人异地邂逅，自然要聊几句。当下，何市长就招呼穆容汉上车，问了问情况，得知穆容汉准备去松江军分区，马上说，那你还不如跟我去镇江工作。穆容汉说我不想离开部队，我还要拿枪，还要打仗。何冰皓说你到镇江军管会干，还穿军装，还能拿枪。穆容汉动了心。何冰皓生怕小伙子变卦，说我马上让人把你的组织关系转到镇江，下午和我一起回镇江就是。

到了镇江，穆容汉方知被何市长"忽悠"了。到军管会工作不假，不过是军管会公安部——就是市政府下辖的市公安局，两块牌子一套班子；穿军装也没错，不过所佩的那块胸章布上却盖着"公安"字样的印章；枪也佩着，可是否用得上比较难说。市公安局并未立刻安排他的工作，而是让他先熟悉一下情况，着重是治安这一块。穆容汉于是判断自己以后的工作基本上就是干刑事侦查了，当时公安的侦查称为“侦察”，领导八成认为跟部队的军事侦察是一码事儿。

到了这一步，也就只有这样走下去了。穆容汉有了干刑警的思想准备。那时候实行的是“大治安”模式，刑侦属于治安管，穆容汉就天天跑城中、沿江、大西路、小码头四个分局及车站派出所，半个多月下来，跟各单位的刑警刚混了个脸儿熟，任务就下达了。

从5月30日开始，到穆容汉接受这项任务的当天即10月9日，镇江市公安局和下属四个分局以及各分局辖管的十二个派出所，一共收到指控目标为同一人的三十七封检举信。被检举人的名字一看就是江湖名号，唤作“九头鼠”，真名不详。如果检举内容属实的话，这人的事儿可真不少，杀人、放火、抢劫、盗窃、强奸、诈骗一样不缺。按照当时的规定，初解放的城市对于这种被检举对象不直接涉及政治、不是正在危害社会治安或者正在危害他人生命财产安全的，一律作为历史悬案处理，派出所、分局在收到此类检举信后，每周一次交往市局，由市局治安部门统一登记保管。因此，这些由各分局、派出所交上来的检举“九头鼠”的信函，连同市局直接收到的共三十七封都由市局治安科保管着。

这天，领导找穆容汉谈话，把这些检举信交给他，说小穆同志你把这些信看一下，设法查清楚这个“九头鼠”究竟是谁、现在何处、是否犯下了检举信中所说的那些罪行。

当时穆容汉还没有具体分派工作，也不挂靠在哪个部门，治安科也好，刑警队也好，都没有给他安排办公室，连办公桌也没有一张。接受任务后，他拿着那个装了三十七封检举信的鼓鼓囊囊的牛皮纸卷宗袋全局各处转悠，总算在食堂后院的杂物间找到块地方，就地取材，用木板、砖头搭起一张办公桌。料理定当，就开始看信。三十七封信件看完，下班时间已到。

回到宿舍，穆容汉把这些检举信的内容分门别类罗列在工作手册上，梳理下来，发现这些信件虽然出自不同人之手，但内容大致相同：都举报“九头鼠”是江洋大盗，其中有一封信提到“九头鼠”犯案的地点是安徽、江苏交界处的长江水面上，系一名江匪。

穆容汉研究了一阵儿，觉得有三个问题尚不能弄懂：一是所有检举信都称被检举人为“九头鼠”，没有一封提及其真实姓名；二是每封检举信上都说“九头鼠”罪大恶极，却没有一封提及具体的作案时间、地点，而是用了一些很含糊的字眼如“抗战时”、“七八年前”等，更没有说明被害人是谁、作案后果如何。严格地说，检举信上只是罗列了“九头鼠”的罪名，而不是罪行；三是这些信函大多没有提到“九头鼠”藏身何地，少数几封提到的，也十分笼统，只说是藏身于镇江市内，却没有具体地址。

穆容汉认为，这么含糊的线索，领导却让他试着调查，看来这是让他练练手，同时借此检验他的工作能力，以便接下来给他安排具体工作岗位时好有个参考。毕竟他是华野九纵直属侦察连指导员，不能像对待寻常大头兵那样随随便便打发的。这样想着，穆容汉就暗下决心，一定要查到“九头鼠”的下落，还要查清他是否犯过检举信中所说的那些罪行。

怀着这样的念头，穆容汉在孤灯下继续翻阅这些检举信，快到半夜的时候，竟然让他发现了一个之前肯定没有人注意到的特点：这三十七封信件中，有九封信明显与众不同，字写得漂亮不说，措词也很得体，写信者应该读过私塾。再仔细看，这九封信所用的信纸、信封各不相同，有的比较规范，有的就是随手找张纸糊的信封。穆容汉终于意识到，这九封信可能是街头测字先生之类的人代书的。

次日，10月10日，穆容汉骑了辆自行车奔波了大半天，终于找到了那九封检举信的代书人。九封检举信出自九人之手，其中三人是街头的测字先生，六人是在邮局门口设摊专为人代写书信的代书先生。穆容汉跟他们聊下来，原先弄不明白的问题又增加了一个：这九封检举信的委托者竟是同一人！那是一个年约四十的中年女人，体态微胖，烫发，看上去应该是个老板娘之类的角色；从5月到9月这五个月中，她轮流找他们代写这些检举信，说辞也如出一辙，无非是要检举一个旧社会的恶棍，自己不识字，又不敢去派出所直接检举云云。

至于那个女人姓甚名谁、家住何处、从事何种职业，等等，九位先生都说不上来。那个女人口述检举信内容后，待在旁边看着他们把信写完，听他们读一遍，把信纸放入已经写好公安局或者派出所地址的信封，付了钞票便道谢而去。只有寿邱邮电局门口的那位戴老先生回忆起一个细节，说他在书写时，那个女人在旁边看着，根据其看信纸时的表情推测，她似乎不是文盲；写完后给她读时，她也听得心不在焉。

这个调查结果反倒使穆容汉糊涂了，对于那个女人的举止感到大惑不解。按照正常的调查路数，穆容汉应该继续追查这个烫发女人。可是他此刻单枪匹马，根本无法进行这种调查，只得先把烫发女人放在一边，改查“九头鼠”。

“九头鼠”的线索该怎么调查？穆容汉寻思，俗话说“虾有虾路，蟹有蟹路”，如果“九头鼠”这厮真如检举信中所说的那副德行的话，黑道上应该是知晓此人的。那么，该如何去找黑道上的家伙呢？这个倒不难，公安局看守所就关押着成群结队的江洋大盗、地痞流氓、土匪恶霸、帮会骨干。

从10月11日开始，穆容汉就去看守所调查“九头鼠”的线索。以前搞敌工工作时，穆容汉经常深入敌后跟地方上的帮会人士打交道，知道江湖规矩，现在他去看守所找这些人调查，搞的是“怀柔政策”，不但态度和蔼，还给对方递烟，弄得那班看守员大眼瞪小眼，却不敢吭声，毕竟穆容汉的级别摆在那里，看守所长也比他低半级哩。穆容汉在看守所泡了整整一个星期，一共找了三十多个对象聊天，顺便了解了江苏一带的黑道情况，记了两个本子。可是，“九头鼠”的情况却没了解到多少。

谈话对象中有七八位听说过江湖上有这么一个主儿，曾经在安徽、江苏交界处的长江江面上作案。全面抗战爆发后，“九头鼠”金盆洗手，来到镇江做生意。至于做的是什么生意，那就众说纷纭了。有说是从事水产经纪，有说是地货掮客，有说是棕绳厂老板，还有说他跟人合伙经营棺材店并参股竹行。那么，“九头鼠”的大名叫什么呢？这个却又奇怪了，竟然没有一个人说得上来，而且也没有人亲眼见到过他！

这样，穆容汉就得向上述在押黑道人犯所说的行业调查了。反正目前“九头鼠”被检举的那些事儿尚未立案，领导让穆容汉调查也没有规定期限，他可以从容进行，正好借机熟悉当地情况。之后数日，穆容汉对水产、地货、制绳、竹木等行业进行了调查。先是跑了行业公会（即如今的行业协会），公会方面都挺认真地给查了登记资料，可因为只有“九头鼠”这么个绰号，所以都是白查。

穆容汉只好骑车全城走访，凡是水产行、地货行、绳索店、竹行、棺材店，看到一家问一家。两天转下来，最后终于从“大新鱼行”老板金大新那里打听到镇江地面上确有一个绰号“九头鼠”的水产经纪人，金大新曾跟其有过一段时间的合作。

此人姓黄，业内称其“黄老板”，是个大高个子，四十来岁，鼻梁右侧有一颗黄豆大的黑痣。像金大新这样开鱼行的，每天都须大清早前往长江码头进货，那些渔船夜晚捕捞，所获鲜鱼活虾江蟹都是靠岸即售。不过，按照行规，渔船与鱼行是不能直接交易的，必须通过经纪人方能成交。经纪人是有组织的，唤作“水产经纪公会”，每天的交易价格由经纪公会制定，具体交易金额则由经纪人根据水产质量作价，不能更改。因此，鱼行老板对经纪人都很客气。每个经纪人包揽若干鱼行老板和贩子，称为下家，下家为巴结经纪人，隔三岔五要轮流做东请经纪人吃饭，金大新和“九头鼠”黄老板之间的关系就是这样。

至于“九头鼠”之说，是一次金大新请黄老板吃饭时，对方喝多了老酒信口吐露的。原话金大新记不得了，只记得当时说到钱塘江地面上的几个著名地痞时，黄老板脸露不屑：“那几个算什么东西？想我黄某当年在江湖上可是有名号的，道上朋友叫我‘九头鼠’！”

穆容汉的调查总算有了一个明确的方向。10 月 21 日清晨四点，穆容汉就赶到了长江边上的水产码头，那里已是一片喧腾，稍带寒意且夹杂着鱼腥味的潮湿空气扑鼻而来，惹得他连打了一串喷嚏。穆容汉去了码头一侧的水产经纪公会交易管理办公室，那里有两个四五十岁的男子坐着，他们是现场办公人员，负责当天水产交易定价并解决交易时发生的纠纷。纠纷是一年到头也发生不了几起的，价格早在交易前就已定好，所以那二位很是悠闲，面前沏了花茶，手里捧着白铜水烟筒，“呼噜呼噜”正抽得欢。见穆容汉亮出了市军管会的证件，二位立马起身。穆容汉直截了当说明来意。两人不知“九头鼠”其名，但听说“姓黄、高个子、四十来岁、鼻梁右侧有一黑痣”的特征后，马上反应过来，说有这个经纪人，名叫黄继仕，不过镇江解放后已经辞职回家赋闲了。

那么，他家住哪里呢？那二位随即从旁边的木橱里拿出公会的经纪人名册，一翻就着——大西路鲜荷巷 73 号。

穆容汉抄下地址拔腿便走，他要趁热打铁直接找到黄继仕，将其请至派出所当面了解。可是，穆容汉没有料到，他的行动竟然慢了若干小时！

二、“九头鼠”被杀

大西路鲜荷巷属于镇江市公安局大西路分局镇屏派出所的管段，从码头骑自行车过去不算太远。这时天色未明，路灯还亮着。穆容汉寻思这当口儿如若直接去黄继仕家的话，稍微早了些，还是先去镇屏派出所待一会儿。这毕竟不是抓捕，而是传讯，没有必要搞得如此紧张。

镇屏派出所值夜班的三位民警还没下班，领头的是副所长小马。小马是山东莱阳人，二十岁，店员出身，系地下团员。解放军南下准备渡江战役前，当地号召青年积极分子报名参加南下干部团。小马报了名，被分派在渡江南下总队第二大队，跟着大队长何冰皓接管镇江，被组织上任命为镇屏派出所副所长。穆容汉所在的九纵侦察连曾和渡江南下总队第二大队一起驻扎过一段时间，所以认识小马。小马见穆容汉大清早突然到访，还以为市局有紧急任务，听他说了来意，笑着说不着急，吃了早饭再传讯嫌疑人也不晚，遂让一起值班的警察小张去买大饼油条和豆浆。小张出门后，小马又让另一位警察老洪找出黄继仕的户籍材料，向穆容汉介绍此人的情况。

其实，老洪根本不用看户籍材料就能说得很详细，因为他是黄继仕的邻居。老洪是鲜荷巷的老住户，他家在那条古老的巷子里已经住了三代。他告诉穆容汉，他的祖父当年是清朝的五品官员，叔祖父则是当时镇江有名的商人，以前鲜荷巷的半条巷子都是他家的房产。辛亥革命后，洪氏家族家道败落，房产大量出售，最后只剩下门对门的两套小院落由老洪家和其堂兄家住着。黄继仕住的那个小院就是其已故岳父黄准廷从洪家买下来的。

黄准廷是镇江有名的酱园老板，在其独生女儿黄彩芸二十岁时，黄准廷买下了鲜荷巷的这套房子作为女儿的住所。不久，黄彩芸被镇江教会医院的一位湖北籍药剂师看中，央人说媒。可黄准廷就这一个女儿，非要招上门女婿。那个药剂师一口答应。此后，这对夫妻就在鲜荷巷安了家。第二年，黄彩芸生了一个女儿，两年后又生了个儿子，两口之家变成了四口之家。不料，在结婚的第五年，药剂师患上了痨病，医治无效，一命呜呼。

黄彩芸成了寡妇，领着一对儿女住在鲜荷巷。由于其父的实力，她虽然无业，日子照样过得滋润。黄彩芸守寡守了整整十年，到了1940年她三十五岁时，酱园老板发话了，让女儿考虑再婚。这是因为当时黄家的情况也发生了变化。黄彩芸的母亲已于三年前因病去世，而黄准廷这年已经年届六旬，不久前查出患了严重的肾病，估计时日无多。所以，他要给女儿找一个归宿。于是，黄彩芸开始托媒婆张罗对象，还是老规矩——男方必须是倒插门；另外还有一个新规矩，男方得改姓黄。

第一条倒是好办，可这第二条就需要商榷了。而黄彩芸呢，仗着自己的“财”、“貌”两大优势，寸步不让，非得满足这两个条件方才可以考虑。这样一来，尽管几个媒婆都是巧舌如簧，具有把一摊狗屎说得花团锦簇的本领，可是人家男方不愿意改姓，那也没办法。后来，总算有一个男子愿意接受黄彩芸的条件。对方是安徽人，未婚单身，从事的行当是水产经纪。双方一见面，黄彩芸对男方的年龄、相貌、谈吐都颇满意，这门婚事就定下来了。

不过，男方也有条件，那就是不愿意张扬，不按当时流行的规矩登报，也不希望大摆筵席，在家里置办两桌酒席请请女方亲朋好友即可。这倒也符合女方的想法，双方一拍即合。1940年10月29日，二人举行了简单的婚礼，原名钟继仕易姓为黄继仕的水产经纪人就成为黄彩芸的第二任丈夫。

镇江当时处于日伪政权统治下，对居民户口卡得甚严，规定从外地来镇江居住的居民在半年内属于“寄籍”，也就是临时户口，良民证的颜色也跟本地居民的不一样，“寄籍”满半年后方可转为“本籍”即本埠户口。当时，老洪已经是日伪警察所的一等警士了，他是读到初二辍学的，在那个年月算是有文化的人，因此成为了伪警察分局的户籍警。黄继仕入赘后没几天，黄彩芸就找老洪请其相帮给丈夫办理户口。老洪记得当时黄继仕出示的材料是：一份安徽省无为县无城镇警察所的户口证明，还是抗战前一年的，黄继仕解释说那年他离开家乡后就再也没回去过；另一份是伪镇江市商会控制下的水产经纪人公会出具的关于黄继仕从事职业的证明；还有一份则是镇江县甘露镇警察所的户籍证明，表明黄继仕其时已是该镇的本籍居民。按照规定，老洪须对这三份材料予以核实。安徽无为县当然是去不成的，可以免查，不过水产经纪人公会和甘露镇还得跑一跑。但因为黄彩芸催得紧，而老洪的老婆正好生头胎儿子，家里事儿也多，也就把这道手续省略了，直接办理了钟继仕改名为黄继仕并落户鲜荷巷73号黄彩芸家的手续，稍后，又为黄继仕办理了良民证。为此，黄彩芸还送给老洪两条哈德门香烟。

两人结婚后，小日子过得还算滋润，1944年，黄彩芸又生了一个男孩儿。黄继仕一直在水产码头干经纪人，另外听说他还曾投资过其他行业，但估计并没有获得丰厚利润。以老洪的警察身份，如果黄继仕的投资获利颇丰或者铩羽而归，坊间的传言肯定逃不过他的耳朵。那么，为什么镇江解放后黄继仕就啥都不干，连原本做得好好的水产经纪人也不做了呢？老洪说这个问题他在查户口时曾当面问过黄继仕，对方的解释是患了气喘病。干水产经纪人得每天凌晨两三点钟就赶到码头，露天作业，还得从这条船跳到那条船，一个早市少说也得对二三十条渔船进行看货、查验、定价，寒气、湿气他实在受不了。这么些年干下来，加上以前在其他行业上的投资所获，黄继仕手头也有些积蓄了，另外，黄彩芸也再三再四地阻拦他继续干下去，所以最终决定赋闲回家。

正说到这里的时候，外面传来一阵儿急促的脚步声，一个居民气喘吁吁地奔进派出所："不……不好了……杀人了！"

老洪定睛一看，原来是他在鲜荷巷的邻居赵有才，便递过一杯水，说老赵你别着急，喝点儿水，把气喘匀些再说也不迟。赵有才喝了两口水，一说情况，穆容汉惊得差点儿从椅子上蹦起来——黄继仕让人杀了！

1949 年 4 月 23 日镇江解放，一周后的 5 月 1 日，黄继仕突然决定辞去水产经纪人公会的差使。从此，他基本不出门，终日在家待着。他的生活内容倒还真的属于标准的赋闲：从早到晚无非是打太极拳、练气功、饮茶喝酒、浇花莳草、摆弄盆景、看报纸、听收音机，再不就是写字画画。这样到了 9 月底，有桩事儿打乱了黄继仕平稳的生活节奏。

10 月 1 日，北京举行开国大典，根据中央的统一部署，凡是已经解放的城市都要在当天组织群众收听开国大典的实况广播，以及在当地主要街区游行庆祝，有条件的城市还须燃放焰火增添喜庆气氛。镇江市其时已经结束了其作为江苏省城的历史，只是苏南行署下面的一个市，条件比较差，不可能放焰火，但集会游行肯定是少不了的。集会游行不能空着两只手前往，每个队列前得有宣传牌、横幅，每个人的手里都得有一面长方形的彩色小纸旗，上面须写上标语口号。当时文化人普遍缺乏，鲜荷巷居委会人手不够，有人想到了黄继仕。于是，居委会大妈登门邀请，却被黄继仕婉言拒绝。

居委会主任老沈只得亲自出马。老沈是新四军出身，当年新四军开辟茅山根据地时，他作为热血青年冲破日伪的封锁线前往投军，曾当过王必成的警卫员。两年后负伤，疏散至苏州养伤，伤愈后一条腿落下残疾，遂留在苏州，直至镇江解放后方才返回。当时像他这种经历的人是颇受大家敬重的，所以，老沈一出马，黄继仕便只有遵命了。

黄继仕原以为给居委会做好这桩事儿就结束了，可是当时这种情况层出不穷，执政党推出的政策、发动的运动都是要大力向群众进行宣传的。黄继仕既然显露了他那手不错的书法，以及还看得过去的绘画，那就算是在老沈等人的脑子里挂上号了。庆祝开国大典的活儿刚干完，“支援前线，解放大西南”的宣传活动随即开始。这回，不用老沈登门了，就来个小青年积极分子捎个话就行了，通知黄继仕去区政府参加宣传活动。这下，黄继仕可就忙开了，两个多星期里，天天早出晚归，有时忙到半夜，干脆就住在区政府了。

对于黄彩芸来说，丈夫被人民政府“抓差”纯属无奈，尽管她心有微词，可是不便开口。新中国成立后，像她这种剥削阶级出身的只有低眉顺眼的份儿。昨天，黄继仕上午八点多出门，说是去区政府相帮布置礼堂，另外还要为庆祝广州解放举行的大游行准备横幅、标语，所以可能回来得晚一些，如果忙得太晚，也有可能就住在区政府了。因此，当晚丈夫没回家，黄彩芸也没当回事。今天清晨，黄彩芸和三个子女还在睡梦中时，忽然被一阵儿擂门声惊醒。她急忙披衣起床，疾步出屋，还在院子里就高声问外面是谁。

外面回答：“黄家嫂子，不好啦！你家先生被人杀了！”

黄彩芸大惊，开门一看，映入她眼帘的是浑身是血倒在门口的丈夫！

三、尸体被焚

根据规定，命案应该在第一时间报分局和市局。镇屏派出所副所长小马当即打电话分别报告了，然后，叫上老洪直奔现场。

穆容汉其时只能算是该案的局外人。旁观了分局、市局的刑警以及法医勘查现场、解剖尸体后，刚返回市局，他就接到通知：组建专案组对该命案展开侦查，由他担任组长。

专案组共有四名侦查员，除了组长穆容汉，另外三位是大西路分局刑警徐紫山、胡真力和镇屏派出所民警宋秉钧。徐紫山、胡真力都是具有十年以上刑侦经验的留用刑警，十九岁的宋秉钧则是参加工作不过三个月的新公安。穆容汉跟三人聊了聊，得知徐紫山、胡真力以前曾办过命案，不过属于十多人专案班子中的一员，并未发挥过关键作用，相当于戏台上跑龙套的角色。于是，他就意识到自己肩头这副担子的分量了。

大西路分局拨出一间屋子给专案组作办公室，穆容汉四人就在这间隐约散发着一股霉味儿的屋子里举行了第一次案情分析会。徐紫山、胡真力之前参加了现场勘查，穆容汉也自始至终在场。他问二人现场勘查发现了什么线索没有，那二位一脸苦笑。穆容汉说老徐、老胡，不瞒您二位说，我虽在部队上搞过侦察，不过那是军事侦察，跟刑事侦查路数有别。刑侦工作肯定要比军事侦察细致。至于小宋，跟我一样是新手，需要边干边学。您二位是老刑警了，咱们一起搞这个专案，二位自然要多多出力。现在咱们关起门来内部讨论这个案子，您二位有什么就说什么。

徐、胡便说了说现场勘查情况。法医解剖认定，死亡时间大约是在半夜时分，被害人进入鲜荷巷，走到家门口掏出钥匙准备开门的一瞬间遭到袭击，凶手应是从后面下的手，左臂勒住被害人的脖颈，右手持匕首从右侧刺入了被害人的肝脏，一刀毙命。从被害人颈部毛细血管破裂导致的淤血痕迹判断，他曾有过短暂的挣扎，但基本无效。法医和刑警在勘查时曾当场进行过作案过程模拟还原，得出的结论是：凶手可能一路尾随被害人，也有可能事先隐藏于巷子里，待到他准备开门时猝然下手。死者所居住的鲜荷巷 73 号是巷尾最后一家，巷内没有一盏路灯，昨晚又是阴天，月亮、星光俱无，不论是尾随跟踪还是事先守候，只要不发出太大动静，被害人很难察觉。

据此可以判断，凶手应该是一名颇有经验的职业杀手。从这个角度下手，凶手身上应该没有沾上鲜血，不过他持刀的右手以及袖口可能会留下血迹。鲜荷巷是一条石板路，昨晚没有下过雨，按说应该留下脚印的，但早晨发现黄继仕被害后，被赶来的众多邻居给踩混了，根本无法辨别。

既然现场勘查毫无收获，专案组应该如何开展下一步工作呢？穆容汉问那三位有什么意见，宋秉钧马上说“我听领导的，叫怎么干就怎么干”，徐紫山附和着点头。倒是胡真力提了一个问题：“我刚才听派出所老洪说，穆组长您正好在了解黄继仕的情况，不知此人的被害跟您了解的情况有什么关系？”

穆容汉就把自己受命调查针对黄继仕的那三十七封检举信的情况说了说，临末道：“黄继仕之死跟检举信是否有关，看来是专案组需要调查的一个方向。除此之外，大家看是否还有其他路可以走？”

徐紫山说按照刑侦的老套路，需要调查黄继仕被害之前数天、特别是前一天的活动情况，以及是否有异常举止，还要对鲜荷巷的居民逐家访查，打听昨晚是否看见或者听见过跟凶杀案相关的动静。这时，宋秉钧也大着胆子开口了，说穆组长您看是不是有必要对那个请人代书检举信的女人进行调查，找到她，没准儿就能找到这起凶杀案的线索。穆容汉想了想，说那咱们就分两路进行调查，老胡和我去查那个烫发女人的线索，老徐、小宋你俩负责访查黄继仕被害前的情况以及鲜荷巷的居民。

上述调查从10月21日下午到10月23日傍晚进行了两天半，四名侦查员一无所获。23日晚上，专案组再次开会讨论案情，议来议去却觉得似乎无路可走。当晚，穆容汉只睡了三个多小时，一直在考虑这个案子的侦查方向，但想来想去思路却老是卡壳。

次日，10月24日，天降秋雨，淅淅沥沥地使人心烦意乱。穆容汉刚从市局集体宿舍赶到大西路分局专案组办公室，就接到镇屏派出所副所长小马的电话，说老穆看来您得带着部下去一趟乡下了。穆容汉忙问出了什么情况。小马说出了桩怪事，刚才被害人的老婆黄彩芸哭哭啼啼跑来说，她丈夫连尸体带棺材给人烧了！

黄氏家族自清光绪初年发迹，渐渐成为镇江的一个大族，直到抗战时期方才衰落，但以往的那些豪奢派头依然保留着，城南七里湾黄家庄的家族祠堂和墓园便是明证。光绪二十年，当时的黄家老大、富商黄振环出资在黄家庄购置土地十七亩，兴建祠堂、墓园。按照黄振环立下的规矩，黄氏家族的男丁只要生前未曾犯过严重过失，死后均可葬于墓园以及在祠堂摆放牌位；民国初期，黄振环的后人又对该规则予以修改，顺应潮流，外姓男丁入赘黄氏家族后改为黄姓的，死后亦可参照黄氏家族男丁的待遇入葬墓园，牌位可进祠堂。这次，死于非命的黄继仕就是按照修改后的规矩办理的。

富商黄振环可能是一个思维活跃而且喜欢标新立异的主儿，他制定的规矩中，还有其他家族没有的一条：入葬墓园的黄氏亡人，棺柩须在祠堂后院停放三年方可落葬入土。如此规定，大概是生怕死者生前隐瞒了严重过失，死后方被揭露，那就同样不能进祠堂、葬墓园——反正棺柩尚未下葬，抬出去就是。当然，按理说即便下葬了也是可以把棺柩挖出的，不过，以黄老爷子的观点那就是动了风水，要败家的。当初老爷子立此规矩时，有族人建议干脆在祠堂旁边另设偏厅，专供停放棺柩以及逢年过节时家属祭祀，遭到老爷子的断然否决。为什么呢？据说黄振环为此特地跟一位精通风水相术的道士探讨过，认为棺柩必须露天停放，以散发戾气，日后入土鬼魂不会作祟，家宅族人就可安稳。那么，棺柩在露天一停三年，风吹雨淋，待到下葬时岂不已经油漆脱落、斑驳开裂？这个，黄老爷子已有考虑：每年三伏时节请来漆匠师傅给每口棺柩重新上油漆。

按照六十多年前的规矩，一般老百姓家里有人去世，只要家境尚可的，起码停尸三日，以安其魂。不过，黄继仕的情况不同，他是死于非命，尸体又是解剖了的，所以其妻黄彩芸接受族里老辈人的建议，遇害次日就入殓，第三天，即 10 月 23 日就雇了一条木船运往黄家庄，停放于祠堂后院。没想到，当天晚上，黄继仕的棺柩就被一把火给烧了！

黄氏家族的祠堂、墓园是有专人管理的，那是黄家庄的一户贫苦农民，户主姓姚。这人的脑袋长得有些畸形，方方正正，特别大，所以人都称他“姚大头”。当初黄振环购地置办祠堂、墓地时，物色管理人选，条件是忠厚老实勤快、无田地房产的赤贫之人，选中后全家可入住祠堂，占用房产两间，免租耕种族产田地若干亩，世代承袭。当时选中了从苏北逃荒过来的姚大头的祖父，到姚大头已经是第三代了。

昨晚，姚大头一家五口与往常一样，天黑后早早歇息。睡到下半夜，姚大头的妻子忽被惊醒，睁开眼，只见窗外夜空一片火红，便知不妙，急忙唤醒丈夫。姚大头外衣都来不及穿，窜到门外一看，震惊之中也有几分不解：失火位置竟是后院！后院是停放棺柩之处，怎么会失火呢？

当下姚大头便抓了个水桶直奔后院。着火的是那口白天刚停放的棺柩，看样子火已经烧了一阵儿了，棺盖已经烧毁，棺体即将散架，棺材里的尸体及随葬物品也着了火。这时，妻子、儿子也已赶到，一家人打水的打水，扑救的扑救，总算把火浇灭。不过，黄继仕的尸体已经受损，被火烧的倒在其次，一大半因素是入殓时塞在尸体四周的一包包生石灰和泼上去的水发生化学反应导致的。

黄家庄的村民见是棺材失火，皆啧啧称奇。那时人们多迷信，言语间便往鬼神方面引，弄得平素胆子还算大的姚大头心惊肉跳，打消了立刻进城向黄家报告的念头。天亮后方才进城，他不知道黄彩芸家住何处，只知道平时代表氏族跟他联系的另一老爷子黄今白的住所。黄今白闻讯大惊，当下便命儿子领着姚大头去鲜荷巷。

黄彩芸的迷信思想更严重，听姚大头说乡里人怀疑这是“天火”，吓得瑟瑟发抖，一迭声问“怎么办”。姚大头是没有见过世面的乡下人，哪里知道该怎么办。倒是黄今白那个当教师的儿子有见识，说不行的话，就报告派出所吧。到派出所一说情况，在场警察连同见多识广的老洪在内都觉吃惊，寻思人已经杀了，还要烧他尸体干什么？副所长小马即刻给专案组打了电话。

穆容汉闻讯，马上招呼徐、胡、宋三人前往黄家庄。来到祠堂后院，看到那口棺材已经烧得差不多了，黄继仕的尸体也因烟熏火燎石灰灼烤惨不忍睹。侦查员甚至怀疑这究竟是不是黄继仕本人的尸身。问黄彩芸，她抹着眼泪说确是丈夫遗体，因为黄继仕的背部有一道刀疤，已经看过了，没错。

祠堂后院约有七八十平方米面积，停放着十九口棺材，都是这三年里去世的黄氏家族成员。院子里是泥地，下半夜姚大头救火时泼了二十来桶水，一干村人又闯进来过，天明后还下了雨，地面上是一副什么状况可想而知。不过，侦查员还是在一口棺材下面的垫棺木一侧发现了一个空瓶子，闻了闻，有一股汽油味儿，于是便断定黄继仕那口棺材是给人浇了汽油点燃的。汽油浇在棺材盖上，所以姚大头发现起火赶到现场时棺材盖已经快烧没了。

侦查员又查看了院墙，发现东侧角落有人攀爬过的痕迹。墙外的泥地上有一枚清晰的脚印，一看便知是昨晚留下的，因为踩得瓷实，所以没让早晨的雨水冲损。那时公安机关还没有专职的痕迹技术员，都是刑警自己提取痕迹。可是，专案组出来得急，没带石膏粉，徐紫山急中生智，让姚大头去村子里弄了些糯米粉，用水搅了搅，当石膏粉倒在脚印上，待糯米粉干后就可以获取一枚完整的脚印了。

那时候还没有“侮辱尸体罪”，侦查员并未把这件事当作一个案件来看，只因被焚的是凶杀案中的被害人才引起专案组的注意。所以，大家自然而然要把此事和凶杀案联系起来——

如果说凶手杀害黄继仕是因为与其有深仇大恨，那么，他的目的已经达到。既然目的达到了，为何还要焚烧黄继仕的尸体呢？这种做法使人难以理解。不过也有一种可能，那就是凶手企图转移侦查视线。如果是这样，只要查到那个焚尸者，不就等于发现凶手的线索了吗？

如何寻找那个焚尸者呢？眼下，专案组手头有焚尸者遗留下的两样东西，一是脚印，二是那个盛放汽油的空瓶子。脚印是用糯米粉提取的，不像石膏粉那样干得快，即使干了目前也没啥用，因为光凭脚印还是无法知晓应该从哪个方向寻找焚尸者。所以，众侦查员都把目光集中到了那个空瓶上。

先前在现场发现这个瓶子的时候，穆容汉注意到两个老刑警不约而同对视一眼，料想必有原因。此刻，他让宋秉钧把瓶子放在桌上，冲徐紫山、胡真力微笑道："老徐、老胡，你们对这个空瓶子有何高见？"

胡真力对徐紫山说："老徐，你向穆组长报告。"

这是一个黄酒瓶。通常一说黄酒，人们就会想到绍兴，其实，江南还有另一种黄酒，那就是已经有三千年历史的丹阳封缸酒。镇江与丹阳不到百里，当时镇江人都爱喝丹阳的封缸酒。眼前这个瓶子就是丹阳封缸酒的酒瓶。不过，这个酒瓶有些特殊。一般的酒瓶都是玻璃材质，瓶口用一个不过一厘米厚的软木塞塞住，外面封上火漆，以防酒味儿挥发。而这个酒瓶却是瓷制的，而且制作得十分精美，通体翠绿。瓶盖有两个，一是内盖，是用寸许长的优质软木做的，外裹小羊肠衣薄膜；一是外盖，同时也是一个酒杯，反扣于酒瓶上方，杯口卡在瓶颈上的环形凹槽里，由于制作工艺精细，故而严严实实，密不透气。这个酒瓶，可以说既是容器，又是一件工艺品。相信凡是购买这种酒的顾客，喝完瓶内的黄酒后肯定舍不得丢弃酒瓶。

徐紫山告诉穆容汉，这种酒瓶盛装的是丹阳城内"王老三酒坊"制作的"老三村醪"，那是丹阳封缸酒中的上乘佳品，据说要在地下埋七年后方才开缸装瓶。每年一缸，埋下去是五十斤，七年后挖出来开缸时还剩四十斤，分装四十瓶，老板王老三自留二十瓶，另二十瓶投放市场——由镇江"崇信酱园"独家经营，价格自然高得吓人。不过买这种酒的顾客多是富豪，也不在乎多出些钱钞。

穆容汉听着，不禁好奇地问："这酒果真很好喝吗？"

徐紫山说："我哪里知道？寻常百姓都是只闻其名，别说滋味，就是酒瓶长什么样子也不一定知晓。以前查案子的时候我们曾去过崇信酱园，有缘见过空瓶，形状跟眼前这个一模一样，不过颜色是明黄的，不知不同的颜色有什么差别。"

现在的问题是，这么一个酒瓶怎么会被当作焚尸作案的工具来使用了？而且，为什么使用后竟然一扔了之，没带回去？

几人对此进行了分析。用于盛放汽油的容器必须密封，而在当时的镇江市内，要寻找可以密封且适于随身携带的小容器并不容易。最理想的当然是军用水壶，可是市面上根本没有出售的。那个年代中国市场上还没有塑料制品，所以其他可供选择的容器只有酒瓶、汽水瓶，而寻常酒瓶的瓶塞都是只有一厘米厚的软木塞，打开时极易损坏，不能再次使用；汽水瓶的盖子则是清一色的金属咬扣盖，得用起子打开，而一旦打开就不能再盖上了。那个焚尸者手头恰好有一个“老三村醪”的空瓶子，于是就用来装汽油了。至于他在焚尸后为何不带走那个空瓶子，可能是由于紧张，也可能是根本没有意识到这是一个稀罕玩意儿——如果是这样的话，这个家伙一定属于社会底层。

专案组决定循着这个空酒瓶的线索追查。

四、又一口棺材被焚

“崇信酱园”的老板张胜原是走路一向背着双手脸面朝天的主儿，最近一反常态，老是低头踩蚁步，听见什么动静一律赶紧闪到旁边让道。问其原因，原来是刚从收容大队出来。

收容大队由市军管会主办、公安局主管，收容对象是国民党军队的散兵游勇、街头混迹的地痞流氓，后来这班人清理完了，就把一些帮会分子、恶霸帮凶之类的收了进去。张胜其实哪类都不是，可是他的社会交往实在太杂，不但三教九流都有他的哥们儿，凡是当政的官员包括日伪时期镇江伪政权的汉奸头目都跟他有来往。所以，人民政府需要他对此作出说明、提供线索，就把他一并收进去了。张胜在收容大队待了两个多月，三天前刚刚释放回家。有此经历，他便不敢再飞扬跋扈，只想老老实实做人。

因此，当穆容汉、徐紫山出现在张胜面前，要求他提供“老三村醪”的销售对象情况时，他非常配合。可是，他的配合不过是使侦查员了解了“老三村醪”本身的情况，对于调查案件却并无多大帮助。

据张胜说，“老三村醪”的酒瓶分七种颜色：赤橙黄绿青蓝紫。这是为了让人识别“老三村醪”的出品年份。那么，侦查员拿去的这个绿色酒瓶是哪一年出品的“老三村醪”呢？张胜告知，王老三的“老三村醪”首推日期是民国八年即1919年端午节，使用的是红酒瓶，之后的顺序按赤橙黄绿青蓝紫排列，绿色酒瓶应该是1926年、1933年、1940年、1947年出品的。1947年这批酒也是“老三村醪”的最后一批。这年夏天，七十岁的王老三因病身亡，三个儿子为分家产大打出手，历时三月，一死二伤，其间把王老三生前埋于地下的那七缸酒也给毁了。“老三村醪”就此没了。但眼前这个酒瓶到底是上述出品年份中哪一年的，张胜就说不上来了。

穆容汉问：“那四个年份的酒都卖给谁了还记得吗？”

张胜说：“1926年时酱园还是我父亲当家，那酒卖给谁了我不清楚。1933年开始到1947年的酒都是经敝人售出，虽然有账目，但上面是不记载顾客姓名的，不过也就是一些老主顾。”

接着张胜说了一些主顾的名字，其中不乏抗战期间占据镇江的日本人。1940年的那些绿瓶酒大部分卖给了日军镇江宪兵队，两个从上海来的“七十六号”特工总部的军官买去了四瓶，还剩下两瓶给本地一个粪把头董忠朝买去了，听说他是拿到北方送礼用的。而1947年的那二十瓶“老三村醪”则全部卖给了丁秉羽。

穆容汉问：“丁秉羽是哪位？”

"江苏省保安总队的少将高参。"

"现在他人呢?"

"1948 年就离开镇江了，后来我听他的勤务兵小朱说，丁高参今年 3 月间从上海逃到台湾去了，他的小舅子也是这么说的。"

这样，想从空酒瓶上查摸线索的希望就落空了。

穆容汉、徐紫山返回大西路分局的专案组办公室时，胡真力、宋秉钧已经把那枚在黄家庄黄家祠堂墙外泥地里提取到的脚印烤干了，还原成一枚脚印模型，两人正用放大镜观察。穆容汉、徐紫山也仔细查看了一番，最后得出结论：潜入黄家祠堂焚尸的家伙穿的是一双鞋底已经磨损得非常厉害的布鞋，身高大约在一米七左右。从鞋底破损程度以及把泼光了汽油的酒瓶扔掉这个动作判断，焚尸者很有可能是个乞丐。

穆容汉向两个老刑警提出了一个问题：对于一个乞丐来说，是否熟悉坐落于城外七里湾黄家庄的黄家祠堂这样一个处所？胡真力说，一般说来，应该比较熟悉，因为黄氏家族一度十分显赫，多年以来每年都要举行数次敬拜祖宗、上坟、落葬之类动辄就得全族数百男女老少出动的活动，届时黄家庄就是一个小型集市，一些小贩会过去叫卖零食小吃、儿童玩具、妇女头饰之类，许多乞丐也会趁此机会去行乞。

穆容汉听后摇头不语。他原先的念头是如果那个作案的乞丐对黄家庄不熟悉，那他去黄家祠堂作案前肯定要先踩点儿。乞丐在村庄露面很容易引起村民的注意，那就可以向村民调查，没准儿能查摸到蛛丝马迹也难说。现在看来那个乞丐对黄家庄可能并不陌生，那他就没有必要去踩点儿了。

这时，自参加专案侦查以来一直保持低调只听不吭声的镇屏派出所新民警宋秉钧开腔了。别看这小伙子不声不响，却是爱琢磨的，他想到了一个查摸焚尸乞丐的法子：是否可以从其他乞丐那里调查这个作案乞丐？

一语提醒了众人。专案组决定明天还是分两拨去对乞丐进行查摸。穆容汉以前搞军事侦察时有过多次化装混进敌占区执行任务的经历，跟乞丐也打过交道，说他明天上午得先去市局财务室申领点儿零钱，跟乞丐打交道，不破费恐怕不行。说着，打了个长长的哈欠：“好吧，今晚的会就开到这里，大家都好好睡一觉，明天还要全城奔波呢！”

可是，这天晚上大家是注定无法好好休息的。众人正要离开分局时，分局值班室的一位干事忽然跑进来说：“门口有人找你们专案组的同志，说是黄家庄又有一口棺材被烧！”

专案组众侦查员个个瞠目结舌。还是穆容汉最先反应过来，说：“这到底是怎么回事？莫非对手真是王八吃秤砣铁了心跟咱们较上劲儿啦？走，去黄家庄！”

二次焚烧棺材，祠堂看守人姚大头更是没想到。他昨晚下半夜救火一直折腾到天亮，去城里给黄家报信儿回来后又下田割稻，忙碌到天黑吃了晚饭，觉得周身疲乏，倒头便睡。他的老婆收拾完家务，在油灯下做针线活儿，做着做着，忽然窗外又像昨晚那样红闪闪起来。开始她还以为是脑子里老是想着昨晚那事儿出现了幻觉，定定神，才敢确信真是后院再次着火。当下，便唤醒丈夫，一家人跑到后院时，院子另一侧的一口棺材已经通体烧着，火焰蹿得蛮高了！

姚大头还是像昨晚那样打水救火，扑灭后吩咐大儿子立刻进城，先去大西路分局找白天来调查过的那几个警察报告，然后再去黄今白大爷府上告知此事。

专案组四名侦查员赶到现场时，得知了一个意外消息：那个放火者已经被黄家庄村民拿下了——果然是个乞丐！

侦查员就地对其进行讯问。那厮的身高跟之前估计的差不多，三十上下年岁，一张肮脏的脸上长着一双贼兮兮的眼睛，面对几个声色俱厉的公安，露出畏惧之色。穆容汉朝前走了两步，这小子以为要揍他，吓得立马就地跪倒，施出职业绝招——磕头如捣蒜，嘴里一迭声“高抬贵手”。穆容汉说：“人民政府的警察不是国民党反动派的伪警察，对人犯不搞打骂，你坐下。老徐，给他支烟，抽两口定定神再老实交代。对你怎么处理，要根据你的态度来决定！”

这个乞丐名叫钱宝山，江苏泗县人，少年时家乡遭灾，家人悉数遇难，他只得外出行乞，最后来到省城镇江。旧时的乞丐，若论成分，应是属于流氓无产者一类。出于谋生的需要，除了行乞之外，他们还有多种上不得台面的手段，偷蒙拐骗乃是拿手好戏。钱宝山多年混下来，对于本行个中手法样样精通，因此也结识了一些朋友，三教九流的都有。

人们之所以要跟乞丐相识，是因为有时需要把他们作为法宝祭出，会有奇效。比如，你若遇上个损人利己的恶邻居，每每侵犯你的利益，跟其交涉，不理睬；报官府，事儿太小不受理。这时，如果你有钱宝山那样的乞丐朋友，就可以解决这个难题了。只要打声招呼，老钱就会叫上一帮叫花子，成群结队到那个恶邻门口行乞。哪个朝代都有乞丐，行乞不犯法，他们可以整天整夜驻扎在恶邻门前，不停地唱莲花落，竹板打得人心烦意乱。这还是客气的。如果恶邻不告饶，那就拉屎拉尿，还会代替环卫工人清理附近垃圾箱里的垃圾，当然清理出来的垃圾都是堆到恶邻门口的。如若再不识相，还有更厉害的招数——捉些蛇虫老鼠之类从门缝里放进去。反正，谁家只要被乞丐沾上，十有八九会就范。那么警察不管吗？有时会管，可是基本没有效果。警察一来乞丐就走，一离开则重新聚拢，或者白天不来，晚上再现身，到时候他们带来的就不仅仅是蛇虫老鼠之类，甚至会从乱坟岗弄来具尸体。警察不是专门对付乞丐的，哪有那么些精力跟乞丐烦？往往会反过来劝当事人作出让步。

钱宝山就是干这一行的老手。那么，这回怎么玩起烧棺材来了呢？而且专盯黄家祠堂下手，两天作案两起？他交代说也是受人雇佣。镇江解放后，乞丐的日子比旧时好过了些，大城市如上海、南京都已经由政府发起组织行乞人员回乡种田。镇江这时已不是省会城市，只是苏南行署下辖的一个地级市，这项工作尚未开展，但政府机关大门口的宣传栏已经有这方面的说法。钱宝山这些人都是文盲，文章是看不懂的，不过政府已经考虑到这一点，另有图画明示，这个乞丐们是看得懂的。其他乞丐怎么想的不清楚，钱宝山倒是想回乡的，因为图画上告诉他，回乡可以参加土改，可以分得田地、房屋，还可以斗以前欺压过他的地主恶霸。不过，钱宝山暗忖就这样两手空空回乡毕竟不妥，要给乡亲们带些礼物，要给族中长辈奉上红包。所以，他手头得有一些钞票。正动着这脑筋时，机会来了，有一个名叫苟兴知的人忽然请他喝酒，要求他相帮做一件事，事成之后，愿以重金相酬。

苟兴知是镇江本地人，四十岁，此人的阅历丰富，光从事过的职业就有十八行，工农兵学商、警宪特检法等等他都干过。所谓“检法”是指检察院和法院，旧时他曾给江苏地方检察院、地方法院当过汽车司机。不过这人干活儿没有长性，时不时跳槽另起炉灶，重新来过。直到九年前干上了牙科医生，这才算是稳定下来。旧时人们把牙齿不当回事，认为即使牙齿全部掉了也死不了，装上假牙照样活得很好。所以，牙医也不需要什么文凭、执业证书、处方权之类，没有诊所，马路旁撑把阳伞，下面放上桌椅就行了，照样有人来求医。治疗呢，也很简单，基本上是清一色的拔牙。不是牙痛吗？哪颗牙痛拔哪颗，拔掉了也就不疼了。

干这行只要不出医疗事故，准能赚钱。几年下来，苟兴知租了个门面，收起阳伞，做起了正儿八经的牙医，还打出了“留美博士”的招牌。不久，又娶了媳妇。苟兴知的老婆名叫郭桂珍，比他小七岁，白皙俏丽，不过，属于寡妇再嫁。寡妇倒也无所谓，即使在封建思想严重的旧社会，寡妇再嫁也不算新闻，问题是郭桂珍十六岁出嫁，十八岁守寡，到二十五岁再婚，其间已不知闹了多少回红杏出墙了——她其实是一个暗娼。那么，苟兴知是否知道呢？他知道，但他并不在乎，因为他贪图郭桂珍的漂亮风骚。

很快他就尝到了苦果，也就不过一年多时间，郭桂珍不但给他戴了绿帽子，而且干脆离开他投入了另一个男人的怀抱。更让苟兴知气愤的是，他的情敌竟然是个年过六旬的糟老头儿！

那老男人名叫黄今春，是前面曾说到过的黄家氏族常务掌门人黄今白的族弟。说起来，这黄老头儿跟苟兴知还是同行，苟是牙医，黄是中医，专看妇科，在镇江地面上小有名气。郭桂珍在七年守寡期间与许多男子有染，患上了妇科疾病。跟苟兴知结婚后，苟很想要个儿子。这对于郭桂珍来说颇有难度，以她当时的状况，别说生儿子了，能否怀孕也还是一个未知数。结果，结婚数年，珠胎未结，妇科病倒是加重了。她就偷偷去黄老中医那里看病。

黄今春一见郭桂珍，顿时被其美貌迷住，他一边尽心为郭诊疗，一边施出浑身解数勾引。黄今春出身富商，自己做了几十年中医，也颇有些积蓄。他很舍得下本钱，给郭桂珍看病不但免收诊疗费，连中药也是凭他的条子由中药店免费配制。除此之外，还经常送钱送物。郭原本就不是什么正经女人，生性又贪，渐渐就跟黄老头儿好上了。

抗战胜利，镇江又成了江苏省的省会（日伪时期伪江苏省省会迁往苏州）。黄今春有位自幼就要好的结拜弟兄莫伯雄，原是国民党军队的团长，作战时受伤瘸了一条腿，不适宜再在部队待下去，回到地方上干起了保安团兼警察局的双料顾问。黄今春刚跟这位盟兄续上关系，他跟郭桂珍的事儿就穿帮了，被牙医荀兴知捉奸在床，一顿暴打。

荀兴知还不解恨，正盘算如何收拾这对狗男女时，黄今春的报复来了——当天晚上，荀兴知就被保安团抓去，一番拷打后又送往市警察局，随即被逮捕，罪名是“私入民宅，蓄意行凶”。他原以为关上十天半月就可以释放，有个以前经常去他那里看牙的看守员悄悄向他透露，警察局已经在准备一应材料了，听说要把他送上法庭，估计会判五至七年。荀兴知听了之后倒也没有太吃惊。因为他自己以前就干过特务、宪兵、警察，知道行业黑幕，料想黄今春必有背景，已经跟警方通过气了。那他又有什么应对之策呢？

当晚，荀兴知越狱脱逃。

上述情况是荀兴知请他的乞丐朋友钱宝山喝酒时告知的，他没有透露自己越狱之后的那两年多时间去了哪里、在干吗，只说他是镇江解放后才回来的。一打听，老婆郭桂珍已经不知去向，而黄今春这老家伙尚在人世，不过由于迷恋酒色，纵欲过度，已经中风瘫痪一年有余，全然一副风中烛雨里灯奄奄一息的样子，只待阎王爷派出的勾命小鬼把他提走了。本来，荀兴知是准备视情设计一个神不知鬼不觉的法子要了那老色鬼的性命的，有仇不报非君子嘛！可现在黄今春已经这副模样了，如若送其下了地狱，万一事不周密穿了帮还得为老家伙赔命，不值得。因此，荀兴知不准备弄死黄今春。但仇是一定要报的，于是就另外想了个法子——待黄今春病亡后一把火将其连棺材带尸体烧了！

新旧政权在纯刑事方面罪与非罪的概念，在新中国成立初期并无什么差别，旧时那些被认为属于犯罪的行为如杀人、纵火、抢劫、盗窃、拐骗、强奸，等等，在新社会同样属于犯罪；而那些诸如小偷小摸、小打小闹之类，不过关押几天也就了事了。荀兴知干过特务、宪兵、警察，知晓旧社会的法律，跟新社会一比较，寻思焚烧尸体即便被发现，最多不过关几天，况且那黄今春利用行医之便奸淫妇女之恶行在镇江是出了名的，那是恶霸行为，在旧社会因其与伪政权官员有勾搭拿他没办法，如今解放了，应该得到清算。因此，焚烧这种人的尸体，估计新政权也不会太认真追究。这厮去了西天，我苟某人作为受害者出一口恶气还不行？当然，焚尸那样的腌臜活儿，苟兴知自己是不会干的，得找人代劳，继而就想到了以前干伪警察时的耳目钱宝山。

苟兴知请钱宝山喝酒，就是为了这桩活儿。他把前前后后一应情况如此这般跟钱宝山说了说，然后把一张十万元钞票（旧版人民币，相当于新版人民币十元，下同）放在钱的面前，说老钱你掂量一下是否愿干，干的话我这边可以支付二十万元酬金，这是定金，另一半待事成之后支付。对于钱宝山来说，这是桩求之不得的买卖，既能挣大钱（当时镇江地面上的二十万元相当于普通人一个月的工资了），又不用担甚风险。退一万步说，即便被发现了折进局子，也不过吃几天官司，政府还供饭食，比他街头行乞破庙栖身似乎也差不到哪里。当下便一口答应，收下了定金。

苟兴知跟钱宝山说这件事时是 10 月 5 日，两人分手时苟兴知让钱宝山从次日起每天早中晚三个时段都须去黄今春住所门口，看那老色鬼挂了没有。

钱宝山从 10 月 6 日一直转悠到 10 月 16 日，那天一大早便兴冲冲去找苟兴知，黄今春今天早晨五点半咽气了。苟兴知嘘了一口气，掏出一张五千元钞票递给钱宝山，说老钱你辛苦，还没吃吧？拿去吃个早点。这几天你还要辛苦一番，要留意黄家何时出殡，必须一直跟踪到黄家祠堂，看清楚黄今春那口棺材摆放在哪个位置——我听说黄家祠堂里长年停放着十几二十口棺材，别搞混了误烧了其他死人。

10 月 20 日，钱宝山向苟兴知禀报，说装着黄今春尸体的那口棺材昨天下午已经用船载运到黄家庄了，他步行去了那里，还趁乱混进祠堂亲眼看了那口棺材停放的位置。苟兴知说那你就听我招呼准备下手吧。

钱宝山原以为次日即可下手，可是一连两天都没有消息。他的积极性甚高，心里老是惦着另一张十万元钞票，生怕苟兴知变卦。到了傍晚，他忍不住就去苟兴知家门口转悠，一看却是铁将军把门。以他一个叫花子的身份，自然不便向邻居打听苟兴知去了哪里，只得忐忑着离开。

10月23日下午，苟兴知露面了。他对钱宝山说老钱你今晚下手吧，有把握吗？钱宝山说这又不是杀人，苟先生你尽管放心，明早听我的好消息！苟兴知于是跟他约定第二天傍晚南门“正香面馆”门口见面。

当晚，钱宝山便潜入黄家庄，攀墙而入进了黄家祠堂后院作案，完事后返回市内栖身的土地庙。

今天傍晚，钱宝山如约去了南门，和苟兴知在“正香面馆”门口见面。他原以为苟兴知会请他吃面的，还特地换了身虽然打着补丁但还算干净的衣服。哪知，苟兴知甫一照面便耷拉着一张脸，冷冷地说：“老钱啊，你烧错了棺材！”

钱宝山大吃一惊，寻思绝对不可能，要知道他之前是去黄家祠堂看过的，虽然不识字，认不得棺材横头钉着的木牌牌上写着的死者名字，可停放的位置却是记得牢牢的。苟兴知从他的眼神里看出了这份意思，又说：“我今天上午特地赶到黄家庄去看过了，确实是烧错了。被你烧掉的那口棺材是黄氏家族另一个亡人的，昨天中午刚从城里运过去。”

钱宝山这下相信了，嘟哝了一句：“唉——没想到还有这个岔子！”

苟兴知给了他五千元钱，说老钱你自个儿吃碗面吧，我有事，今晚还要辛苦你跑一趟。苟兴知生怕再出岔子，从身上取出一张纸，上面用毛笔写着碗口大的一个黑字："今"。苟兴知嘱咐说："这回你下手前先划根火柴看一下棺材横头木牌上那三个字，瞅准中间一个与这个字相同的，那就是正主儿了。"说着，又从自行车前面的车筐里拿出一个军用水壶递给钱宝山，"捡些废纸碎木片带去，把这里面的煤油全部倒上，等确实烧着了再离开现场。"

钱宝山再赴黄家庄。哪知这一去就落在姚大头手里了。

五、检举信的来龙去脉

专案组带着钱宝山返回镇江市内，穆容汉随即指派侦查员胡真力、宋秉钧传讯苟兴知。苟兴知初时还想抵赖，等侦查员把钱宝山叫出来，不得已才承认是他指使钱去焚烧尸体的。

苟兴知交代的内容跟钱宝山所说的相同。由于被钱宝山焚烧的尸体之一是鲜荷巷凶杀案的被害人黄继仕，所以专案组于10月25日开始对苟、钱两人所交代的内容进行调查。需要调查的情况有以下几点：一、苟兴知、钱宝山在黄继仕被害的那天（10月20日）晚上的活动情况；二、苟兴知与叫花子钱宝山是否确实如同他们自己所说是"多年朋友"；三、苟兴知之妻郭桂珍被老中医黄今春勾引，后来又因此遭黄今春的陷害是否确有其事；四、苟兴知越狱后的这几年去了哪里，如何谋生，最近为什么又回到镇江定居。

四个侦查员分头调查下来，最终确认钱宝山、苟兴知交代的情况属实。两人的相识始于抗战前苟兴知当国民党警察时。因为苟经常奉命调查刑事案件的线索，有时需要向乞丐打听甚至请乞丐相帮跟踪什么的，钱宝山人比较机灵，就被苟兴知看上了。日伪时期，苟兴知去当时的伪江苏省会苏州市给日伪当特务，跟钱宝山不再联系。后来，苟兴知回镇江从事自由职业做起了牙医，又跟每天在街头转悠着行乞的钱宝山碰面了。他倒还念着旧谊，每每在钱行乞不顺饥肠辘辘时请他吃碗面、给几个零钱，钱宝山几次害牙病，也是苟兴知给免费治疗的。因此，钱宝山对苟兴知怀着一份感恩之情。

苟兴知当年越狱后，先是逃往南京投奔一个在苏州日伪警察局一起当差的朋友赵某。赵与苟是同时离开苏州回其南京老家经商的，这时开了一家米店。听说苟兴知的遭遇，赵某收留了他，让他在米店帮工。几个月后，赵某一个开竹行的连襟纪老板从芜湖来南京串门，跟苟谈下来，认为这人不错，而他正好需要一名账房先生，遂邀请苟兴知前往。赵某跟连襟说了苟兴知越狱在逃的事，纪老板说我不在乎，这种人反而会死心塌地为我干活儿。

在芜湖“和顺竹行”做账房先生的苟兴知跟东家纪老板处得很好，纪老板甚至还为苟兴知张罗对象。不到两年，芜湖解放，竹行老板纪胜曾夫妇一番商量后，决定关了竹行去乡下养老，苟兴知只好另做打算。

之前，纪老板已经给他在竹行落了户口，在国民党政权芜湖市民政局有户籍底根，新政权接管后，户籍资料转到了公安局，苟兴知便去公安局打听自己这种情况应该怎么办。公安局的同志听他说了在镇江被人陷害折进了局子，又越狱跑到芜湖谋生等情况后，说镇江也已经解放，如果你所说的情况属实，相信当地政府不会把你当逃犯对待的。你可以回镇江，芜湖这边为你出具证明——当然，你在芜湖这两年的情况我们要经过调查确认没有问题才能出具。

这时竹行正准备歇业，当然离不开苟兴知这个账房先生。他便留下继续效力，同时也向芜湖公安局递交了出具证明的申请。8 月上旬，竹行终于歇业，公安局的证明也开出来了，于是，苟兴知就回镇江了。回到镇江后，因为历史上当过反动警宪特，他便主动到公安局登记，顺便也说了自己越狱之事。公安局的经办人记录下来后让他回家，该干吗还干吗。

专案组为调查上述情况，不但在镇江折腾，还派两名侦查员去了趟芜湖，最后认定苟、钱焚尸与本案无关。

11月1日，专案组对鲜荷巷命案开始了新一轮的调查，这回的调查重点是请代书先生写检举信的那个烫发女人。

之前，穆容汉单枪匹马调查那三十七封检举信时，曾经走访过九位在邮电局门口设摊的代书先生和马路边上的测字先生，结果发现那九封检举信系由同一女子分别请这九位先生代书的，这就引起了他的怀疑。那时穆容汉就想对此展开彻查，可是苦于手中无人，而此事又没立案，所以也没办法要求上级增派力量，只好另辟蹊径。现在，穆容汉是专案组长，虽然这个专案组连他在内不过四个侦查员，可是要查那个四十来岁的烫发女子已经不成问题了。

穆容汉把那九个代书、测字先生的摊头位置以及姓氏写下来，几个人作了分工，徐紫山、胡真力、宋秉钧三人各负责查两个，剩下三个由他去查，要求宁可多花费些时间，一定要把活儿做好做细，千万不能草草过场。

一干人上午九时许离开大西路分局，调查结束返回专案组办公室时已是下午两点多。穆容汉因为多走访了一个对象，所以是最迟返回的一个。一进门，他那双锐眼只一扫溜，就从各人脸上的神情判断出没有收获。一问，果然。他自己呢，也没有访查到有价值的线索。

四人凑在一起作了详细交流，发现大半天的走访不但毫无收获，还把原本像是清晰的线索弄模糊了。比如，对那个烫发女子的描述，四个人就有四种版本，年龄、身高、体态、相貌、肤色、衣着等特征跟穆容汉之前打听到的都有所不同。细细一想，并不是大家的走访工作做得不细致，而是走访对象描述时根本心不在焉，信马由缰随便敷衍几句而已。

那么，往下应该怎么办呢？大家议了一阵儿，不得要领。看看已到下班时间，穆容汉说今天就到此为止吧，下班，明天再说。

穆容汉这些天办公在大西路分局，住宿仍在市局后面的集体宿舍。集体宿舍有两道大门，一道是和市局办公区域连通的前门，另一道是朝后面马路的后门。从大西路过去，应该是走后门近些，不过穆容汉因为要从市局正门门卫室取报纸和信件，所以每天都是从正门走的。今天也是这样，他从门卫室取了邮件，骑着自行车穿过大院时，被秘书股干事小姜唤住，说有群众来信，领导让交给专案组。

穆容汉接过这封已经拆开的信函，一看信封就觉得似曾相识，回到宿舍抽出信纸，原来又是一封举报“九头鼠”的信，看内容，跟之前收到的那三十七封如出一辙。再看信封，就是邮电局营业窗口出售的那种竖式牛皮纸信封。邮电局出售的信封是由该行业自己设计后请印刷厂印制的，多年来使用同一种版子，信封大小、纸张质地跟外面文具商店出售的并无差别，唯一的不同之处就在于右上角多了一个红色铅字：“寄”。

次日上午，穆容汉把这封信给徐紫山、胡真力、宋秉钧传阅了，说这肯定是某位先生代书的，我们这就出去调查。

调查很快有了结果，这封信是在宝塔路邮电局营业厅门口的一个新近从事代书营生的包姓老先生写的，但包先生也说不出其他线索，穆容汉只好就此打住。

之后两天，侦查员继续四处奔波，依然是劳而无功。11 月 5 日上午，侦查员正在分局食堂午餐时，有人叫穆容汉去接听电话。电话是西津派出所打来的，对于专案组而言乃是一个好消息——

半个多小时前，在永晖路摆测字摊头的邹先生替一个老板模样的男子测字，轻而易举地哄得了一万元，很是高兴。送走了对方，忽然听见马路对面摆零碎洋布摊头的花老二扯着一张破锣嗓子吵架。邹先生跟花老二关系还不错，便打算去劝架。穿过马路一看，不由得一个激灵——跟花老二吵架的那位，竟是一个多月前来自己摊头上请他代书检举信的烫发妇女。邹先生为此事有点儿恼火。因为写了那封检举信，公安人员已经到他的摊头上查问过两次，浪费了时间不说，还弄得周围人以为他做了什么违法之事。邹先生性格还算沉稳，生怕认错了人，没敢立马去报案，而是在旁边仔细观察。

那个妇女是到花老二摊头上来买布头的。她和一个男子同时看中了一块印花布，那男子已经在掏钱了，被她一把抢过来。那男子不想跟她争吵，悻悻而去。对于花老二来说，张三买李四买都是一个样，只要照价付钱就是了。哪知，那个男子离开后，烫发妇女忽然改变主意说不想买这块花布了，除非便宜两千元。花老二当然不依，两人就吵了起来。

邹先生看得真切，确认自己没有认错人，四下一望，正好看见管段西津派出所的一位民警路过，于是迎上去拦住了悄声说了说情况。那民警一听顿时来劲，上前分开围观人群。花老二还以为民警是来处理纠纷的，正想抢着开口，那妇女已经被民警一把揪住，邹先生作为旁证，也跟着一起去了派出所。

到了派出所，那妇女一副若无其事的样子，不请自坐，说不就是写检举信的事儿吗？这又不犯法，弄得那么一本正经干吗呢？派出所民警之前听邹先生说市公安局来人向其两次调查写检举信之事，料想必有隐情，便向领导请示。领导说既然是市局调查这事，那就报告市局吧。

当下，穆容汉便派人去西津派出所把那烫发妇女带到分局。

这个妇女名叫何菊香，无业，住檀山路草纸巷，已婚，有三个未成年子女，其夫冯耀朗是私营“保固修船厂”的会计。“保固修船厂”是一家抗战前一年开张的私企，原是只有十几人的修船作坊，抗战伊始毁于日寇的轰炸，老板邱夏风破产后只好沿街叫卖糕团谋生。这样过了两年多，有一天他应邀上门给新河桥的一户人家制作重阳寿糕。那户人家姓印，老主人已经八十岁，前清时做过六品文官。印老爷子精谙风水，擅长看相，那天他品尝了邱夏风制作的重阳糕，赞不绝口，兴之所至，便给邱夏风看相，断言他虽然遭遇厄运，但逆境将过，即将苦尽甘来。

老爷子这话邱夏风也没当回事。哪知，一个月后的一天，印家佣人阿锁忽然找到他，说主人有请。他暗吃一惊，不知有什么事儿。随阿锁登门，主人——就是印老爷子的大儿子、在铁路局做工程师的印先生说，安徽老家来了个亲戚马先生，要在镇江投资一家船舶修造厂，请印家相帮物色一个懂行又可靠的代理人，印老爷子就推荐了邱先生。就这样，邱夏风做起了船舶修造厂的厂长。

邱夏风跟那位马先生的合作是现钞加红利的方式。红利提取有两种选择，一种是拿现金，另一种是折合股份，邱夏风选择了后者。这样到了1945年，邱夏风已经持有工厂20%的股份。初秋抗战胜利后，马先生跟他商量扩大工厂规模，他表示同意，并提取自己的股份购买了一块土地，准备以土地入股。接着，他给在芜湖的马先生写信，让其来办理土地交割手续，马因故爽约未赶到镇江。邱夏风寻思，反正要清理那块土地上的几间破草房，何不先雇人干起来。他做梦也没想到，叫了几个短工清理时，竟在草房后面的荒地里挖得一口陶瓷瓮，内有三十两黄金、五百两白银。民国实行土地私有制，地下埋藏均归地主所有，这样，这笔巨财就成为邱夏风的法定财产。马先生得知后，后悔自己未按约前来办理土地交割手续，否则这笔金银的一大半就是他的了。他为此极为郁闷，一怒之下就放弃了跟邱夏风的合作。邱夏风于是就自己开了修船厂，仍叫“保固”。

不久，马先生忽然登门。原来亲戚印工程师对他说了已故父亲当年给邱夏风看相之事，马先生深以为然，认为邱的发迹乃是天意，要求重新合作。邱夏风生怕对方有对自己不利的念头，婉言相拒。不过，念及当初对方相邀自己出任厂长因而得以发迹之恩，他承诺如果日后马先生有什么难事来找他，他一定伸手相助，决不食言！

三年后，镇江解放。这时，马先生已经关闭工厂，长住芜湖。而镇江解放前三天，马先生正好来镇江办事，因战事就留下了。4 月 25 日晚上，马先生忽然拜访邱夏风，说有事相求。什么事呢？他说他白天在“燕云阁饭庄”看见长江大盗“九头鼠”正与人一起用餐，看样子此人已经在镇江定居，而且混得还不错。马先生说他明天就要回芜湖，下次还不知何时再来镇江，要求邱夏风待共产党站稳脚跟，人民政府挂牌后，代其向共产党举报。

邱夏风当下一口答应。不久，就把这事跟厂里的会计冯耀朗一五一十说了，说冯先生你有学问，字又好，马先生的检举信就请你执笔了。冯会计自无二话，问落款是写马先生呢，还是写船厂？邱夏风寻思这事其实跟船厂没有关系，跟我邱某更是沾不上边，我从来没有听说过什么“九头鼠”，还是不留落款吧。

五十岁的冯耀朗是个老夫子，性格固执，行事专注。他听老板说“九头鼠”是长江大盗，料想如其落网，那么在镇江地面上必是一桩特大新闻，《前进日报》（中共镇江地委 1949 年 5 月 26 日创刊的机关报，当年 12 月 31 日停刊）肯定会报道，政府门口的宣传栏也必有说法。可是，他把检举信寄出后，却并无反应。他跟妻子何菊香一商量，何说没准儿那个“九头鼠”已经混进人民政府了？或者在政府里有铁哥们儿包庇他？看来只有多写几封检举信，分寄市公安局、分局和派出所，不信每个收到检举信的民警都是这家伙的哥们儿！冯耀朗认为妻子言之有理，决定采纳这一建议。何菊香性格比较开朗，而且胸无城府，敢想敢说也敢做，她对丈夫说，我反正闲在家里也没啥事儿，这样吧，我也帮你投寄一部分检举信，大不了破费些零钱，让人代书就是了。于是，这对夫妇从5月底至前天，一共寄出了三十八封检举“九头鼠”的信件。如果今天不是被邹先生认出，他们还会写下去。

穆容汉问明了“保固修船厂”的地址，派徐紫山、胡真力立刻前往该厂传讯邱夏风、冯耀朗。一会儿，那二位到了大西路分局，侦查员分头跟两人聊下来，所述情况跟何菊香的说法相吻合。当然，这仅是他们三人说说而已，还得鉴定冯耀朗的笔迹是否跟其余信件的字迹相同。镇江市公安局接管了原国民党江苏省警察厅，所以有笔迹鉴定技术力量，这在当时全国地级市中独一无二。鉴定结果表明，其余信件确实出自冯耀朗之手。

检举信的情况查清楚了，可是，关于检举信的内容来源还需要调查。

六、“九头鼠”和“水神教”

11月6日，专案组留下宋秉钧值守办公室，穆容汉、徐紫山、胡真力三人前往芜湖找马先生调查。

马先生名叫马举运，回族，其曾祖父原是清朝西北军队的下级军官，后来随军开拔到芜湖驻守，作战中负伤致残，领了一笔抚恤银子后在当地娶亲安家，从此就代代居于芜湖。马家与镇江印家的亲戚关系，起始于马举运的姑姑马秀梅嫁给六品官员印老爷子做了如夫人。印老爷子很喜欢她，几年后太太因病去世，就将她扶为正室。不过，马秀梅福薄，似乎不是做官太太的料，才一年就病殁了。印家重情义，马秀梅死了，与马家的关系还在，两家还是经常走动。

马举运的曾祖离开行伍后开始经商。芜湖紧挨长江，又是江南鱼米之乡，他跟军方又有点儿关系，因此他的生意以经销军粮为主。两代人做下来，到马举运的祖父晚年时已是当地富豪之一。不过，到了马举运的老爸马芝贵那一代，家道渐渐衰落，到马举运手里，这才稍有好转。这时马举运已经关闭了传了三代的粮行，改做五金生意。他跟“九头鼠”的那次惊险相遇，就是在一次携款前往上海进货的途中。

全面抗战爆发那年暮春的一天，马举运接到上海方面的一封加急电报，告知之前他预订的一批英国五金货品已经运抵，让他尽快前往提取。本来已签订合同并预付了定金，供货应该是没有问题的，可当时形势紧张，国民政府已经在上海至南京一线大规模构筑防御工事，急需大量五金配件。这种情势下，军方可以以“征用”的名义把五金批发行刚刚到手的货品直接运走，款子当然是会照市价给付的，但五金批发行方面与客户之间的信用就成问题了。因此，批发行拍发加急电报催促马举运赶快去提货。

马举运事先没有料到会有这种情况发生，把准备好的货款交钱庄经营短期理财产品了，只好通过所有渠道向各方紧急筹款。待到最后一笔款子到手，已是傍晚六点。当时从芜湖到上海最便捷的就是走长江水路，当晚八点有从汉口开来的英商怡和公司的客轮在芜湖停靠，马举运只有搭乘这班客轮才能尽快赶到上海。轮船码头在长江南岸的芜湖，而他当时还在长江北岸与芜湖直线距离十余公里的裕溪口乡下的地主张老财家里。

裕溪口现在已是中国著名煤港，属于芜湖市鸠江区的一个街道，当时却是一个小小渔村。马举运要过江并赶到客轮码头，什么汽艇、小火轮都别想，唯一的交通工具就是木船。张老财立刻让家里的两个长工从船坞撑出平时专供他使用的快船，吩咐架起双橹，火速把马先生送到芜湖。马举运一上船，二话不说便掏出两枚银元分递两个长工，作揖道："二位，拜托了！"

长工得了好处，自是卖力。船至长江中心，天色已是全黑。正行驶间，江面上忽然传来尾音拖得长长的尖厉口哨声，两个长工闻之手一抖，两支橹竟然都从橹眼里脱落，木船失去动力，被江水冲得团团打转。刚重新把橹架上，两条流线型小舟已到眼前，一左一右把马举运的这条木船夹住。对方一共四人，手持驳壳枪，背插大刀，腰间还有匕首，声音和手电光是同时过来的："三位，听说过'九头鼠'吗？"

两个长工先前听见那独特的口哨声就知道是遇上哪位了，当下颤声答道："听见开道哨，就知道是九爷驾到……"

手电光照到马举运脸上："你呢？"

马举运从未经历过这等阵势，吓得魂不附体，闭着眼睛嘴里支支吾吾连他自己也不知在嘟哝些什么。

一声痰咳，这是信号。一个水盗抽出背上的大刀架到马举运的脖颈上，手电筒往斜上方打光："你睁开眼睛看看老子！"

马举运只好睁眼。也就是这一瞧，让他永远记住了"九头鼠"那副脸容。十二年后，镇江解放的第三天，他一眼就认出了"九头鼠"。

这次长江遇险，马举运从张老财那里借来的一千大洋悉数被劫，这笔金额在当时的芜湖市场上，可以购买大米一万六千斤或者龙头细布一千丈。钱没了，那笔五金货品自然就没法儿去提取了，因为失约，连预付的定金也被对方扣了，可谓损失惨重。

马举运既然对"九头鼠"深恶痛绝，为什么1949年暮春在镇江发现对方后没有马上举报呢？马举运解释说，那天"九头鼠"穿着一套七成新的蓝色中山装，手里还拿着一个公文包，看他那副样子像是"公家人”；而和他一起在饭店用餐的三个男子，有两个是穿解放军军服、佩军管会牌牌的。这等情势下，他哪敢造次？

穆容汉觉得这个解释说得通。马老板一直生活在国统区，从未接触过共产党，估计也从未听说过关于共产党的好话，对于军管会张贴的《入城布告》中那一条条承诺，他大概是持怀疑态度的。他不会也不敢贸然出面检举“九头鼠”，他甚至不敢保证在认出“九头鼠”的同时对方是否也认出了他。因此，以他的社会经验，只有离开镇江远避芜湖，而检举之事就委托邱夏风去做了。事实上，对于检举他一直不抱希望，所以这段时间从未跟邱夏风联系过。

那么，马举运遇劫后，是否打听过“九头鼠”的底细呢？马老板说他打听过，只听说此人是活跃于长江上的江匪水盗，杀人放火、抢劫强奸无恶不作。过了两三年之后，忽然听不见此人的消息了。

穆容汉和徐紫山、胡真力交换了意见，认为“九头鼠”虽然已被杀，但为查清其被杀的原因，还是有必要调查其底细。芜湖是“九头鼠”活动的区域，正好有调查的条件。

侦查员在查阅芜湖市公安局提供的民国时期当地会道门、刑事犯罪团伙的资料时，发现了“九头鼠”的一些情况——

“九头鼠”本名喻仕锟，字芝容，出生于安徽省繁昌县的一个私塾教师家庭，系其父喻明道膝下五个子女中唯一的儿子，故深受宠爱，全家节衣缩食供其接受教育。喻仕锟后来考进了芜湖初级师范学堂，毕业后当了一名乡村初级小学老师，干着与其父同样的职业，不过他是在县教育局有编制的公家教师。二十一岁那年，喻仕锟娶本县商人褚硕石之女褚晓玲为妻。褚硕石系喻仕锟的姨夫，其妻是喻仕锟母亲的同胞姐姐，褚晓玲比喻仕锟大一岁，两人是表姐弟。当时没有禁止三代以内近亲结婚之说，所以这对表姐弟就成为夫妻了。

喻仕锟的人生悲剧就是缘于这门亲事。他的姨夫兼岳丈褚硕石系行伍出身，早年曾在军阀段祺瑞的部队当过营长，负伤退伍后回到家乡经商。旧军队是不设军人档案的，如果设立档案并且如实填写的话，那么有二十多天时间褚硕石是无法找到证明人的——在一次执行任务时，他被皖南一伙土匪俘获后带到山中。土匪从其口中获取了情报后，顺利作案。然后，土匪就把他释放，还给了他一些银洋，表示大家从此就是朋友了。褚硕石回到部队后，方知由于他提供了情报，致使他所在部队的一个仓库被抢劫并烧毁，损失惨重，守卫仓库的军人被打死了十一个，其中就有他的弟弟和妹夫。

数年后，褚硕石退伍回乡。那伙土匪根本不知道当年被他们打死的那十一名军人中有褚的亲人，因为曾表示过“大家以后就是朋友”，听说褚营长回乡经商，所以几个头目备了礼物特地赶到繁昌来拜访。褚硕石跟他们见面时，眼含笑意，心中却在冒火。他一面热情款待，一面密嘱心腹在这些人喝的酒、吃的菜肴中放入毒药。结果，在当晚返回山寨的途中毒性发作，五个土匪头目、七个跟班悉数倒毙于荒野之中。那伙土匪没了头目，不久就散伙了。

一晃十二年过去，当年被老褚毒毙的五个土匪头目之一的儿子长大成人，重新纠集了一伙武装。经过调查，他大致上弄清了当年父亲死亡的原因，决定实施报复。

喻仕锟娶老褚家闺女一年后的那个除夕之夜，褚、喻两家聚在一起过年守岁。当晚，土匪突然杀上门来，褚、喻两家大小二十一口悉数毙命。喻仕锟命大，土匪登门时正好去后门外小解，听见动静不对，拔腿就逃，因而捡得一命。

喻仕锟意识到自己在家乡已经待不下去了。土匪讲究的是斩草除根，他如若留下继续做小学教师，是否活得到开学还是个问题。而且，他还要为喻、褚两家复仇。从此，喻仕锟这个名字就消失了。不久之后，安徽、江苏交界一带的长江水域出现了一伙自称“水神教”的江匪，“九头鼠”是其中一个头目的诨号。

资料中有一张日伪时期芜湖日军宪兵队发布的通缉令，十二名通缉对象中，“九头鼠”位列第一，并配有他的照片。经比对，与黄继仕的照片一致。由此可以断定，黄继仕即是喻仕锟，也就是江匪“九头鼠”。

资料的末尾还说，民国三十年以后，江湖上再也没有“九头鼠”的消息，“水神教”也销声匿迹，据说是由于内讧散伙了。侦查员注意到了“内讧”二字，难道“九头鼠”是因为“水神教”内讧不得已远避镇江的？要弄清这个疑团，还需要继续调查。

怎么调查呢？穆容汉和徐紫山、胡真力一番商量后，认为有一条捷径可以走，那就是从在押的被捕人员中查摸关于“水神教”的线索，查到了“水神教”，大致上也就可以知晓“九头鼠”当初为何改名换姓远避镇江了。

穆容汉出面跟芜湖市公安局接触，请求协助对此进行调查。芜湖警方为了让镇江同行尽快完成调查使命，由市局秘书股特地向市局、分局的政保、治安（含刑侦）科室发了一份书面通知，要求各单位提供在押人犯中是否有“水神教”成员。当天，反馈就回来了。市局刑侦队侦查员老陆说，他手头的一名涉案人犯刘懿就曾是“水神教”的喽啰。

11 月 7 日，侦查员前往看守所提审刘懿。看到日军宪兵队的那张通缉令，刘懿立刻认出了“九头鼠”。他告诉侦查员，当年“九头鼠”为报家仇，参加了国民党军队。两年后和七名弟兄开小差逃跑，带走了部队的大量武器弹药。凭着这些资本，他拉起了一支武装，打出了“九头鼠”的旗号。不过，他的仇似乎也没有报成，因为杀死其父母、岳父两家的土匪已经因内讧而散伙了。但“九头鼠”既然迈出了这一步，就没法儿回头了。

全面抗战爆发后，“九头鼠”的这股武装还跟日军打过一仗，损失惨重。不得已，“九头鼠”匪帮集体加入了“水神教”，“九头鼠”成为该帮伙的五个头目之一，坐第四把交椅。几年后，“九头鼠”突然失踪，“水神教”说他是“叛教分子”，发出了江湖追杀令。不过，一直到“水神教”散伙，也没听说是否追杀到了。

“九头鼠”的来龙去脉调查清楚了，可专案组诸君仍是不得其解：“水神教”散伙了，按说对喻仕锟这个“叛教者”的追杀也就相应结束了，他怎么会被人杀害在镇江呢?

七、水落石出

专案组留用刑警徐紫山这年正好五十挂零，连续工作多日，这次赴芜湖外调又受了些风寒，回到镇江就发起了高烧。他还不吭声，坚持参加案情分析会，被穆容汉发现不对头，立刻送医院了。

穆容汉意识到，自己和小宋年轻身体好，能够这样日以继夜连轴转，徐、胡二位老刑警是不能这样工作的，当下就命令胡真力回家休整两天再来上班。又想到宋秉钧正在恋爱，也得照顾，干脆也放其一天假。他自己则留守办公室，整理这次赴芜湖外调所获得的材料。

穆容汉于刑侦工作纯属新手上路，他从未参加过刑事侦查活动，也不像另一新民警宋秉钧那样参加过苏南行署公安处举办的公安业务短期培训班，所以其实连卷宗材料该怎么整也不大清楚。不过，这难不倒他这样的机灵角色。不会，看看小宋怎么弄的就明白了，依样画葫芦总不会错。哪知，他一看宋秉钧这几天留守时整理的卷宗，脑子里忽然灵光闪现!

黄家庄黄家祠堂焚尸案破获后，乞丐钱宝山及指使人苟兴知被拘留，专案组当时调查的结果是钱、苟两人与鲜荷巷命案无涉，遂把两人交由分局治安股处置了。不过，由于此事是专案组调查的，所以一应材料还是归入本案卷宗。宋秉钧这几天留守办公室做的部分工作就是把相关材料编号装订，然后放入卷宗袋。现在，穆容汉要看看整理材料的格式，就把小宋整理的那些材料拿出来翻阅，其中一个细节引起了他的注意——

苟兴知越狱脱逃后，先是去了苏州，后又去了芜湖，在该市"和顺竹行"当了一名账房先生。引起穆容汉注意的正是芜湖这个地名。"九头鼠"喻仕锟是与芜湖接壤的繁昌县的，加入"水神教"后又在以芜湖为中心的长江水域活动，发通缉令的日寇宪兵队是芜湖市的，最后，"九头鼠"也是在芜湖消失的。而指使乞丐钱宝山焚烧两具尸体的幕后人苟兴知恰恰在芜湖待过两年。穆容汉寻思怎么这么巧，芜湖这个地名反复在本案中出现。

接着，他把钱宝山、苟兴知的两份讯问笔录挑出来仔细阅读，又发现了一个疑点：钱宝山接连两天先后焚烧了黄继仕（喻仕锟）、黄今春两具尸体，使用的燃料有所不同，头天烧黄继仕用的是汽油，次日烧黄今春用的是煤油；盛放的容器也不同，头天盛放汽油的是那个"老三村醪"的酒瓶，次日盛放煤油的是一个旧的军用水壶。

于是问题随之出现。据钱、苟两人说，他们之前都以为头天焚烧的就是黄今春的尸体。如果这个说法属实，那么头天使用汽油是没错的，因为汽油比煤油的燃烧效果要好得多。问题是盛放汽油的容器似乎不对头。汽油的挥发性之强众所周知，既然盛放的容器有酒瓶和军用水壶两样可供选择，为什么不用防挥发性能显然优于酒瓶的军用水壶呢?

这时，宋秉钧忽然来分局了。小伙子知道工作忙，有半天时间跟女朋友见个面聊聊已经很满足了，心里惦着工作，所以又赶来了。小宋听穆容汉一说新发现的疑点，深以为然，拿过笔录看了看，说钱宝山、苟兴知都没说酒瓶、水壶的来源，看来有必要了解一下。

分局治安股接手钱宝山、苟兴知焚烧尸体案之后，因为警力紧张，还没有讨论过应该如何处置，这两人依然被关在分局看守所。当天下午，穆容汉、宋秉钧去了看守所，分别对两人进行讯问。苟兴知对此的解释是，10 月 24 日上午他去黄家庄查看，发现钱宝山烧错了尸体，心里很是恼火，决定当晚再次下手。返回城里经过关帝庙旁边的“祥茂旧货行”时，顺便买了这个旧水壶，出门后又在距旧货行不远的“陈瞎子杂货店”灌了一壶煤油。

穆容汉、宋秉钧随即对苟兴知所说的情况进行了调查。这是他们侦查本案以来最轻松也最有效的一次调查——

从大西路分局去南门，先要经过“陈瞎子杂货店”，往前才是“祥茂旧货行”。穆容汉、宋秉钧并不知道这点，踩着自行车经过“陈瞎子杂货店”时方才发现。这是家只有一个门面的小铺子，出售各类生活日用品，也卖煤油。两人正要上前询问，发现旁边墙上贴着一纸告示：本店因故暂停营业三天，26 日开始正常营业，特向顾客致歉。落款日期是 10 月 23 日。

穆容汉、宋秉钧互相看了一眼，意思尽在不言中：“九头鼠”尸体被焚是 23 日晚上，苟兴知去黄家庄查看是 24 日，那天“陈瞎子杂货店”没开门，苟兴知怎么会拿着军用水壶来打煤油呢？难道他记错了日子？

两个侦查员来到柜台前向老板陈瞎子（是绰号，并非盲人）询问。陈瞎子一个劲儿摇头，说从来没有顾客拿着军用水壶来打煤油的，能装煤油的水壶那说明是好水壶，好好一个水壶，哪有用来装煤油的？

那年头儿人们普遍比较穷，别说军用水壶了，就是一个啤酒瓶也不会随便扔掉，即使没用，也可以卖给收废品的换几个小钱。所以，如果有谁拿一个军用水壶去打煤油，别说前几天的事儿，就是隔十年人家也不一定忘得了。

再问杂货铺24日是否没开张，对方点头称是。

两人又去“祥茂旧货行”了解出售军用水壶之事。人家说是有过，不过那是开国大典后七八天的事儿。部队处理下来三十个旧水壶，低价卖给旧货行，他们就加价20%出售了。即使加了价也便宜，而且市场上根本没有出售的，所以那天拿出来只一个多小时就卖光了。

苟兴知的交代存在重大问题。穆容汉返回分局后立刻奔治安股，关照之前移交的钱宝山、苟兴知两人暂不处置，也不必提审，先关着再说。然后，也顾不上让胡真力休息了，马上通知他来分局，三人吃过午饭后去医院探望徐紫山。徐紫山的烧已经退了，一看三人的神情便知有了新情况，说要不我出院吧。穆容汉说你还是再留院观察一天，不过我们有事儿要听听你这位老刑警的意见。接着，四人在医院的一间空房里开了个简短的案情分析会，经过商议，定下了下一步的工作方向——围绕苟兴知回镇江后的人员交往情况进行调查。

调查一共进行了两天多，从三十多名对象中梳理出跟苟兴知交往比较密切的三个人：管宝根、戚辛汉、庄行一。这三人均是苟兴知的旧友。管宝根与苟兴知一起当过伪警察，现是小贩；戚辛汉是轮船码头检票员，系“一贯道”成员；庄行一曾是青帮成员，后因违犯帮规被逐，现在开着一家箍桶店。管、戚、庄三人早在年初镇江、芜湖尚未解放时就数次结伴前往芜湖跟苟兴知见面，两地解放后，时有通信，也分别去过芜湖。8月间，苟兴知返回镇江定居后，四人来往频繁，隔三岔五聚餐，有时甚至通宵达旦。

穆容汉把调查情况汇报市局领导，领导随即安排专人密查那三人在鲜荷巷命案发生当晚的活动情况，发现管宝根、庄行一有作案时间。于是，专案组决定采取行动。

11 月 12 日夜间，管宝根、戚辛汉、庄行一被捕。专案组分别对这三人以及还关押着的荀兴知进行了讯问，鲜荷巷命案终于水落石出——

芜湖“和顺竹行”其实是“水神教”在芜湖市内的密点，老板纪胜曾是该帮的一个幕后头目。而“九头鼠”喻仕锟的“叛教”始因，则是其去芜湖市内办事下榻于“和顺竹行”时强奸了纪老板即将出嫁的女儿。出了这种事，亲事自然告吹，纪的女儿也在三个月后跳水自尽。纪胜曾自是大怒，向“水神教”的另外几个头目通报情况后，一致同意解决掉“九头鼠”。不料还没动手，“九头鼠”就失踪了——按照“水神教”的章程，不辞而别视同叛教，继而就发出了追杀令。

追杀令发出两年，没找到“九头鼠”，“水神教”却因内讧导致散伙。可是，纪胜曾要为女儿报仇，仍旧利用原先他所掌握的“水神教”的耳目收集“九头鼠”的线索。1947 年纪胜曾聘请荀兴知为竹行账房时，还不知“九头鼠”就隐藏在镇江。直到 1948 年底，他才得知“九头鼠”就在镇江的水产码头一带混着，具体干什么、如今叫什么名字、住哪里等等则一概不清楚。纪胜曾想起行里的账房先生荀兴知是镇江人，以前还干过警察，三教九流混得很熟，便把调查差事交给了荀兴知。

纪胜曾娶妻妾各一，却只生下一个女儿，自然视为掌上明珠。只要能为女儿报仇，他情愿拿出自己所有的财产。之前几年中，他为调查“九头鼠”的下落花去了大量钱钞，还欠下了若干人情，现在好不容易获得了线索，自是不顾一切地要予以核实。这件事的前因后果荀兴知都清楚，他表示他在镇江有靠得住的朋友可以效力，把“九头鼠”的一应情况打听清楚肯定没有问题。当时芜湖、镇江都还没解放，纪胜曾知道荀兴知不便回镇江，便让他给镇江的朋友写信，请他们来芜湖商议此事。

管宝根、戚辛汉、庄行一就去了芜湖。对于他们来说，要打听已经有了大致方位的“九头鼠”的行踪自然不成问题。纪胜曾也真不含糊，当下就拿出六两黄金，每人给了二两。管、戚、庄三人返回镇江后，没费多大周折就把“九头鼠”的情况一五一十查摸清楚了。

往下，纪胜曾就开始考虑如何干掉“九头鼠”了。他虽是“水神教”的幕后头目，参与过多起血腥案件的策划，但毕竟是手无缚鸡之力的商人，而且已经年过六旬，所以此事只有雇凶代劳。这时，解放军已经饮马长江，芜湖、镇江一片混乱，即使物色到了杀手，只怕也去不了镇江，一旦被国民党军警怀疑是“匪谍”，性命肯定不保。同样的道理，如果雇佣之前替他打听“九头鼠”消息的管宝根、戚辛汉、庄行一三人干这等要人性命的大事，得把他们请来芜湖当面商量——途中是否安全仍是一个问题。这样，就只好暂时把此事往旁边搁一搁再说了。

渡江战役后，芜湖、镇江都解放了，社会治安也渐趋稳定。纪胜曾几经考虑，决定把干掉“九头鼠”之事交由荀兴知负责，让他跟管宝根、戚辛汉、庄行一三人联系。和荀兴知提起此事，荀表示要“考虑考虑”。纪老板初时以为荀兴知是虑及安全问题，这也可以理解，就等着听他的考虑结果。哪知，一晃两个多月，竹行已经歇业了，荀兴知却还没考虑好。纪胜曾终于明白荀兴知是要等他开出价格。他请荀兴知喝酒，说自己老糊涂了，皇帝都不差饿兵，我纪某怎能把这事忘了？他让荀兴知说个数目，荀兴知却提出，这毕竟是杀人，他不可能自己去干，得让管宝根、戚辛汉、庄行一三人去做，所以，还得跟那三位兄弟计议后才开得了价。

这时，荀兴知已经办好了回镇江的户口迁移之事，没有理由再留在芜湖了，否则容易引起芜湖警方的注意，遂决定先回镇江再说。之后，双方又是通信，又是见面，纪胜曾也到过镇江，最终议定了酬金：二十两黄金，另给二百万元活动经费。

谋杀计划是由苟兴知制订的，管宝根、庄行一负责执行。苟兴知为此特地去了一趟芜湖，请纪胜曾最后定夺。后来想想，苟兴知肯定对此行颇觉后悔，因为他没想到一向惧内的纪胜曾竟然听从了老婆的话，增加三两黄金的酬金，要求把“九头鼠”的尸体焚烧掉，以最大程度地达到报仇雪恨的目的。苟兴知当时寻思，不就放把火吗，人都杀了，烧一把火又有什么呢？于是一口答应。

不过，苟兴知毕竟是干过伪警察的，于侦查有些了解。焚尸的时候万一被发现，他需要一条搪塞的理由，继而他就想到了仇人黄今春。他在回镇江之前就打听过黄的情况，知道这老家伙病入膏肓，大限将至，就把算盘打到了黄今春的头上，只等黄今春一咽气，管、庄立刻下手。至于焚尸，原想让管、戚、庄三人去做，可是他们嫌晦气，都不干，只得物色了乞丐钱宝山。没想到，警方竟然在焚尸这个环节发现了他们的破绽！

专案组随即赴芜湖将纪胜曾及其妻陶莲珠逮捕归案。

1950 年 2 月 10 日，镇江市军管会对该案作出判决：纪胜曾、苟兴知、管宝根、庄行一四人被判处死刑，立即执行；戚辛汉、陶莲珠、钱宝山分别领刑二十年至三年不等。

绿皮箱案中案

一、三天两案

成都市第三区西大街上，原有一家开设于清光绪末年的“六顺典当行”。抗战时期，老板俞丕芝已经年届七旬，犹自亲掌店务。“六顺”有条店规，遇到有客户典当贵重物品而典期只有一天（相当于短期高息贷款）的情况，当晚老板须亲自值夜，直到天明后客户来赎当。

1941年1月下旬，正是一年中最为寒冷的“五九”时节，一个滴水成冰的中午，典当行前来了一辆三轮车，押车的是一个四十来岁的中年男子，说有一批古玩送来抵押，典期一天。来了大客户，俞老掌柜自是亲自出面接待，指挥朝奉把这批包括珠宝、青铜器、汉玉在内的抵押品搬进店堂，在柜台上一字儿排开。一番检视确认并非赝品后，俞老板开出典价：银元三千，典期一日，利息一分五，须于明日中午十二点前来赎当。客户点头，于是开出当票和一张三千元的支票。

当晚，俞老板执行店规，不顾年迈体弱，亲自守夜，账房丁先生指派两个朝奉陪同。不料发生意外——由于天冷，门窗紧闭，屋里又生了炭炉，围炉而憩的三人一氧化碳中毒身亡，其中一人挣扎时棉袍子拂在炭火炉上，又引起火灾。其时后宅家眷尽在熟睡，待到火焰穿顶惊动邻居方才发觉，损失之大可想而知。“六顺典当行”因此破产，房屋卖给一个名叫祝兴三的袍哥大爷。祝兴三把房子修缮后，出租给国民党军队某师作为办事处兼军需仓库。一年后，“军统”发现祝兴三系日军间谍，当即逮捕，交军事法庭审判处以死刑，祝兴三生前的财产都被作为敌产没收。原“六顺典当行”的房子由军方继续使用，不必支付房租。

抗战胜利后，不知谁做了手脚，该房产竟然变成了私人产业，产权登记于有“军统”特务身份的市商会顾问姜老三名下。姜老三把房产分租于十七户市民，分别按租居的面积收取房租。这种情况持续到1949年12月成都解放，姜老三被捕，于1950年初被军管会判处死刑。姜老三的财产，除按政策留一部分给其家属外，其余全部没收。原“六顺典当行”的房产也在没收之列，交由成都市房管局管理，易名“六顺公寓”，原十七户房客依旧租居在内。

本文所述的案件即发生在这里，之所以称为“案中案”，是因为接下来要说到的三起案件虽然案由不同，看似孤立，实则是为了同一个目标而策划。

先说第一起。第一起案件是抢劫案，从法律角度来说属于未遂——

1950 年 4 月 21 日下午一时许，“六顺公寓” 来了两个身穿蓝布工作服、头戴同样颜色长舌工作帽的男子，其中一个皮带后侧挂着老虎钳、螺丝刀、电工刀、扳手等工具，另一个肩膀上搭着一个白色帆布工作包，包口露出成卷的电线。“六顺公寓” 没有门房，也没有门卫，不过除了寒风呼啸的冬季，大门口总有闲着无事三五成群聊天的大爷大妈。见有人登门，大爷大妈们马上判定来人是房管所的电工。有人上去热情招呼，一口一个 “师傅”，问去哪家修电灯。那个左侧嘴角有一道寸余长伤疤、肩膀搭着电工包的师傅说，不是接到报修上门的，而是根据所里的安排前来检查 “六顺公寓” 的电表和电灯线路，凡破旧电表或者电线、灯头、开关、插座等，一律免费更换。

这一说，大爷大妈们不无兴奋。公寓的电线、电表都是早年典当行留下来的破旧货，而恶霸姜老三只知收租金，不管设备好坏，电表、电线经常出现故障，都是住户自己请人修理。成都解放后，房产被收归国有，大伙儿去房管所交房租时经常向工作人员反映这个情况。现在，房管所终于来检查了，这自然是一桩好事儿。顿时，七八个老人围着两个电工师傅问长问短，除了诉说常常遭受设备损坏之苦，还探问是否可以增装电灯或者插座、开关。

疤脸师傅说：“这要看情况，如果原来的电灯、插座、开关布局不合理，影响使用或者因为房子内部结构的改变不够使用，那是可以增添的，也是免费。这样吧，你们这里一共有多少家住户，户主是谁，我先记下来，再一家家检查。”说着，他从工具挎包里拿出一个本子，顺手从工作服左胸袋拔出钢笔，听这群老人七嘴八舌报出各家户主姓名后一一记下，接着从外到里一户户查看线路、试开电灯，还用随身携带的一盏美制袖珍台灯测试插座。最后，他们进了这座院落第三进也是最里面一进西侧的那户住家。

该住户主人姓丁，名康达，是个六十余岁的老翁，闲居在家，百事不问，家中一切事务均由其配偶丁张氏操持，可想而知，丁张氏肯定是个心眼玲珑剔透的精明婆子。此刻两个电工师傅登门，也是丁张氏接待，听说是来检查电路的，马上沏茶让座，同时询问是否可以增装电灯、插座各一，还要装两个双联开关。

正说到这儿的时候，家里来了一个不速之客。那两个电工见丁家来了客人，再说已经检查过线路了，就把丁张氏的要求记在本子上，匆匆离开了。丁张氏接待客人时，心里还暗暗埋怨，客人早不来晚不来，偏偏这当口儿来，弄得她没法儿跟电工师傅商量事儿。她当然不知道，那两人是假冒电工的歹徒，他们费了那么大的周折，一家家检查线路，其实就是为了对丁家实施抢劫。不速之客的到来，其实是给她家赶走了两个强盗。

那么，这个不速之客是何许人，两个歹徒为什么一见这人登门就拔腿开溜呢？这话要从主人丁康达说起。

丁老爷子原是“六顺典当行”的账房先生，“六顺”当初开张时的账房先生丁方志系丁康达之父。后丁方志病故，其子被“六顺”聘为账房先生，也算是子承父业。因此，他对“六顺”忠心耿耿，就像是他自己的产业一样。当年“六顺”失火出事，俞家如果没有丁康达出面主持办理丧事、变卖财产，没准儿就过不了这道坎。因此，俞老板遗下的眷属大小二十来口对其感激不尽。那个买下“六顺”房产的袍哥大爷祝兴三感于丁康达的仁义，腾出三间房屋给丁氏一家无偿居住。丁康达同意居住，但坚拒无偿。就这样，丁家一直居住至今。

再说那个不速之客。此公名叫腾四海，系西南拳术名家，弟子遍布云贵川各地，黑白两道盛名如炽，三教九流朋友无数。成都解放前，当地军阀、国民党军警特对其都很客气，解放后新政权干部也隔三岔五登门拜访——有的是感谢他曾为革命出力，有的是请其出面协助政府做些统战方面的工作。那么，五十挂零的腾四海跟丁康达又是什么关系呢？两人的母亲乃是嫡亲姐妹，他是丁的表弟。

这对表兄弟关系不错，住得又不远，三天两头互相串门，饮茶喝酒，通常一待就是半日。丁张氏的脾气不是很和顺，此刻正打算为增装电灯、插座之事跟两个假冒电工套近乎，却由于腾四海的登门被迫中断。如果登门的是其他人，她早就要下逐客令了，可来的是腾四海，她只好咽下这口气，还得下厨房准备酒菜。

腾的来访无意间中断了一个精心策划的上门抢劫计划，不过，因为两个歹徒即刻开溜，其作案意图并没有暴露。直到稍后，刑警调查另一起案件时才偶然发现这个情况。

另一起案件也是针对丁家的，发生于4月23日夜间。这天晚上八九点钟，淅淅沥沥下起了不大不小的春雨。川中的这个时节，晚上的雨要么不下，一下通常就是一整夜。那时候人们的夜生活内容比较单调，雨夜更是无甚可做，通常都是早早休息，“六顺”的十七户住家也是这样。

丁家三代同堂，除了老爷子丁康达，还有大儿子丁雪杉夫妇以及两个孙子。平时这种雨夜，大家都是一觉睡到天明才醒，这天却是例外，下半夜全家都醒了。想不醒都不行，因为有人敲门，而且敲得又响又急。丁康达起身开门，发现门外站着街坊老陈，他后面则是三个背着枪的解放军战士。

这三个解放军战士是驻成都部队的一个夜间巡逻组。其时成都解放不过四个月（一野十八兵团是1949年12月30日举行入城式的），社会治安情况不容乐观，所以驻军部队日夜巡逻，防特防匪防盗，维护治安。今晚，这个巡逻组经过“六顺公寓”后边那条巷子的时候，忽见前方两条黑影飞奔而去。三战士急忙追赶，但未能追上。返回来查看那两个黑影待过的地方，遗有长柄螺丝刀一把、粗钢丝两根，而巷子一侧的墙根已有几块砖头被挖掉。

这道墙壁是用三层砖头砌就的，系原“六顺典当行”的后院墙，墙后就是丁康达家，只要再挖掉几块砖头，就可爬入丁家厨房。尽管窃贼已经受惊而遁，但不能保证巡逻组离开后他们不会去而复返，因此有必要提醒一下该户居民。于是，巡逻战士绕到西大街“六顺公寓”的前门，叫醒了门口的住户老陈，由老陈引领着来到后院，敲开了丁家的门，告知缘由。

丁家不知道这是歹徒第二次未遂作案，闻知后倒也并不特别紧张。年轻人贪睡，待巡逻战士离去后，儿子儿媳和两个孙子继续睡觉，丁康达夫妇却睡不着了。丁康达寻思，此事似乎有些反常。从后墙挖洞这种行窃方式并不稀奇，问题是，那条巷子长近百米，系十多户住家的后墙，窃贼为什么不掘其他住家，而是冲“六顺公寓”下手呢？这“六顺公寓”里的十七家住户，要说富翁一个也没有，都是必须每天上班才养得活全家的工薪阶层，这也值得作为下手对象？再说，一般窃贼作案前都要“相脚头”（踩点），摸准谁家有货，而今晚这两个窃贼不问青红皂白就下手，看来是尚未出道的新手。

丁张氏一介女流，没有老伴这份心思，她想的是另一层内容——担心窃贼卷土重来。她躺在床上，支楞着耳朵听着厨房那边是否有异响。偏偏那雨竟越下越大，根本听不清楚。丁张氏干脆不睡了，起身去厨房坐着。如此守到天明，窃贼并未再次光顾。早餐后，儿子儿媳孙子分别上班上学去了，丁张氏也没跟老伴儿说一声，出门径往派出所报案去了。

一会儿，丁张氏去而复返，后面跟着户籍警小罗。丁康达便埋怨妻子，这么点儿小事也好意思麻烦罗同志跑一趟？小罗说没关系，有案情我们来了解一下是应该的。看过现场后，小罗说墙外面被掘掉的一层砖头得砌起来，否则还容易出事。说罢，他就去附近的工厂借来工具，动手干上了。丁老爷子非常感动，一个劲儿说还是新社会好，警察查现场还顺带为人民服务。等砖头重新砌好，他不放小罗走，强把他留下来喝茶。两人喝茶时，丁康达说了他昨晚的想法，小罗认为言之有理。

这起未遂盗窃案件没有造成后果，派出所也只是作了记录，没有进行调查，也没有向分局报告。而 4 月 21 日两个冒牌电工作案未遂，丁老爷子尚未察觉，自然也没法儿跟小罗说。直到三天后又发生了一起绑架案，警方组建专案组进行侦查时，前两起未遂案件才引起重视。

二、白日绑架

绑架案发生于 1950 年 4 月 27 日，被绑对象是丁康达的小孙子丁胜利。丁老爷子有两个孙子，长孙生于 1940 年，正是呼吁“坚持抗战”的当口儿，所以取名“坚抗”，天生肤色较深，属龙，故乳名“小黑龙”；小孙子出生于 1945 年初秋，当时抗战刚胜利，所以取名“胜利”，生肖属鸡，故乳名叫“小公鸡”。

丁坚抗这时已是小学三年级学生，其弟“小公鸡”丁胜利五岁，因为家里爷爷奶奶都在，就没让他去幼儿园。五岁的孩子，正是顽皮的年龄段，整天和几个与其年岁相仿的小朋友在“六顺公寓”里里外外奔跑游戏，一日三餐都须奶奶喊破嗓子招呼，有时候还得揪着耳朵往家扯。

这天中午开饭前，丁张氏照例院里院外呼喊“小公鸡”，没有反应。这种情况经常有，“小公鸡”正和小伙伴玩得入港，顾不上搭理，那就得劳烦奶奶到公寓里一家家寻找了。丁张氏边找边寻思，这回找到了，下手重点儿，让小孙子长长记性。可是，全公寓其余十六户人家找遍了，也没发现丁胜利的影踪。丁张氏又去平时跟“小公鸡”玩得特别投缘的几个小伙伴家询问，得知早在一个多小时以前，“小公鸡”就没跟他们一起玩了。去了哪里呢？这个，谁也不知道。

丁张氏有点儿慌，回家跟老伴儿一说，丁康达哪知自己已被歹人盯上了，正处心积虑地要作一起专门针对他的案子，还是用平时一贯淡定的口吻说“没事”，让妻子到公寓外面的左邻右舍去寻找。丁张氏出了“六顺”，来来回回转了半个多小时，还是没有找到。

这下，丁老爷子没法儿淡定了，和老伴直奔派出所。户籍警小罗正吃午饭，闻讯立刻放下饭碗，随丁氏夫妇来到“六顺公寓”。这时，各家邻居都已被惊动，丁老爷子人缘好，又是“六顺”最老的住户，人们纷纷过来询问情况。小罗向众人打听，大人小孩儿一个个都问到了，不得要领。这时，距公寓大门最近的住户老陈来了，他的出现，最终敲定了丁胜利小朋友确实已经出事。

“六顺公寓”大门口设置了一个信报箱，因为老陈住在门口，大伙儿就请他保管钥匙，每天邮差投递信报后，由他负责把信报和其他邮件送往各家。此刻，老陈给丁家送来了当天的报纸，还有一封信。这封信有些与众不同，信封是用旧牛皮纸裁剪后糊的，没有贴邮票，也没有邮戳，显见得没有通过邮局递送，是写信人自己投进信报箱的。报纸和信是递到丁张氏手里的，她只顾着急，看都不看，也不似平时那样随口道谢，接过来就放在一旁的桌上。还是丁康达警觉，一眼发现信封不合规格，顿时一个激灵，莫非是匪盗的赎票信？当下颤抖着双手打开一看，果不其然。

信纸跟信封一样，也是旧的，像是从墙上撕下的告示的空白一角，裁了一个比例失调的长方形，显得非常别扭，上面写道——

敬启者：拆开即交丁老先生检视。贵孙已被吾等弟兄接去，衣食无忧。若欲回返，敬请老先生将汝手抄墨宝《少林拳术要义》借吾等一阅，装箱送至告知之处，阅毕即归还。如若应允，请在贵宅门外电线杆高处拴一红布，吾等自会奉告交接之规。此事不大，故似不必惊动公安，敬请慎思。

毫无疑问，这是一起绑架案件。那就不是派出所能处理得了的了，甚至分局也不一定有十足的把握对付得下来。啥都别说了，赶紧报案吧！这是成都解放以来发生的首起绑架案，派出所立刻电告成都市公安局第三分局，分局随即向市局报告。

案情惊动了中国人民解放军成都市军管会公安处主持工作的副处长兼成都市公安局局长赵方。赵方自1938年春开始从事侦查工作，曾任晋西南区社会工作部科长、副部长，晋西行署公安局局长，晋绥二分区公安局局长，晋绥公安总局预审科长。听取汇报后，赵方当即下令，立即组建专案组全力侦查该案。

用现在的标准看，近七十年前这个以案件发生日期命名的“4·27”专案侦查组比较袖珍，只有七名成员，其中市局刑警三名——李成道、景浩天、张凡，三分局刑警三名——宋显逊、龙思跃、斯遇春，派出所民警一名——小罗，由市局科长李成道担任组长。不过，在成都解放伊始警力紧缺的当口儿，这个七人专案组已经算是具有相当规格了。

绑架案的侦查路数首先就是一个“快”字，而像“4·27”专案这样苦主已经收到赎票信的，更是必须分秒必争。当天下午三点，专案组七刑警即已投入工作。可是，众刑警一接触这个案子，都有一种脑壳大了一圈的感觉。怎么呢？案犯在赎票信中说“此事不大，故似不必惊动公安”，那就是不许苦主报案。案犯肯定没料到，丁家收到这封信时民警小罗刚好在场。如此一来，让警方进也不是退也难。大张旗鼓前往“六顺公寓”开展调查吧，担心案犯撕票；采取隐蔽方式悄悄侦查吧，如果案犯在公寓附近甚至就在公寓里面布置了眼线，那岂不是此地无银三百两吗？一旦绑匪失去耐心，小胜利一样性命不保。

专案组此刻不敢前往“六顺公寓”开展调查，甚至也不敢通知丁家人到专案组驻地三分局来谈话。而时间却在流逝，每过去一分钟，小胜利离鬼门关就近一步。那该怎么办呢？这当口儿，只有组长才有权作出决定。

专案组长李成道是一位在根据地和解放区从事过八年公安工作的行家，尽管他从来没有遇到过这种情形的绑架案，但一贯思路清晰、遇变不惊，他的观点是，暂且不考虑这个难题，不妨先分析一下案犯的作案目的是什么。同时，请辖区派出所找一位靠得住的街坊给丁家捎句话，就说公安局正在制订侦破方案，让家属切勿轻举妄动，有新情况随时通过这位捎话的街坊报专案组。

接下来就是分析案情。要了解案犯的作案目的，无非是看赎票信中向苦主索要什么。这伙案犯没有索要金银或者现钞，只要一部《少林拳术要义》。这本书难道是什么价值连城的秘笈不成？小罗之前就已经向丁康达了解过，可丁老爷子说，完全不是这么回事。

自“六顺典当行”出事丢了饭碗之后，丁康达经人介绍去了一家米行当账房先生，在米行里干到六十挂零，于前年元月辞去工作，回家享清福。丁张氏生了二女一子，大女儿抗战时从川大毕业后嫁了个美国商人，随丈夫去了美国；二女儿是医生，也已出嫁；儿子丁雪杉在银行工作，儿媳皮艳娴是护士。三个子女每月给二老一些钱钞，加上老两口自己的积蓄，日子过得还算不错。

丁老爷子握了一辈子毛笔，老归林下后不再研墨写字，觉得好生无趣。那天跟表弟腾四海闲聊，说起要抄书，不作他想，就为消磨时光。腾四海说这还不好办？我正好有一部《少林拳术要义》，是百年前的石版印本，说是古籍算不上，也不是什么秘笈，但市面上并无出售。我翻了半辈子，已经陈旧，再翻下去只怕就要破损了，正想请人誊抄一部，今后自己就翻阅抄本，原本保存起来，好传给后代。既然表哥你想抄书打发时光，不如就把这部书给誊抄一遍吧。

于是丁康达备齐纸张笔墨，整整誊抄了一年零两个月，终于把这部书抄完。他让表弟把原本拿回去，然后购买蜡线、牛皮纸，精心装订成册并制作封面。完工后，老爷子选了个吉日，把抄本装在一口皮箱里，叫了辆三轮车，郑重其事地送往腾四海开的“四海武馆”。腾四海看了抄本，自是大喜过望。不过，他让表兄仍旧原封不动拿回家去。为什么呢？因为他的武馆正准备搬迁，担心忙乱中一个不慎把抄本丢了，请表兄拿回家去代为保管。

这是十个月之前的事儿，之后由于时局变化，腾四海忙于应付各种事务，武馆是搬迁了，但一直没从表兄那里把这部抄本拿回去。丁老先生告诉小罗，据表弟说，这本书虽然少见，但也算不上什么难得之物，本市至少有三人藏有该书，另外，川大图书馆也有，凭学生证就可以查阅。

听小罗如此这般说了一番，李成道等人分析，不管是原本还是抄本，这册《少林拳术要义》均无特别价值，那案犯为何偏偏要这部书呢？如果说案犯盯着原本要，那还可以理解，说不定原本中隐藏着什么稀奇古怪的秘密，可是，赎票信里说的明白，他们要的是丁老爷子的抄本，那就不知是什么路数了。信中说到“墨宝”两字，丁康达的毛笔字虽然写得不错，但距离书法作品的水平还差得远，更谈不上“墨宝”了。案犯为了这样一部抄本竟然作下了一起绑架案，值得吗？

这个问题一时难解，众刑警的讨论又回到了原点，即是否要去“六顺公寓”公开调查。大家七嘴八舌，并未达成一致意见。李成道认为，案犯为了得到“墨宝”不惜作下绑架案，说明他们对获取“墨宝”的愿望相当迫切。一般来说，他们是不肯白白放弃这个机会的。况且，赎票信中并未说明具体的交接方式以及时间地点，估计以后还会有说法，有鉴于此，警方可以暂且不作反应，看案犯下一步怎么行动再说。

专案组没料到，就在他们讨论的时候，苦主那边已经做出了反应……

三、绑匪“失信”

前面说过，丁康达的表弟、拳术高手腾四海隔三岔五会来表兄这边坐坐。这天下午，腾四海照例出了武馆溜达，来到“六顺公寓”这边，远远看见公寓大门口的电线杆上拴着一块红布，不禁觉得奇怪，这是啥意思？

“六顺公寓”的街坊都认识腾四海，有人就告诉他丁家出事的消息。腾四海听了暗自吃惊，三步并作两步直趋公寓后院表兄家，进门一看，丁胜利的父母丁雪杉、皮艳娴已经闻讯请假回家，一家两代四口正急得好似热锅上的蚂蚁。看见腾四海，丁康达稍稍松了口气，说我正要找你去呢，表弟你看这件事应该怎么了结？腾四海对江湖上黑白两道的规矩了如指掌，当下说你们不是已经给绑匪发了信号要求赎票吗？

往门前电线杆上拴红布发信号，那是丁康达的主意。民警小罗离开时，嘱咐他千万不要轻举妄动，等候公安局的消息，但丁老爷子只是一只耳朵进一只耳朵出。他在典当行当了多年账房，这个行业跟黑道打交道的机会要比其他行业多一些，常有遭到绑票、抢劫、诈骗的苦主心急火燎地来典当行抵押值钱东西应急，也常有江湖人物拿着赃物前来典当。按照店规，这种情况都由老板、账房或者比较老成的朝奉出面接待，老板不在时，拍板权就在账房先生手里，因此，丁康达经常亲手处理这样的业务。有不少次，被绑票者的家属事后哭哭啼啼前来赎当——赎票时间拖得太长，或者凑不齐绑匪要求的数额，因而遭到撕票。

丁康达没想到这种厄运会降临到自己头上，当下凭经验判断，赎票应该越快越好，便自作主张按绑匪的要求发出信号。

红布拴上电线杆没几分钟，丁雪杉、皮艳娴夫妇闻讯急急赶回家。小两口对二老的决定持反对态度，他们的观点是应该相信政府，让公安局处理此事。腾四海登门时，两代人正为此争论不休。腾四海立刻表态，共产党为民作主，应该由公安局处置该案。丁雪杉听罢一跃而起，就要出门把电线杆上的红布取下来，却被腾四海唤住。腾说信号既已发出，那就覆水难收，黑道规矩我了如指掌，收回信号那就是反悔，绑匪遇到反悔的苦主，只有一种处置方式——撕票。

那该怎么办呢？腾四海说还是那句话，等公安局的消息。

正说着，派出所物色的传话人老梅登门了。老梅是这条街上的裁缝师傅，开着一家裁缝铺子，时常应约登门为客户量尺寸、送试穿的半成品，他来“六顺公寓”，应该不会惹人注意。老梅把专案组的意思一转达，丁家人更着急了，赶紧让老梅往派出所回话说明情况。

专案组那边得到消息，意识到这事已经没有反悔的可能了，只有顺势而行，指望绑匪没有在“六顺公寓”安排眼线，那就会跟苦主取得联系，届时再伺机下手抓获案犯。当下，专案组七刑警都前往派出所，暂将那里作为办公地，开始布置“钓鱼方案”。首先是要与苦主保持沟通，裁缝老梅只能用一次，小罗就托人给居委会主任姚嫂捎话，要求她物色多名可靠居民，以关心丁家的不幸遭遇为名，分时段前往“六顺公寓”

为苦主与警方传递信息，每人只能传递一次，以防被案犯的眼线察觉。

然后是专案组长跟腾四海见面，是由邻居王大爷捎的话。腾四海赶到派出所，一脸气愤，说这伙匪徒竟然连我老腾的面子都不买，看来要么是活腻了，要么是外码头来蓉城的小蟊贼。李成道跟他说了警方的打算，他连连点头，说看来只有这样了，先把孩子要回来，回头即使你们查不下去，我也自会通过江湖朋友把绑匪查清楚。当然，现在解放了，不能按江湖规矩私自处置，到时候我会向公安局报告。不过，我先把丑话撂在这里，如果公安局不管，那我就自行处置了！

李成道知道腾四海这类角色的行事风格，说这个请腾师傅绝对放心，我们肯定一管到底。现在是想跟您商量关于赎票的问题，如果案犯送来赎票信息，丁家派谁去为好？腾四海说我本想自己出面会会对方，可转念一想又觉不妥，如果对方知晓我在江湖上的名气，只怕就会把事情做拙了；若是派朋友或者徒弟出面赎票，同样会引起绑匪疑心。想来想去，只有让我那表侄子，也就是孩子他爹出面了。接着，腾四海又问是否需要武馆方面配合。李成道说武馆的人就不要惊动了，腾师傅您要做的事儿就是以丁家亲戚的名义坐镇“六顺公寓”，相帮丁老先生张罗一应事宜，另一方面也是保护丁家，以防再生事端。

腾四海离开派出所没多时，专案组获悉，绑匪那边又来了赎票信，信中要求丁家把那部《少林拳术要义》抄本装箱后，于当晚十点送往观音庵后门，放在临河石阶自下而上的第三级上，只要把货送到，他们就释放孩子，保证毫发不损。

那么，这封赎票信是怎么送到丁家的呢？是丁胜利的母亲皮艳娴所供职的医院派人送到“六顺公寓”的。

皮艳娴是外科护士，原本正在上班，获知其子被绑的消息后立刻请假回家，此事在医院顿时传得沸沸扬扬。药房是最晚获知该消息的，下班前配药的病人少，几个女药剂师就离开窗口，聚在一起议论。看看下班时间到了，正准备关窗，发现窗口上贴着一张纸，一看，竟是让转交丁家的赎票信！信被交到院办，院长见过些世面，说不必交公安局，直接给苦主家送去就是了，否则，没准儿人家虑及孩子安全没有报案，这边一送公安局就是报案了，那反倒害了人家孩子。

丁家那边，从派出所返回的腾四海已经把情况跟丁老爷子等一干家属说过了，按照专案组的交代，腾四海让丁雪杉把东西打点一下去一趟观音庵，把赎票信带着，核对好绑匪指定的位置再放东西。腾四海江湖经验丰富，寻思专案组刑警必定要对现场设伏等事宜作一番布置，这需要时间，因此又让表侄不必匆忙，缓些过去为妥。

这话于全局在理，不过对于丁家一干人来说，就不大容易理解了。丁老爷子等人的心情当然可想而知，赎票越快越好，以防夜长梦多。丁老爷子把那部《少林拳术要义》抄本取出，交给丁雪杉。丁雪杉让妻子拿来一个纸板箱，装进去正好一箱。这时外面正下雨，担心把抄本淋湿了不好交代，又叫皮艳娴拿来一块油布，把纸箱严严实实包裹起来，再用绳子捆扎好，因为有些分量，又拴上一段绳子缠了碎布作为拎襻。

一切料理定当，丁雪杉把东西装上自行车书包架，穿上雨衣推车出门。腾四海从里面追出来叮嘱，此去不管雨下得多大，都不可把雨帽戴上，以便让绑匪看清来者是谁，否则他们会怀疑是不是公安局的便衣，那就大大不妥了。

再说专案组。得到赎票信已送到丁家的消息，众刑警立刻行动。观音庵位于本区，距分局大约一公里，据说是民国初年由一个富商遗孀建造的。建造好庵堂后，这位富商遗孀就正式出家，当了住持师太，统管全庵二十来名尼姑。观音庵的地理位置选得不错，前有广场，后面临河。为了给那些坐船前来烧香拜佛的善男信女提供方便，该庵特地设了后门，临河建了一个可以停靠船只的小码头。

李成道让熟悉观音庵及附近地形的刑警龙思跃画了一纸草图，大伙儿轮流传阅商讨设伏方案。观音庵两侧各有一条三四十米长的石板路巷子，靠东一侧是一所小学的围墙，靠西一侧是当时在成都有点儿名气的资本家朱弥的豪宅，庵院后门外筑有长约五米的六级青石台阶，这就是所谓的码头了。小河宽约十米，对岸是一片很大的空地，可容纳数千人，解放后政府经常在空地上召集群众大会，坊间称之为“大会场”。

一干刑警看下来，认为绑匪对于赎票地点的选择显然是经过一番考虑的，一则水陆均可取货，二则警方不易设伏，不论是在两侧的巷子里，还是对岸的空地上，都很容易识别。唯一的障碍是观音庵内部，如果警方埋伏其内，在绑匪取货时突然打开后门采取行动，那确实不易应付。因此，刑警认为绑匪对此也应该有相应的措施。

那么，专案组该怎样抓捕绑匪呢？考虑到地形条件，众刑警决定分头设伏：第一路两人进入观音庵，在后门守候；第二路三人分别埋伏于庵前空场，如绑匪进入庵两侧的巷子，则分别从两个巷口突入庵后；第三路两人在观音庵对岸的大会场附近隐蔽，如绑匪从大会场这边渡河过去取货，则突至河边截断其后路。估计绑匪出于防范的考虑，有可能会用绳索之类从外面拴住观音庵后门，以防刑警埋伏在门内，所以庵内两人须准备好攀登院墙的工具。

事不宜迟，专案组七名刑警随即进入预定位置。组长李成道与刑警宋显逊在观音庵后院门内蹲守。九时半许，雨停了。片刻，风吹云散，月亮也出来了。贴着门缝往外张望，借助月光可以分辨出河边物体的大致轮廓。接近十点，一阵儿脚步声渐行渐近，是丁雪杉来送货了。李成道、宋显逊两个一站一蹲，贴着门缝往外张望。只见丁雪杉抵达后，四下看了看，就把拎着的箱子放在自下而上第三级台阶上，然后离开。整个儿过程，丁雪杉均遵照专案组的交代，没有任何多余的动作。

往下，就等着绑匪取货了，七名刑警都紧张起来。可是，半小时过去了，绑匪并没有出现。又过了半小时，还是没有动静。耐着性子又等候了两个小时，时间早已过了午夜，依旧什么也没发生。李成道寻思，难道哪个环节出了问题，绑匪察觉了警方的行动？正疑惑间，观音庵内的一名尼姑蹑足来到后院，冲李成道招了招手——为配合警方，观音庵住持师太特意安排两名尼姑守在大门内的耳房里，李成道立刻意识到情况有变。

情况确实有变，不过，并非发生在观音庵这边。一小时前，已经熟睡的"六顺公寓"住户们被一声突如其来的爆竹声响惊醒，随后传来孩子的哭声。一直在等消息的丁雪杉、皮艳娴夫妇闻声立刻开门，一边叫着"胜利"一边往外奔。来到大门口一看，只见石板地上坐着一个哇哇大哭的男孩儿，不是丁胜利是谁？随后出来的丁老爷子夫妇一个老泪滂沱，一个口中念佛。腾四海站在一旁，寻思这伙龟孙倒还恪守江湖规矩，言而有信，前脚货送出去，后脚就放人了；还生怕孩子年幼体弱，不耐春寒，放个爆竹给主家提个醒。

眼见孩子安然无恙，腾四海放了心，便去派出所报信儿。派出所并不知道专案组当晚的行动，老江湖腾四海是知晓的，不过他也没说，只是报告了丁胜利已被绑匪送回家的消息，要求派出所转告专案组长李成道。派出所值班副所长老袁认识老腾，知道这人不可小觑，此刻听他对专案组长指名道姓，暗忖背后必有缘由，只是不便追根究底。于是，立刻给分局打电话报告此事。分局领导是知道专案组今晚的行动计划的，便派人前往观音庵找李成道报信儿。

李成道自是意外。绑匪还没拿到他们想要的东西，怎么已经放人了？从法律上来说，这是中止犯罪。绑匪此举是出于什么原因呢？他让宋显逊打开庵院后门，丁雪杉送来的那个油布包还好好地放在码头台阶上。

四、作案动机

一干刑警披星戴月赶到“六顺公寓”，得知丁家已把丁胜利送到其母供职的医院去检查，李成道命令景浩天、斯遇春速去医院了解情况，其余刑警留在公寓向丁家以及四邻调查。

五岁的丁胜利对自己被绑架的情况说得很含糊。这也难怪，这么小的年纪，据医生说估计绑匪对其使用了迷药，记不清楚很正常。综合家长和刑警询问所得的情况，其被绑架至释放的过程大致是这样的——

那天午前，丁胜利独自在“六顺公寓”大门的门洞内玩耍，门前来了一辆自行车，骑车的男子和他爸爸岁数差不多。男子叫出了丁胜利的名字，说你妈妈让我把你接到她工作的医院去玩。一边说，一边拿出几颗糖果递给他。丁胜利信以为真，任由对方将自己抱起来，放在自行车三角架上的藤制儿童座上。一颗糖果还没吃完，他就已经睡过去了。醒来时，发现自己置身于一个完全陌生的环境中，他自然不知这是何处，只知道是室内，屋里有家具。丁胜利不见母亲，惊恐万状，哭着要找妈妈。把他诱来的男子好一阵儿哄劝，给他喝水吃东西，还抱来一只小花猫跟他玩耍。丁胜利哭累了，玩了片刻，又睡过去了。这一睡，就一直睡到被爆竹声炸醒，发现自己已经回到了家门口，接着，父母、爷爷奶奶就出现在眼前了。

据医生说，孩子除了被绑匪下了迷药外，没有受其他伤害。但惊吓是免不了的，需要经过一段时间方能恢复。

刑警同时也走访了一些邻居，因为这天入夜后下雨，大家都是早早就关门熄灯歇息了，没有人听到外面有什么动静，都是被爆竹给惊醒的。专案组当晚的调查便到此为止，临走时，李成道关照丁家，孩子虽然回来了，但家属务必多加留意，谨防绑匪再次下手——包括丁雪杉夫妇的大儿子。

被绑架的孩子已经平安回家，绑匪向丁家勒索的东西也未曾取去，苦主除了被折腾了一番外，并未遭受什么人身或者财产方面的损失，表面上看，这起绑架案似乎已经结束了——这是坊间老百姓的普遍观点。警方却不是这样考虑的。

次日上午十点，成都市公安局局长赵方在直接听取专案组组长李成道的案情汇报后，说这起案件没有结束，而是刚刚开始，专案组须继续调查，一是要查明绑匪的作案目的是什么，二是把绑匪逮捕法办。这是成都解放后发生的第一起绑架案，案情蹊跷，估计其背后隐藏着不同寻常的秘密，必须侦破！

当天午前，李成道向专案组刑警传达了领导指示，立刻开会分析案情，连午饭都是打到办公室一边开会一边吃的。

绑匪给丁家的两封信在众刑警手里反复传阅，几轮转下来，其内容每个人都基本可以背下来了。之所以如此，为的是分析绑匪的作案动机。这个案子从一开始，绑匪的作案动机就令专案组成员深感困惑：费了这么大的劲儿，冒着这等风险，为的竟是一部《少林拳术要义》的抄本。而且这部抄本并非古籍，也非书法名家的墨宝，只不过出自一个多年从事典当账房的寻常老者之手。从艺术价值角度而言，基本无从谈起；从古董价值来说，该抄本所用的纸张不过是寻常宣纸，墨也是市面上出售的松烟老墨，属于中档价格，所以该抄本跟“古董”两字绝对沾不上边；再看抄本的内容，前面曾经有过介绍，《少林拳术要义》虽然市面上没有出售，但四川大学图书馆可以公开查阅，民间亦有收藏。综上，绑匪企图获取这部抄本之举，简直令人匪夷所思。

不过，越是如此，越发激起了众刑警的探究欲。李成道询问众人有什么看法，一阵儿沉默之后，专案组成员中最年轻的那位——派出所户籍警小罗举手示意有话要说。李成道点头说，小罗同志还没有开过口，正要点你名请你发言呢，有什么想法尽管说。

二十挂零的小罗之所以想发言，是因为他突然想起了一件事。4月23日那个春雨潇潇的夜晚，军方巡逻人员偶然发现有盗贼在掘“六顺公寓”后院一户住家的墙壁，企图入室行窃。盗贼企图作案的这户人家，正是昨天遭遇绑架的丁家。这两桩案件之间，是不是存在什么关联呢？

小罗这一说，引起了大伙儿的重视。根据小罗所介绍的丁家的经济状况，不过属于中等水平，况且家中并无古玩珍宝藏品，似乎不值得被窃贼列为作案对象。而“六顺公寓”的其余十六家住户中，比丁家经济条件好且有祖传古玩藏品的至少有三四家，其住宅均有临街的墙壁，窃贼为何不选择他们，而偏偏盯着丁家下手？由于偶然因素，那次行窃未能成功，仅仅四天后就发生了绑架案。如此，不能不使人怀疑盗窃未遂案与绑架案之间存在某种关联，而案犯的目的则是为了获取抄本——这就更让刑警想不通了。

那么，下一步应该怎么办呢？众刑警议来议去，形成了两种观点：一种观点认为应该盯着案犯的作案目的一追到底，弄清楚作案目的后，往下追查案犯的思路也就畅通了；另一种观点是，既然案犯的作案目的匪夷所思，暂时可以先放在一旁，警方重点对“六顺公寓”现场进行细致查摸，一旦发现蛛丝马迹，就可以把侦查触角直接伸向案犯了。

李成道权衡了这两种意见，决定先去“六顺公寓”走一趟，对公寓内的十七家住户进行走访，看是否可以查摸到线索。不管是盗窃案还是绑架案，案犯都需要事先对丁家的情况进行了解，这种了解只要曾经进行过，通常说来就会雁过留声人过留踪。丁家可能不曾注意，但别的人家或许留有印象，只不过没有意识到和犯罪有关。专案组登门走访，就是予以有针对性的点拨。

这一走访，把4月21日有两个电工来检查线路之事给访出来了。两个电工就出现过那么一次，挨家检查了一番，又像模像样地逐一登记，之后就没了下文。有居民急着要改造电路，却总是不见回音，就跑到房管所去询问，得到的回答却是“并无此事”。于是，就把这个情节向刑警反映了。李成道闻讯，立刻指派两名刑警前往房管所了解，得知确实没有派电工去过“六顺公寓”，也从来没有过什么“增装计划”。这个情况就成为此次专案组全体出动走访“六顺公寓”所获得的唯一一条线索。

4月29日，专案组再次开会分析案情。由于对“六顺公寓”及街坊邻里的走访并无其他收获，专案组就只能循着追查作案目的的方向去调查了。既然绑匪不择手段要得到那本《少林拳术要义》的抄本，那就从抄本上找线索吧。

观音庵设伏失利后，专案组带回了那部用来赎票的抄本，暂时没有交还丁家，而是拿到了分局。此刻取来，把抄本从纸板箱里一册一册拿出，一共有八册，每册厚约一寸，牛皮纸封面，以蜡线装订。这部抄本名谓丁康达老爷子誊抄，其实也有其子丁雪杉的参与。原本上面每册都有若干幅拳术动作示意图，都是由丁雪杉把薄宣纸蒙在原本上面，一幅幅照着原图勾画下来的。当下，众刑警人手一册，一页页翻看，却无甚发现。

众人面面相觑，眼光里都兜着大大小小的问号。有人提议，干脆把抄本全部拆开，把折着的书页（古式线装本是把纸张一折为二后装订的）一页页展开后仔细检查。李成道说要得，众人马上动手开拆。这回检查得更加仔细了，每页纸张展开后凑到台灯下细看，依旧没看出什么端倪。

刑警又想到了另一种可能——会不会抄本中夹杂着什么暗语？要弄清这一点，那就要逐页审读了。这活儿有些头痛，不过，再头痛也得做。刑警想出了一个办法，从腾四海处取来该书原本，专案组成员两个一拨，一个读原本，一个核对抄件。专案组只有七人，书倒有八册，便向分局秘书股临时借来一名干事，八个人分四拨，每拨负责核对两册。

这桩活儿干完，已是 4 月 30 日凌晨一点多。疲惫困倦自不待言，问题是依旧什么线索也没发现，倒是发现了三十多个错别字，都给勾出来了，等于是替丁老爷子做了一回校对。

4 月 30 日上午，专案组继续分析案情，李成道要求大伙儿打开思路，凡是客观上有可能存在的情况都可以去想，畅所欲言。众人七嘴八舌议了一阵儿，终于有人说到了一种事后被证明于破案确有价值的可能。

这位同志是市局刑警景浩天，二十三岁，原是十八兵团敌工部干事，进军大西南时被抽调出来参加接管旧警察系统。他是一名新刑警，于刑侦工作还不是很熟悉，不过小伙子智商情商都很高，又是高中毕业生，抓紧时间阅读了大量资料，虚心向包括留用人员在内的老刑警学习，进步很快。现在，他从绑匪给丁家的那两封信中发现了疑点——两封信中都提到了“装箱”，那么，是不是有这么一种可能，案犯在乎的并非《少林拳术要义》，而是装抄本的箱子？

大伙儿一听，都觉得这个观点很新鲜，此前谁也没注意到。如果这个猜测符合事实，那么，案犯要求丁家把抄本装在什么样的一口箱子里呢？两封信中都没有提到这一点。通常说来，像丁家这样中等收入的人家，箱子肯定不止一口，还不包括准备作为废品卖掉或者直接扔掉的纸板箱之类。丁家赎票时使用的就是一口纸板箱。对于案犯来说，他们既然有智商策划这种案子，当然不会忘记提醒对方要把抄本装在哪口箱子里。可是，案犯却没有提及。这当然不是犯了疏忽，而是出于想当然。他们想当然地认为，抄本如果放在箱子里，那就肯定会使用他们想得到的那口箱子。因此，他们认为根本没有必要提醒丁老爷子。

那么，这口箱子是属于丁雪杉、皮艳娴夫妇的呢，还是属于丁康达老两口的？应该是后者。为什么这么说呢？因为第一封赎票信中点明，这信就是要交给丁康达的，而且，绑匪要的抄本也放在丁康达那里。而案犯前两次又是化装电工登门企图抢劫，又是雨夜掘墙洞准备行窃，为的就是那口箱子。在案犯看来，那口箱子可能跟《少林拳术要义》这部手抄本有着密切关系。至于这关系是什么，恐怕只有丁老爷子自己说得清楚了。

专案组决定跟丁康达谈谈，不过，在谈之前，他们先把丁雪杉赎票时用来装抄本的纸板箱检查了一番，并无甚发现，只是一口普通的纸板箱而已。

跟丁康达谈下来，终于有了收获——刑警一说抄本与箱子的关系，老爷子顿时一个激灵，口中喃喃自语，难道绑匪看中的是那口绿皮箱子？

这究竟是怎么回事呢？丁老爷子回忆，抗战爆发次年（1938 年）元月下旬的一个寒冷日子，离春节还有几天。下午，“六顺典当行”正准备关门打烊的时候，来了当天的最后一笔生意。那是一个左额头有一条三寸余长紫色刀疤的四十来岁的车轴汉子，提着一口绿色皮箱，往柜台上一放，一按箱侧的机括，箱盖弹开，里面有七八个油布小包，一一打开，竟是人参、麝香、羚羊角、犀牛角、虫草、石斛、珍珠粉等名贵中药，说因有急用，前来典当，当期六个月。

接待来人的朝奉老沈脸有难色。典当行有规矩，中药材一般是不收的，一是典当朝奉不具备鉴定真假的条件，二是不知这药材是哪年的货，典期长的弄不好生虫发霉，到时候人家来赎当，容易发生争执。老沈正要回掉这笔生意，老板俞丕芝闻讯从后堂踱出来了。俞老板这时已经六十多岁，一双眼睛犹自透着生意人的精明，先是看了看药材，又上下打量那车轴汉子："先生可能不知道，典当行是不收中药材的。"

车轴汉子大声道："我行走江湖多年，岂会不知典当规矩？典当通常不收中药材，但这并非行业铁律，适当时候是可以变通的。"

俞老板其实是想做这笔生意的，他从业多年，于中药材虽然不及中药店铺的老药工那样精通，但其鉴定水平相比一个中等药工并不差，这在当时成都典当行业中尽人皆知，没准儿眼前这车轴汉子就是慕名而来。俞老板口出此言，其实只是想压压价："您想典多少钱钞？"

"两千元。"

"最多只能一千三百元，月息七厘，借期半年，利息五百二十元，届时携一千八百二十元来赎当。"

"这……太少了。"

"典当行收中药材风险很大，只能这个价了。"

对方稍一迟疑，还是点了头："行！我把这口箱子一并留在贵号，须在当票上注明，我半年内必来赎当，届时连同原箱一并交还。听着，箱子不作价钱，不受当期限制，万一过了当期我还没来赎当，药材任凭处置，箱子必须给原主留着。"

"可以。给他过秤。"

于是，这笔生意就成交了。车轴汉子拿着钱和当票匆匆离开后，刚开出当票的账房先生丁康达低声对俞老板说这笔生意只怕不妥，他怀疑这箱药材可能是哪里鼓捣来的赃物。俞老板其实心知肚明，但这笔生意利润很高，他不想放弃。

旧时的典当行虽然向官府承诺不收贼赃，但那是有"自由裁量"余地的。上门典当的主顾谁都不会脸上写着"我是匪盗"字样，也不会声称“此是贼赃”，至于典当行方面看出端倪后是否向官府举报，那就要看老板的觉悟了。不过，由于有利可图，再说举报贼人有遭报复的风险，所以几乎所有典当行都恪守一项原则，只要不是官府明文关照的可疑货物，不管什么主顾上门典当，都一视同仁，一律成交。当然，如果在赎期内官府行文布控了，那就得交出收下的典物，待官府调查处置，确是赃物的没收，典当付出的钱钞自然不可能收回，典当行得自己承担损失——官府不追究老板的法律责任已经算是便宜的了。

这次俞老板之所以敢收当，是因为他在检查药材时发现羚羊角、犀牛角上都有“金陵保和堂”的印痕。南京已于去年12月中旬沦陷，即便这批药材来路不正，也不可能惊动官府实施布控，收下这批货料想无事。至于车轴汉子是否会来赎当，那则在两可之间。来赎，典当行会赚取不菲的利息；不赎，那就是绝当，把这批货转售给中药材批发行，其利润就更为丰厚了。

半年当期很快就过去了。俞老板对这批名贵药材非常感兴趣，把绝当时间扣得很准，到1938年7月下旬，半年期限的午夜一过，立刻着手处理这批已经属于“六顺典当行”的中药材。事先，他已联系好了一家有合作关系的中药材批发行，于是连夜出马，带着账房丁先生和三个身强力壮的伙计前往，于深更半夜完成了这笔交易，其操作模式跟转移赃物似有一比。当然，在典当行业，这种做法是可以理解的——对方如若次日一早来赎当，典当行可以理直气壮地说当期已过，已经处理掉了；如若留在典当行里，一旦发生纠纷，警察出面调解时一般会倾向于原主，而俞老板这样做，就等于断了原主的念想。

不过，俞老板还是留了一个心眼，把货送到批发行，当场验收交割后，又把那口绿皮箱拿了回来。当票上写明，皮箱不在作价抵典物品之内，不存在半年期限，对方随时可以来取。皮箱带回后，俞老板让账房先生丁康达保管。丁康达把箱子置于存放账本的大立橱里，过了两年，仍没见那车轴汉子登门来要。正好平时用来存放营业账本的那口破箱子坏得实在不能使用了，遂以这口绿皮箱代替。如此使用了一段时间，就遇上了导致“六顺典当行”遭受灭顶之灾的那次走水。巧的是，因临近过年，丁康达要把账目结算清楚，那天把绿皮箱携回家去连夜加班算账，箱子才得以保存下来。典当行破产后，那口箱子就留在丁家，一直存放到现在。

专案组马上对绿皮箱进行了检查。这是一口由英国纽格兰公司出品的ALⅢ型旅行箱，属于该公司中高档次的产品，长二尺、宽一尺半、厚度四寸半，箱体表面以墨绿色牛皮制作，缝着两根加固皮条；内衬是浅紫色加厚真丝，箱盖里有一个内兜。刑警摸捏遍皮箱内外各个部位，没有发现异样，又把皮箱送往医院放射科进行X光透视，也未发现夹藏物品。专案组长李成道遂拍板对箱子进行破解检查。

5月1日，刑警联系了一个曾经营皮箱作坊的五十多岁的老工匠，请他把皮箱破解开，检查后再照原样缝上。老工匠在七双眼睛的齐齐注视之下开始操作，皮箱的衬里被拆开，包括拎襻以及加固箱体的皮条也一并拆下，却并无什么发现。

一干刑警大失所望。如此，只好另外再想法子了。

五、嫌疑人落网

5月2日，专案组继续开会分析案情。绿皮箱内并未藏匿什么东西，难道之前的猜测是错误的？这个，刑警不敢认同。他们已经仔细询问过丁康达夫妇以及他们的儿子儿媳，得知丁家适宜于拎着出行的箱子就这一口，其余的都是木箱，体积甚大，一部《少林拳术要义》抄本放在里面，空空荡荡很不合适，而且一个人也不好搬运，根本不可能被案犯指定为盛装抄本的容器。因此，还是应该聚焦于那口最适合盛装抄本的绿皮箱。绿皮箱本身没有检查出什么可疑迹象，并不等于这口箱子肯定跟案子无关。

专案组决定继续盯着绿皮箱追查，这就需要了解一个问题，即劫匪是如何得知丁家有这么一口皮箱的。刑警划出了三种情况——

其一，当年“六顺典当行”的朝奉、伙计应该知晓有这么一口皮箱；其二，“六顺公寓”以及周围邻居也知道，因为每年盛夏时，丁张氏都要把皮箱拿到院子里晒霉；其三，丁老爷子完成《少林拳术要义》的誊抄后，曾把抄本装在该箱子内拎往武馆想交给表弟，却因武馆即将搬迁又拿了回来，因此，武馆里的拳师、伙计以及当时在场的学员也应该知晓。

这三种情况中，哪一种最有可能跟案情有关呢？由于箱子跟抄本之间的联系，刑警认为很有可能就是丁康达把《少林拳术要义》抄本送往武馆时留下了隐患。

于是，专案组长李成道亲自出马，带了两个刑警前往武馆拜访腾四海，要求了解当初丁康达把抄本送往武馆时，有哪些人在场。

腾四海回忆，那天上午，他在武馆院子里喝茶，一边喝一边看两个拳师指导学员习练拳术。作为馆主，他通常是不必亲自下场指导的，都由手下的拳师负责教授，只有在学员中发现了好苗子的时候才会亲自指点，不过那是开小灶，在内院悄悄进行的。看到丁康达拎着皮箱登门，腾四海招呼伙计添杯，请丁康达坐下喝茶抽烟。丁康达把抄本从箱子里取出来，放在桌上。腾四海一边浏览一边赞口不绝。

这时，学员练完了一套动作，拳师让他们休息片刻。腾四海遂招手让他们过来，指着桌上的那套抄本说：“看见了吗？这是一套八册武术图书——《少林拳术要义》，并非什么了不得的功夫。我要说的是，我的这位表兄，已经年过六旬，花了整整十四个月的时间，把这套图书从头至尾一字不漏用毛笔誊抄了一遍。这件事，让我做，只怕做不到；让你们做，只怕眼下也无一人能够做到。可是，丁先生做到了。他凭的是什么？一是兴趣，二是毅力，三是勤奋。我们习练武术也是这样，只要有这三点，尽管不一定都能成为武林名家，但肯定可以达到一个拳师的水平。我说这些话，是希望大伙儿好自为之，刻苦练功，不要辜负了大好时光。"

那么，那天在场的有哪些人呢？腾四海唤来那两个拳师，可是，由于时间隔得有些久远，况且武馆学员频繁变动，三人扳着指头说来说去也没有统一意见。腾四海忽然一拍脑门，说请周先生来，他有账本，上面都记着的。

周先生是个瘦小老头儿，是腾四海的姐夫，原是米行账房先生，退休回家后歇不下，就到武馆做了账房。他对工作很是认真，开创了武馆自腾四海以下人人都须有出勤记录的先河。腾四海对此不以为然，认为是多此一举，不料今日倒为刑警调查案子提供了便利。

周先生翻了出勤登记，报出了那天在场习武的七名学员的姓名，另外还有腾四海和两个拳师老刘、老吴以及伙计马三。这些人中，有四个学员已经离开武馆，但都住在成都市区，留了地址。刑警一一记下后，对尚在武馆的几个人分别作了询问，他们都说没有跟别人聊起过丁老爷子来访之事，至于这几位自己，这些日子一直没有离开过武馆，也没有人来进行过私访，互相之间可以作证。

接着，专案组刑警又分别走访了已经离开武馆的那四名学员，了解下来，几位都是规矩人，也没有乱七八糟的狐朋狗友。这样，原本抱有很大指望的武馆这边的线索就落空了。

次日，专案组全体出动，再次前往“六顺公寓”，花了整整一天时间分头走访公寓住户及周围邻居，依然未能获得任何线索。一干刑警回到分局驻地，闷闷不乐地吃过简单的晚饭，组长也没宣布继续开会，大伙儿却自发地聚在临时办公室外面的葡萄架下聊起了案子。

一番议论后，大家认为根据抄本与皮箱的关系来推理，线索似乎不大会跟“六顺公寓”以及周围邻居搭界，他们虽然知晓丁老爷子有那么一口皮箱，但白天的走访表明，他们之中谁也不知道丁康达誊抄了《少林拳术要义》这部书。所以，线索还是应该在武馆那边。这天晚上，大家讨论到将近午夜，但始终没有找到如何走下一步棋的有效思路。

5月4日，专案组全组再次前往武馆。一干刑警从大门鱼贯而入，可能由于神情冷峻，使正在练武的学员吃惊不小，连两个拳师老刘、老吴也不住地盯着他们看。这时，腾四海从演武厅里大步迎出来，一边跟专案组长握手一边说：“呵呵，你们过来了，倒也省得我特地跑一趟分局了。”

李成道不由得眉峰一耸，暗忖听老腾这语气，事情似乎有转机嘛！便朝属下丢了个眼色，示意他们止步，自己随腾四海进了演武厅。腾四海要告诉专案组长的事儿确实跟破案有关——

前面说过，刑警曾走访过四个已经离开武馆的学员，并未获得什么线索。不料，昨晚九点多，四学员之一贾天祥忽然来到武馆，叩门叫醒了夜间睡在门房的伙计马三，说有要事求见先生（贾天祥的武术底子不错，是上一期学员中唯一被腾四海收为入室弟子的，故其对腾四海有此称谓）。腾四海的规矩很大，习惯早睡早起，一旦躺下，则最讨厌被人吵醒。因此，马三不大愿意通报。贾天祥不敢硬闯，却也不肯离去。正僵持时，账房周先生从外面访客回来，贾天祥连忙上前行礼，把周先生扯到一旁悄悄说了几句话。周先生听了，便对马三说："放他进去，我去唤醒当家的。你别担心，有啥事儿由我担待就是了。"

贾天祥的岁数比武馆其他学员都大。他是1919年出生的，这时已经三十一岁了。早在十五岁时他就拜师学艺，练过南拳、通臂拳、八卦掌等，喜欢跟人交手，胜多负少，因此自以为已经练得不错了。一天，他和几个朋友去杜甫草堂游玩，正好有人在那里打拳，在友人再三怂恿下，他也下场打了一套南拳，大获掌声。正得意时，听见有人嘀咕说"好看不中用"。

说这话的人正是腾四海。那天他也正好陪同外埠来访的朋友游草堂，恰恰撞见贾天祥打拳。贾天祥这下不依了，他不认识腾四海，当下就要跟人家"搭搭手"。腾四海推辞不过，只好和他比试。结果可想而知，比试了三次，贾天祥都是沾手就飞出去。这下，贾天祥方才知道什么叫武术。待到围观者中有人认出腾四海，他赶紧下跪磕头，定要拜师，腾四海让他去武馆报名。于是，他就成了武馆的一名学员。一个月后，又被腾四海收为入室弟子。

那么，贾天祥夜闯武馆，究竟有何要事呢？原来，白天他以"没有印象"回掉上门调查的刑警后，吃晚饭时有了闲空儿，一边喝酒一边回忆刑警向他了解的那件事儿。想了一会儿，脑子里忽然闪过一个早已被屏蔽了的印象——

丁康达把那套《少林拳术要义》抄本送到武馆之事发生大约一周后，从灌县来了一个姓宋名今云的朋友，贾天祥款待对方喝酒，有点儿喝高了，话很多，事后却记不清聊了些什么。宋今云以前和贾天祥一起练过拳，被贾称为师兄。喝酒时难免聊到武术，是否聊到了丁康达把《少林拳术要义》抄本装在一口绿皮箱里送到武馆，引发了腾四海对弟子们的一通教诲，那就不好说了。

想到这里，贾天祥有些胆怯，寻思如果宋今云果真犯事儿，回头被捕后供出那一节，警察会不会说我包庇？想来想去吃不准，挨到九点，实在憋不住，决定连夜去武馆向师父请教。腾四海给出的意见是，这事应该告诉刑警。他安慰贾天祥不必惊慌，自己这几天经常和刑警打交道，可以去公安局走一趟，先把情况说一说，如果刑警觉得这是条线索，他们自会去找贾天祥的。

李成道听了腾四海的这番陈述，决定立刻派人奔灌县调查宋今云的情况。灌县距成都百余里地，腾四海很热心，估计专案组不一定弄得到交通工具，为抢时间，就动用其关系跟驻蓉部队借了一辆中吉普，载了张凡、宋显逊、斯遇春三刑警前往。

那三位到了灌县，通过县公安局了解下来，确实有宋今云其人，三十五岁，无业，四处游荡，没有人知晓其到底在干什么营生。进一步了解，终于从平时跟宋经常打交道的鲁某口中打听到，宋今云目前居住于成都蜀营街。刑警张凡心细，向鲁某打听宋今云的模样，听说那主儿左侧嘴角有一道寸余长的伤疤，不禁一阵儿惊喜：这人就是 4 月 21 日下午前往“六顺公寓”作案未遂的冒牌电工之一！

当天傍晚，宋今云被捕，和宋一起被捕的还有一个名叫尤龙的男子。

六、“复仇堂”始末

专案组连夜对两个嫌疑人进行讯问，宋今云、尤龙对 4 月 21 日、4 月 23 日、4 月 27 日分别进行抢劫（未遂）、盗窃（未遂）和绑架的事实供认不讳，交代其作案目的确实是想获取丁家的那口绿皮箱。

那么，这口绿皮箱究竟隐藏着什么秘密呢？

要说清绿皮箱的隐秘，先得简介一下尤龙的身份。三十八岁的尤龙系灌县人氏，出身中小地主家庭。其父继承祖业，本来日子过得还不错，后因抽鸦片破产。那年尤龙不过十五岁，正上初二，家里的产业全部抵押出去，他无法继续学业，甚至连吃饭都成问题，就去入伍参加了军阀杨森的部队。

三年后，尤龙被提拔为班长。在受上峰派遣带着一班士兵协助驻地涪陵警察局缉拿一伙盗墓贼时，他监守自盗，私吞了价值上万元的珠宝。不久，尤龙开小差逃回老家，准备变卖珠宝重置产业，东山再起。其时，尤龙的父母均已身亡，两个兄长分别去了重庆、武汉谋生，失去了联系。尤龙在家乡无依无靠，加上年轻缺乏历练，上了一个名叫聂奎耀的当地恶棍的当，被骗去了大约三分之一的珠宝。这还不算完，聂奎耀利用跟尤龙喝酒的机会，套出了其私掠珠宝的秘密，要求平分赃物遭拒，聂便向警察局举报。尤龙只得亡命他乡。

四处流浪期间，尤龙时时想着找聂奎耀复仇。他无意间得知江湖上有个名唤“复仇堂”的组织，专门帮人报私仇，就萌生了投奔的念头。

“复仇堂”由重庆人任逸冠创办。任逸冠是前清秀才，据说很有才学，如果不是清末废除了科举考试，他有可能举人、进士一路上去，最后做个封疆大吏也难说。可是，1906 年清廷废除了科举，他的学问就失去了价值，好在家中还有些积蓄，就在朝天门码头附近开了一家旅店。旅店开到第十个年头儿，一个秋日的雨夜，来了一个金发碧眼的旅客。这个名叫亚岱尔的洋人的到来，改变了任逸冠的生活轨迹。

亚岱尔是个被淞沪护军使署通缉的逃犯，其名其罪已经上了报纸。此人是英国国籍，早年因犯罪被流放到澳大利亚，后伺机脱逃，先去印度，又到香港，最后，冒充传教士去了上海。他不敢去租界混，就在南市华界待了下来。不久，他忽悠沪上某富家子弟出资赞助他创办了一个新派教门，名唤“循礼教”。

要说亚岱尔的忽悠本领，那还真是非同一般，短短数年间，竟然就有了数百信徒，不但捐钱献物，甚至有把房产相赠的。亚岱尔诈人钱财，还诱骗妇女。据《申报》披露，“该洋恶棍诈取钱财金额至少数十万，奸人妻女不下百名”。终于，“循礼教”引起了华界警方的注意，淞沪警察厅对亚岱尔进行侦查，初步掌握了其罪行，但因其英国国籍，不敢轻举妄动，遂向淞沪护军使署递交书面报告请示缉拿事宜。不料，就是这公文一来一回的工夫，竟被亚岱尔察觉了风声，当即连夜逃遁。这一逃，就逃到了重庆。当然，亚岱尔不曾料到，这趟重庆之行是一条不归路，他的性命竟会断送在一个前清秀才手里。

亚岱尔仓皇出逃时，只来得及将其骗得的部分金银珠宝装在一口绿皮箱里带走。当时的四川还未设省长，一省长官称为“巡按使”，名义上隶属中央政府，实际上基本处于1911年以来的半独立状态。在亚岱尔看来，他逃到了重庆，上海那边是拿他没办法的。到达重庆的那天傍晚，大雨滂沱，雨伞根本不管用，亚岱尔在朝天门码头一上岸，转眼就淋成了落汤鸡。码头上有不少旅店的揽客伙计，狼狈中，他也来不及选择，接过第一个迎上来的伙计递给他的雨衣，上了一乘滑竿就走。

滑竿把他抬到了距朝天门码头一里地的“逸冠旅社”。老板任逸冠见来了个洋主顾，自是热情款待。亚岱尔洗了澡，吃了一餐酒饭，回到客房喝茶。按说他是个老江湖，还不是一般地老，不但闯荡英国全境，还漂洋过海到过澳大利亚、印度、香港，又从香港到上海，在上海待了十年，这种经历早应该教会他恪守“财不露白”的准则。可那天不知是怎么了，也许是酒精的作用，他竟然想起要清点一下那口绿皮箱里的金银珠宝。

江湖上“缝隙有目，隔墙有耳”是常有的情形，亚岱尔是拴上了房门，却没留意到房门是有缝隙的。而此时，旅馆老板任秀才饭后无事，正捧着个白铜水烟筒溜达过来，想跟这个会说一口中国话的洋旅客聊聊天。走到门外，见房门关着，门缝里透着灯光，寻思这洋人不知在里面鼓捣些什么，不觉起了好奇心，遂蹑足凑过去，贴着门缝往里一看，暗自吃惊：乖乖，一箱子金银珠宝啊！

任逸冠立刻回了后院自己的房间。这一晚上，注定是个难眠之夜。任逸冠寻思，这洋人的财宝显然来路不正，甚至连其身份都可疑。要说是入川来做生意的吧，洋人做生意一般不会随身带很多钱钞，多是通过银行汇款以保安全，即便要带，那也是金条、银洋。可是，眼前这主儿带的却是黄金首饰、珍珠宝石，哪有出门做生意带这类财物的？跟人谈成了交易怎么付款？这样想着，任逸冠就断定亚岱尔不是个善主儿。跟着，一个念头立刻闪现：不义之财，取之无妨。

怎么取？看来只有杀人劫财了。任逸冠此前一直是个良民，从未触犯过刑律，这时不知怎么从心底倏地升起了一股杀气。出任“复仇堂”首任堂主后，偶尔和亲信谈起往事，他说自己当初之所以动杀机，既是取其不义之财，又是为民除害。这话使人听着有点儿糊涂——怎么扯到为民除害上去了？任逸冠却自有说法——洋人在中国持不义之财者就是歹主儿。

就这样，任逸冠以给亚岱尔添茶水为幌子下了毒，半夜，亚岱尔毒发身亡。次日，任老板向警察局报告，警局派来一名巡警，任老板给塞了点儿钱，填了份“急病身亡”的单子，就了结了此事。

一年后，任逸冠用这笔不义之财作为经费创办了“复仇堂”。据他说，是因为开旅馆期间，跟众多遭到迫害而无处伸冤的人接触多了，便有了助人伸张正义的想法。“复仇堂”的堂规跟江湖上其他黑道帮会有所不同：凡是蒙受不白之冤又无法伸冤者，经堂会成员两人以上引荐，申明一应情况后，由堂主派人前往调查，查明情况属实，即由堂内拨款收买江湖杀手将仇主干掉。事后，经由“复仇堂”为其报仇的人自动成为堂会成员。

“复仇堂”成员本着有钱出钱、有力出力的原则，每年须向堂会交纳堂费，多少没有规定，量力而为；贫穷无钱可交的，则在堂会有事时接受派遣执行差事。这种“事”，都跟堂会帮人复仇有关，或打听消息，或协助杀手进行暗杀，执行差事时的全部开支均由堂会拨给。“复仇堂”的堂规中对泄密惩治甚严，只要发现，必杀全家。但这种情况从来没有发生过，因为其成员手上都有人命（凡入会者，都是堂里帮其复了仇的），为堂会保密也等于是替自己保密。堂会是秘密组织，不设档案，成员之间单线联系，没有人知道“复仇堂”一共暗杀了多少人。

然后就要说到亚岱尔的那口绿皮箱了。任逸冠毒杀亚岱尔，劫得那箱金银珠宝后，自信该案作得天衣无缝，未把皮箱处理掉。创办“复仇堂”时，他突发奇想，宣布这口皮箱是堂主的标志，不论何人持有该箱，即是堂主或者代表堂主行使权力之人。因此，这口皮箱一直被很好地保存着。任逸冠创办“复仇堂”后的第六个年头儿，患气鼓胀症（此为中医说法，即肝病引发的肝腹水）而殁。临终前，任逸冠指定堂会成员万县人厉有威继承堂主。

厉有威的父亲以前做过土匪，后来金盆洗手置地开店，成为一方富翁。但因为以前欠下的“债务”太多，江湖上有人对他念念不忘。终于，在一个风高月黑之夜，仇家找上门来，将其全家灭门，还放了一把火，把一座大宅院烧为一片白地。厉有威身中三刀一枪，竟然没死，成为这场轰动川东的血案中唯一的幸存者，不过一条腿却瘸了，留下终身残疾。

辗转三年，厉有威才获得跟“复仇堂”沟通的机会，得以申诉情况，请求相助。据说，任逸冠对是否帮其出手考虑良久。毕竟厉父是土匪出身，以前作恶多端，此番遭灭门之祸，也算是因果报应。不过，话说回来，其金盆洗手也是符合江湖规矩的。最终，任逸冠同意有条件复仇，只杀了策划组织灭门血案的两个为首头目，其余不问。他让厉有威发下毒誓，报仇到此为止，永远不再对其他仇家下手。

厉有威继承“复仇堂”香火后，并未继续遵守任逸冠制定的堂规。他奉行自己的一套路线，把“复仇堂”变成了一个付钱就干活儿的暗杀公司。为防止泄密，他停止了原先那种为人复仇后即将其吸收为堂会正式成员的做法，搞一锤子买卖。担心作案多了容易出事，他又规定一年作案不得超过十二起。

以前，任逸冠把堂口设在重庆朝天门他经营的旅馆，一边做生意一边从事秘密复仇活动。厉有威接手后，关了旅馆，离开重庆，在川东、川西多地轮番落脚，滥用堂款，吃喝赌嫖。厉有威的这种做法，固然对于防范官府和仇家有一定作用，但其做派为堂会内部成员所不齿。后来终于发生火并，厉有威一命呜呼，由自贡人杜白手当了第三任堂主。

按照规矩，杜白手能够成为堂会成员，当然也少不了为己报仇这一关。不过，这人的情况有些特殊。他原本就是职业杀手，公开职业是在自贡城隍庙前摆地摊卖中药材，有了活儿，就以采药为名失踪一段时间，杀了人再回来摆摊头。他跟“复仇堂”的关系可以追溯到首任堂主任逸冠。早在任逸冠时代，他就已开始受雇替“复仇堂”杀人了，最远一趟差事曾跑过南京。

这种老关系，到了厉有威掌管堂口的时候，自然要延续下去。不过，杜白手跟厉一打交道，就觉得这人不牢靠。他着眼的不是对方的人品性格，而是面相，认为厉堂主“容颜阴鸷，晦气重重”，当时就不想再跟“复仇堂”合作了。但挨不过面子，同时也考虑到，如果弄得不愉快，对方来一招“暗报”，只怕自己死无葬身之地。所以，还是接了两单活儿，然后放出风声说自己“身患痼疾”，还特地去了趟青城山，在道观住了一个多月。

事情就出在杜白手外出期间，他的女儿竟然遭到当地一个警察头目的强奸。那主儿是新来自贡的，不知道杜白手在当地武术界的名气，待到事情发生后方才清楚，寻思干脆一不做二不休，利用职权把杜白手解决掉算了。杜白手还不知道发生了这等重大变故，刚一进城就被盯上了，回家后一杯茶还没喝完，即被警察拿下。

进了看守所，杜白手才从其他犯人口中知道事情的原委。于是，当晚越狱。他不敢再待在自贡，遂径奔成都向“复仇堂”求助。厉有威接下了这单活儿。杜白手是逃犯，两手空空，吃饭住宿还得由堂会解决，自然拿不出酬金。不过这没关系，可以以工代酬。就这样，“复仇堂”派人干掉了那个警察头目，而杜白手就成了堂会的专职杀手。厉有威当时非常高兴，却没料到后来策划干掉自己取而代之的恰恰是这个杜白手。

杜白手当了堂主后，基本不接活儿，即便接活儿，也是自己亲自出马。他恢复了任逸冠制定的那套堂规，凡是由堂会为其报仇的对象，自然成为堂内成员。不过，由于接活儿少，直到1938年杜白手失踪，“复仇堂”也就不过增加了五六个新成员。

杜白手的堂口长驻成都，那是一家专向寺庙提供香烛的店铺，只搞批发，不设零售。十二年前，即1938年，这家香烛铺突然关门歇业，杜白手从此不知去向。杜白手的香烛铺有两个师傅（并非堂会成员），还有一个伙计，就是在厉有威执掌“复仇堂”时加入该组织的尤龙。

一天，杜白手说要出趟远门，去哪里没说，也没说离开多少日子，尤龙猜测是去干堂会内部的什么事情了，因为他带走了那口平时很少动用的绿皮箱。七天后，杜白手回来了，使尤龙感到惊奇的是，那口皮箱并没有带回来。接下来发生的事让他更加吃惊，杜白手拿出两百枚银洋，给两个制作香烛的师傅每人一百，说我这里要关门歇业了，薪金月初已经发了，这是发给你们的遣散费。把香烛师傅打发走，杜白手又拿出一百枚银洋给尤龙，说你也不用跟我了，这是给你的遣散金，你回灌县去吧。

于是，尤龙就回到了灌县，当了一名厨师。从此，他再也没见过杜白手，也没听到过他的消息。

讯问到这里，刑警景浩天心里一动，突然截住尤龙的话头，问杜白手的年龄、体态、容貌特征。尤龙一说，其他几个刑警也马上会意：这个杜白手，不正是十二年前那个拎着一皮箱名贵中药前往"六顺典当行"的车轴汉子嘛！

尤龙继续往下交代，果然说到了"六顺典当行"。好友宋今云曾跟他聊起一件事，有一次宋今云去拜访成都的朋友贾天祥，贾天祥无意中提到腾四海请表兄丁老爷子誊抄《少林拳术要义》。两人当时雨夜喝酒，闲得无聊，话越扯越多，扯来扯去就扯出了那口绿皮箱。尤龙听着一惊，当时也是酒喝得有点儿高了，口无遮拦，顺口讲起了"复仇堂"与绿皮箱之间的关系，更进一步推断，莫非杜白手已经去世，把堂主位置留给了那个丁老爷子？便拜托宋今云去打听那口皮箱是怎么落到丁康达手里的。

宋今云是个很会办事的家伙，江湖经验也丰富。一番盘算后，他去了"六顺公寓"附近的一家茶馆，也就只去了一次，喝了一壶茶，就从茶客那里打听到，丁康达原是"六顺典当行"的账房先生，后来典当行破产，他只拿到了一个半新不旧的绿皮箱作为遣散金。

听宋今云这么一说，尤龙寻思，如此看来，当年杜白手关掉香烛店可能并非临时起意，而是一种退出江湖的表示。但杜白手不敢宣布解散

"复仇堂"，否则，江湖上一旦得知这个消息，必定有人找杜白手以及其他堂会骨干分子寻仇。因此，杜白手也不敢把堂主信物——绿皮箱随意处理掉，担心引起堂会内部争夺权力。杜白手很聪明，最后的选择是把绿皮箱寄存到当铺，以便日后万一堂会成员找到他时有个交代。

尤龙跟宋今云这么一分析，宋今云顿起邪念：何不设法把那口皮箱弄到手里，拎着它在江湖上晃荡一阵儿，必定有堂会成员前来晋见巴结，殷勤接待自不待言，应该还会有金银钱钞奉上——他们已经有十二年没交纳堂费了。

宋今云把这个主意跟尤龙一说，尤龙深以为然，两人便开始密谋策划如何获取绿皮箱，继而就有了抢劫、盗窃未遂案和绑架丁胜利的案子。至于绑架成功后又把人质送回去，那是宋今云的主意，他说这事只怕已经惊动公安局了，可不是闹着玩儿的，还是再想其他法子搞那口箱子吧。

七、案中有案

案子侦查到这里，案犯已经落网，案情已经清楚，按说可以结案了。5月6日，专案组长李成道指定刑警张凡、斯遇春负责起草结案报告，案犯移送预审部门。那时候治安形势比较严峻，而警力拮据，其他刑警各自回归原单位，立刻就被领导分派了新的任务。虽然案子还没审结，专案组名义上还存在，但实际上等同于解散了。

大家都没想到，这个案子还没完——被捕的案犯隐瞒了部分案情。这一秘密，是被负责起草结案报告的刑警张凡、斯遇春发现的。

张凡是北方人，初中毕业后在家乡一家米行当账房先生的助手，负责司磅、发签、记账。小伙子天生好动，又练过拳术，闲着没事，就去库房相帮伙计搬弄米包，时间稍长，力气倍增。这样折腾了三年，家乡解放了，解放军第十八兵团路过县城，招兵买马，张凡参加了一次群众大会，热血沸腾，当场报名。在部队里，像他这样的青年已经算得上“文武双全”，又是劳动人民阶层，属于根正苗红一类，就被分派到兵团政治部下面的保卫部做了一名干事。十八兵团进军大西南解放成都，组织上安排张凡到地方公安局工作，从此，他就成了市局的一名刑警。

小伙子好学习，工作时只要有机会就向老刑警虚心求教，业余空闲时反复研读军管会公安处印发的《社情资料》。这是一套五本的油印资料，由成都中共地下党在解放前数月开始收集整理，内容涉及当时四川各地的社情、民情，国民党党政军警宪特的情况，以及曾经活跃在四川省、西康省乃至西南地区所有会道门组织的内部情况、活动方式、经费来源等。成都市公安局共有三套这样的资料，其中一套由张凡保管，有时间他就拿来翻翻。将近半年折腾下来，新书已经变成了旧书，纸张边沿都卷起来了。还别说，这些时间还真没白花，这一点，很快就要被事实所证明。

可以说，张凡算得上当时成都市公安系统中对《社情资料》研读得最透彻的民警之一，如果那时也搞什么“社情知识竞赛”之类的活动，他准定可以进入前三名。尤其是对资料中江湖帮会这一块儿，更是可以做到一应情况信手拈来，甚至对各个帮会组织头目的性格、执掌堂务会务的套路都了如指掌。现在，他既然负责起草结案报告，自然要对整个儿案情进行系统的回顾，这一回顾不要紧，他立刻就发现了令人不解之处——

尤龙是做过“复仇堂”末任堂主随从的主儿，难道不知道凭他的道行是根本冒充不了“复仇堂”第四任堂主的？那可真应了江湖上经常使用的套话——“小子何德何能”了。至于另一个叫宋今云的主儿，连袍哥是怎么回事都闹不清楚，对江湖秘密组织“复仇堂”自然更是陌生了。可以想象，如果这两个宝货带着那口绿皮箱招摇过市又恰恰让原“复仇堂”成员看到的话，会是什么样的一幕。因此，张凡认为这件事似乎不可信。若说是宋今云一个人导演，那倒还情有可原，可尤龙不但参与其中，还招供说他和宋今云确实是想拿着绿皮箱冒充堂主招摇撞骗，那就匪夷所思了。

张凡把自己的怀疑跟斯遇春说了。斯遇春是分局的留用刑警，也是专案组唯一的留用成员。以留用旧警察的身份参与专案侦查，由此可见，这人肯定在刑事侦查方面有一套。后来知道，其实斯遇春对这个案子获得眼下这么一个结果也是有想法的。他对成都的社情太熟悉了，如果作案人不是尤龙，而是“复仇堂”的某个普通成员，还勉强可以相信，但这人是堂主贴身随从，那就显得玄了。只是他不敢吐露自己的想法。论排名，他肯定是排在专案组七名成员末位的，还有着旧警察的帽子，哪敢跟大伙儿唱反调？现在张凡一说，他一面佩服这个北方小伙儿敏锐的洞察力，一面还是小心翼翼，说话也模棱两可。

但张凡需要的是老刑警的指点，不是和稀泥，于是就换了一个角度向老刑警请教，会不会是这样一种情况——宋今云、尤龙串连起来图谋那口绿皮箱，确实是为了骗人钱财。但他们不打算自己出面，而是另外物色了一个模样、气质与堂主身份相符的角色冒充“复仇堂”的第四任堂主。

斯遇春想了想，没有回答，只是摇头。摇头就是否定，张凡于是盯着老刑警追问。斯遇春无法回避，只好说出了自己的看法：如果尤龙、宋今云确实是另请他人干这事的话，他们就不会以虚假口供骗专案组了，因为被他们物色的那个角色不过是个摆设而已，犯不上替那人扛一份罪责。可是，尤、宋两人却扛了，那就说明那个角色要比他们厉害，他们不敢供出此人，否则可能会遭到报复——包括对他们家属的报复。

张凡听着连连点头，说那咱们就去看守所提审，一定要让他们吐露真相，这个案子才算办得完整，才可以结案。当然，这样做需要得到领导的首肯，两人就去找专案组长李成道。

李成道虽然名义上还是这个专案组的组长，实际上却已经在指挥着另一个专案组侦查一起命案了，此时，他正在办公室里召集这个新专案组的成员开会呢。看到张凡在办公室门口探头探脑，他马上挥手："去去去！起草结案报告是小事儿，先放一放也罢，我这边正卡壳呢。"忽见斯遇春在张凡后面跟着，他心里一动，寻思这个留用刑警一贯低调，这会儿肯出面来"打扰"，那看来确实有事儿，可能还不是小事。李成道走到门外，一边看表一边说："最多只能给你们三分钟时间，说吧！"

张凡只说了一分钟，李成道已经明白，几乎是不假思索地立刻点头："言之有理！我支持你们继续往下追查，去吧！"

领导点头，这事就好办了。两人即刻去了看守所，先提审尤龙，一无所获。再让看守员把宋今云从监房开出来，说好由斯遇春出面主审。

旧时老刑警讯问都有一套，这斯遇春当警察前跟着一个川剧草台班子跑了三年码头，对旧艺人的那套油嘴滑舌耳濡目染，此刻对付连刚出道都算不上的宋今云，自然不在话下。面对宋今云，他也不端架子，拿出香烟递过去，两人抽着烟天南海北胡磕牙瞎聊天，不知不觉中，就把话题引到了案子上。

之前，斯遇春已经作了铺垫，让宋今云知道所谓江湖义气在新社会肯定不牢靠。这会儿又扯到政策上，宋今云终于意识到两点：一是他今后不可能再和尤龙一起厮混了；二是虽然他们是一起犯的罪，但罪行可分大小，态度会有好坏，将来处理时政府肯定会有一个尺度的。如果他确实对政府有所隐瞒，那就要看是为自己隐瞒的呢，还是为他人比如尤龙隐瞒的，如果属于后者，是不是值得？

把火候调节到这当口儿，斯遇春方才言归正传，问起了专案组需要弄清楚的那个问题："如果你们搞到了那口绿皮箱，由谁主持以后的活动？"

宋今云吞吞吐吐："尤龙说由我们两个人轮流出场冒充堂主……"

斯遇春说："这就是态度不老实了，你们也不撒泡尿照照自己，凭你俩那副模样，即便有绿皮箱，冒充得了堂主吗？再给你一次机会，赶快老实交代，说清楚了肯定对你有好处！"

宋今云反复权衡，最终说出了真情。原本，他和尤龙确实是想把绿皮箱搞到手后由他们俩冒充"复仇堂"堂主的，甚至还商量过应该怎样冒充、去何地活动等细节。直到有一天，尤龙接待了一个被他唤为"表兄"的男子后，突然改口了，说他已经物色了一个最适宜冒充堂主的朋友，又说凭其本领和魄力，即便真的执掌"复仇堂"，也完全做得下来，甚至会比已经失踪的前任堂主杜白手做得更好。

"那是几时的事？"

"一个月前。"

"那人多大年龄？长得啥样子？"

"我没有见过，是听尤龙说的。"

一直在旁边埋头记录的张凡忽然插言："那个表兄姓什么叫什么？"

"尤龙提起这人时，好像管他叫'福润'。"

"叫什么？"张凡一个激灵，"你再说一遍！"

"福润。"

张凡顿时激动起来，招呼看守先把人犯押到隔壁。宋今云刚出门，张凡就对斯遇春说："这就对了！他俩后面果然藏着一条大鱼，就是那个叫'福润'的家伙。《社情资料》上有这人的情况，真名叫阮柏寿，别名、化名有十几二十个，其中一个就叫‘阮福润’；那主儿是川东的水陆两栖惯匪，作恶多年，血债累累啊！”

这一说，斯遇春也想起来了：“对啊！阮柏寿是上了川东行署公安部通缉名单的，好像排名还比较靠前。”

接下来再提审尤龙，将其提出来时故意让他看见隔壁屋里待着的宋今云，进屋后，斯遇春递给他一张上面写着“福润”两字的白纸：“别的啥都不用说，就说说这主儿吧。”

尤龙意识到秘密已经泄露，倒也爽快：“我俩背后确实是阮福润这人，他以前跟堂主杜白手是好友，每年都要碰两三次面，我跟着杜堂主，自然也就认识了老阮。”

大约一个月前，4 月 9 日那天，阮福润突然上门，这是成都解放后他第一次露面。他对尤龙说，他已经上了公安的通缉名单，去藏区躲了一阵儿，现在想回川东看看风头，然后再决定下一步该怎么走。接着，他向尤龙打听是否有杜堂主的消息。尤龙说没有，但把那口绿皮箱的事跟他说了说。阮福润很兴奋，说这事由我来主持吧，你们两个是干不了的，只怕一露面就让人黑吃黑干掉了。

那天，阮福润在尤龙家待了大概一个小时就离开了，留他吃饭都不肯，临走时留下一些钱让尤龙作为活动经费。他没说几时再来，只是让尤龙尽快把皮箱弄到手。之后，尤龙把这事简单跟宋今云说了说，强调阮福润这人厉害，是个杀人不眨眼的魔头，川东地区小孩儿哭闹时，只要说一声“阮魔头来了”，立刻停止。此人报复心特别强，手段也了得，灭门的案子作过好几起。从此，宋今云脑海中就留下了这么个杀人魔头的印象，落网后，他担心家人安全，才隐瞒了这段情节。

张凡、斯遇春立刻向李成道汇报了上述情况。李成道说这事不小，阮柏寿是川东惯匪，上了川东行署公安部通缉名单的。那份名单上所列的人个个都是要犯，现在发现了阮犯的线索，那就赶紧向上级汇报，如何处理，等领导命令吧。

5月7日，成都市公安局局长赵方下令，追缉惯匪阮柏寿的工作交由局协查办公室下辖的交办组负责，刑警张凡、斯遇春熟悉案情，暂调交办组协助追缉。交办组是市局的临时部门，专门负责协助外埠公安机关来成都追缉逃犯的同行执行任务，同时对掌握的重大逃犯在本地活动的情况进行调查，将其逮捕归案。

交办组副组长黄国城受命主持该案，张凡、斯遇春两人前往交办组报到时，他已经与三个组员在办公室等他们了。听张凡介绍了案情，黄国城说看来我们先得去灌县走一趟。按常理推测，阮犯不大可能藏匿在灌县，灌县县城太小，藏不下这个魔头；再说，他对尤龙说过要回川东一趟，十有八九早已离开灌县了。这倒也好，至少阮犯还不知道尤龙已经被捕的消息。我们这次去灌县，需要了解阮犯上个月去那里时的情况，比如何时抵达、下榻何处，除了跟尤龙接触，是否还接触了其他什么人。掌握这些情况后，我们就可以做下一步行动的筹划了。阮犯对尤龙说过让等他的消息，那说明他还会去灌县，我们说不定可以来个守株待兔。

黄国城原是十八兵团某部侦察科长，追缉方面的经验颇为丰富，这也是领导把他安排到交办组工作的原因。当天下午，黄国城率队抵达灌县，一行人先去了县公安局，说明来意，县局派了两名侦查员协助他们开展工作。根据黄国城的安排，首先要调查城里、城外的旅馆、客栈，看4月9日前后是否有什么可疑对象登记入住。

当天，众刑警便把县城内外的五家旅馆、客栈都查摸了一遍，并未发现有符合阮柏寿特征的对象入住。晚上，大伙儿分析案情，当地侦查员提出一种可能：灌县县城内外有几座寺院、道观，那里有时也接待烧香观光的客人，有专供住宿的客房，明天可以去查摸一下，没准儿阮犯当初就下榻在其中的某一家呢。

次日，侦查员们分成两拨，以游客身份前往寺院、道观走访。中午在指定地点会合时，有一拨侦查员汇报说他们查到了一个情况。

他们去关帝庙访查时，县局侦查员跟庙祝熟识，了解下来，庙祝说清明节后第三天的傍晚，有一身材瘦小精悍的中年男子由县城北门街“和康杂货店”解老板介绍前来关帝庙借宿，说是从藏区去重庆，途经成都，因藏区尚未解放，没有办理路条、证明之类，不便入住旅馆，故想暂时住在关帝庙里。

关帝庙是没有和尚僧人的，由庙祝负责管理。杂货店老板解和康跟庙祝有协作关系——关帝庙每月都会积攒不少由香客供奉但来不及使用的香烛、灯油，均由解老板偷偷收购后重新出售。因此，解老板求庙祝帮忙，庙祝不能不买这份面子。尽管公安局有规定，寺院、道观等容留香客、居士、游方同道都须查验证明，但此刻有解老板担保，庙祝也就眼开眼闭了。

那人只住了一个晚上，第二天就离开了，临走时给了庙祝三万元钞票（此系旧版人民币，与新版人民币的兑换比率为10000∶1，下同）。借宿寺庙通常是不必付钱的，但这人付了。灌县最好的旅馆住宿一夜不过六千元，这人竟然付了五倍之多的钱，使庙祝对其身份产生了怀疑。所以，在县局侦查员查问时，他便道出了这一情况。

马上传唤杂货店老板解和康，他承认确有此事，那个中年男子就是阮柏寿。解老板跟阮柏寿同为忠县人，幼时曾为邻居，后来各奔东西。侦查员问及阮柏寿的惯匪身份，解和康说他跟阮已经二十多年没有见过面了，对阮的情况并不清楚。清明见面时，阮说他是数年前从解的一个亲戚处得知解和康在灌县开店的，这次从藏区回川东家乡途经灌县，顺便拜访。这话有破绽，侦查员当然不会相信。不过，黄国城考虑到阮柏寿为绿皮箱之事多半会二赴灌县，并没有点破，讯问过后关照了几句就让解离开了，暗中安排侦查员对其进行秘密监视。

八、要犯落网

这是成都市公安局交办组成立以来发现的第一条涉及通缉要犯的线索，黄国城对此特别重视。除了对杂货店老板解和康进行秘密监视外，对灌县的寺院、道观、旅馆客栈和长途公交车站也进行了布控。为此，灌县公安局临时抽调十名便衣侦查员交黄国城调遣，交办组赴灌县的一干侦查员也都分别承担了任务，其中原绑架案专案组刑警张凡和交办组侦查员老周负责对解和康的杂货店及住宅实施秘密监视，配合他们进行该项工作的，还有当地派出所民警小许。警方临时征用了“和康杂货店”对面的棺材铺，三人在棺材铺楼上设立了监视岗，当晚轮流监视了一夜，没有任何情况发生。

次日，即5月9日，白天继续监视，还是没有情况。到了晚上，淅淅沥沥下起了雨。老周提醒说，雨声会掩盖其他声音，得特别小心，同时提议是否改夜间一人监视为两人监视，两双眼睛观察可确保不出问题。这样一来，休息的时间当然减少了，不过，三人并无怨言。如此一夜监视下来，至天明雨停，小许下楼去买早餐，顺便向下榻于县局后院空房里的黄国城报告“一夜无事”。

小许刚走，县局门卫室向黄国城报告称，杂货店老板解和康求见。解和康带来了一个令人震惊的消息：昨晚阮柏寿已经找过他了！

黄国城的第一反应是不可能。确实，三个侦查员盯着杂货店唯一的进出通道（店门），该店并无后门，也没有院子、围墙，中间虽有一个五六平方米的小小天井，但被解家和其他邻居的房屋包围着，如想从天井进入，那就必须从数家民居的房顶上攀爬而过。这桩活儿难度颇大，没有飞檐走壁的轻功，寻常人是无法完成的。可是，川东魔头阮柏寿却做到了。阮柏寿落网后供称，他不会轻功，但他年轻时当过泥水匠，熟悉房顶结构，再加上身材瘦小身手敏捷，还有雨声的掩护，得以逃过三名侦查员的监视，成功出入"和康杂货店"。

见到这位突然出现的发小，解和康就像见到了鬼一样。这也难怪，那一幕确实有些吓人——下半夜三点多钟，正在熟睡的解老板感觉有人在推自己的肩膀，疑似梦境，翻了身继续睡。可是，梦境在继续，不是推，而是有一只手抓住了他的肩膀在摇晃。他终于惊醒了，睁眼一看，从窗口透入的微弱光线映现出床前的黑影。解和康大惊，张嘴欲喊叫，却被对方伸手捂住。他以为死期到了，顿时浑身颤抖。然后，对方开口了，解老板这才认出来人，竟然是阮柏寿。

阮柏寿低声问："有人找过你吗？"

解和康说不出话来，只是摇头。

"那个庙祝也没事吧？"

"唔，没事。"

"我让你留意的南门那个姓尤的厨师怎么样？"

解和康按照刑警交代的内容回答："前几天他去成都了，说是去看看是否可以找家馆子待下来，那边的薪水高嘛。"

"他在成都哪里落脚？"

"这个我不清楚，我没直接跟他打过交道。不过，我听说他在成都米市坝有个亲戚，每次他去成都都住在那里。他亲戚是开绸缎店的，应该很好打听。"

阮柏寿掏出几张钞票放在枕头边，说声"那我走了，你不要马上开灯”，就闪了出去。过了好一阵儿，解和康一颗狂跳的心才恢复正常。开灯一看，床前地板上留有一摊水迹，显见得阮柏寿在外面窥察动静有一段时间了，身上被淋得湿透。解老板不禁一阵儿后怕，如果阮柏寿知道公安局已经找过自己，只怕今晚就是大限了。

按说解和康应该立刻向警方报告，可他害怕阮柏寿尚未离开，在附近什么地方躲着，所以不敢造次。如此一直挨到天明，方才去县公安局报告。

黄国城分析，阮犯此番在灌县出现，估计是来了解尤龙是否已经把绿皮箱弄到手了。进城后，他不敢直接去南门找尤龙——如果尤龙已经出事并且供出他了，警方肯定会在尤龙家守着，所以要先找解和康打听。但他对解也不完全放心，便在夜间攀墙越屋潜入解宅。现在，他应该已经相信自己是安全的，那接下来他就该奔成都了。

可是，入夜后城门关闭，要到天明才打开，城墙上还有解放军和民兵把守巡逻，他没法儿马上出城，只能等到天明后再说。灌县距成都百二十里，路况也不好，乘坐汽车少说要用小半天时间。阮犯一向谨慎，到成都后不会立刻去那个绸缎店找尤龙，必定要先窥察一番，没准儿还会找个外人去试探一下。再说，借用绿皮箱作案这事儿也不是那么十万火急。因此可以断定，阮犯当天不会立刻行动。这样的话，追捕人员此时动身返回成都开展侦查还来得及。

当然，为防万一，还是应该另外做两个方面的布置：一是立刻电告成都市局，迅即对米市坝的那家绸缎店进行布控；二是请灌县警方协助，继续布控相关方面，直到接到解除布控的通知为止。

当天午前，黄国城一行回到成都，立刻对那家绸缎店进行外围调查。该绸缎店的老板名叫尤思坤，系尤龙的堂叔父，是个守法老实的生意人，从未参加过包括袍哥组织在内的任何会道门，也没听说跟江湖人物沾上过什么关系。尤龙平时经常上堂叔家，住上十天半月的情况也是有的。

以当时的做法看来，黄国城的布置应该算是比较严密的，似乎方方面面都已经考虑到了，可是，真所谓百密一疏，还是有没有想到过的细微之处，从而导致布控失利——

布控对象是一家正常营业的绸缎店，每天有上百顾客出入，监视岗可以看清每一个人的相貌，却无法获知他们跟店方人员的对话内容。因此，受阮柏寿差遣前往该店打听尤龙消息的家伙（他也确实用阮犯给的钞票买了一丈二尺绸缎）并未引起布控侦查员的注意。这是第一个疏忽，如果说这个疏忽难以避免的话，另一个疏忽就不可原谅了。

尤龙被捕后，关押于市局看守所。进去次日，他向所方提出要求，写信给亲戚以便让他们送来被子以及一应生活用品。专案组没有向看守所关照过不准此人跟外界联系，所方照例允许。尤龙在成都的亲戚只有堂叔，信是送到绸缎店的。尤老板收到信后，赶紧派人给堂侄送去了其要求的物品。这样一来，绸缎店上下就都知道尤龙出事了。受阮犯差遣前往打听尤龙消息的家伙登门询问时，店员便告知了尤龙被捕的消息。

可以想见，阮柏寿获悉尤龙被捕，立刻玩起了失踪。那么黄国城这边应该怎么办呢？他在返回成都的当晚，通过市绸布同业公会约见了尤龙的堂叔尤老板，交谈之下，得知白天有人来打听过尤龙的消息，便知坏事了。不过，他并未气馁，接着询问来打听消息的那位是什么人。尤老板说这个我不知道，他是向店员打听的，不过我可以问问那个店员。

问下来，那个店员说来打听的人就住在附近，人唤“老棒”，是个挑夫。警方连夜传唤“老棒”，黄国城亲自讯问。

“老棒”交代，这天中午，他扛着扁担回家吃饭，快到家时被人唤住，说有事相托，酬金一万元。“老棒”便问是什么事，待到听说是让他去“祥瑞绸缎店”打听一个名叫尤龙的人，寻思这钞票等于是白送给我的，自是一口答应。侦查员问了那人的年龄、体貌，确认就是阮柏寿。再往下，“老棒”打听到情况，前往阮柏寿跟他约好等他回话的那家小饭馆，却不见阮的人影，以为对方变卦了。正为没拿到说好的一万元懊恼时，饭馆的窗口里伸出一颗狮子狗样的脑袋，一个娇滴滴的女声道：“你进来说话。”

“老棒”定定神，方才意识到是在跟他说话，便进了饭馆。临窗那副双人座头上，坐着一个三十来岁的烫发女子，正朝他招手。“老棒”走过去，对方问“怎么样”，“老棒”没开腔，伸出一根手指头。对方稍一愣怔，旋即领悟，掏出钱包，抽出张一万元的钞票放在桌上。“老棒”把手压在钞票上，这才说了打听到的情况。说完，便把钞票放进衣袋，转身就要离开。那女子招呼：“你别急着走，我叫了两个菜、三两酒，吃了再走也不迟，钱我已经付了。”说着，招手唤来跑堂，吩咐说酒菜是给“老棒”叫的，这才款款而去。

黄国城问了几个细节，判断那女子跟跑堂似乎比较熟悉，立刻派人去那家饭馆调查，打听到那个女子就住在附近的靖安坊，姓陆，是个寡妇。由此，黄国城判断阮柏寿可能藏在陆寡妇处，当即前往捉拿。一行人荷枪实弹悄然前往靖安坊，破门而入，阮柏寿果然躲在那里，与陆寡妇一起被警方抓获。

阮柏寿被捕后，川东行署公安处派员将其押解回原籍，不久即被判处死刑，执行枪决。1950 年 7 月，案犯尤龙、宋今云、解和康、陆秀花（陆寡妇）分别被判处有期徒刑。